本研究成果得到国家社会科学基金一般项[⋯⋯]读服务体系研究"(项目批准号:14BTQ015)和重大项目"加快公共文化立法,提高文化建设法制化水平研究"(项目批准号:12&ZD032)资助

贫困地区公共阅读研究

金武刚　著

国家圖書館出版社
National Library of China Publishing House

图书在版编目（CIP）数据

贫困地区公共阅读研究/金武刚著. --北京：国家图书馆出版社，2015.10

ISBN 978 - 7 - 5013 - 5669 - 0

Ⅰ.①贫… Ⅱ.①金… Ⅲ.①不发达地区—读书活动—研究—中国 Ⅳ.①G252.17

中国版本图书馆 CIP 数据核字（2015）第 204128 号

书　　名	贫困地区公共阅读研究
著　　者	金武刚　著
责任编辑	金丽萍　王炳乾
出　　版	国家图书馆出版社（100034　北京市西城区文津街 7 号） （原书目文献出版社　北京图书馆出版社）
发　　行	010 - 66114536　66126153　66151313　66175620 66121706（传真）　66126156（门市部）
E-mail	btsfxb@ nlc. gov. cn（邮购）
Website	www. nlcpress. com ──→投稿中心
经　　销	新华书店
印　　装	北京科信印刷有限公司
版　　次	2015 年 10 月第 1 版　2015 年 10 月第 1 次印刷
开　　本	880×1230（毫米）　1/32
印　　张	8.875
字　　数	220 千字
书　　号	ISBN 978 - 7 - 5013 - 5669 - 0
定　　价	48.00 元

目 录

1 绪论

1.1 贫困地区

本书所说的贫困地区,是指国家扶贫开发工作重点县和连片特困地区县的所在区域。目前国家扶贫开发工作重点县共有 592 个,连片特困地区县共有 14 片 680 个[①]。两者有交叉重叠之处。其中 440 个国家扶贫开发工作重点县地处 14 个连片特困地区之内,即连片特困地区以外的国家扶贫工作重点县有 152 个。因此,全国贫困地区合计共有 832 个县域(约占全国县级行政区划数的 30%),拥有 12901 个乡镇(街道)(其中街道 261 个、镇 5527 个、乡 7093 个),绝大多数在农村区域,覆盖了约 3.1 亿人口,占全国总人口的四分之一左右[②]。

确定国家贫困县,予以重点支持,是我国实现区域均衡发展的重要手段。1986 年,国务院按 1985 年农民人均纯收入农区县低于 150 元、牧区县低于 200 元、革命老区县低于 300 元的标准,陆续将 331 个贫困县列入国家扶持范围,这是国家第一次确定国家扶贫开发工作重点县。

1994 年,《国家八七扶贫攻坚计划(1994—2000 年)》颁布实施[③],

---

① 国家扶贫开发工作重点县和连片特困地区县的认定[EB/OL].[2015 – 02 – 19].http://www.cpad.gov.cn/publicfiles/business/htmlfiles/FPB/gggs/201303/193790.html.

② 数据来源:根据国家扶贫开发领导小组办公室提供的县名,结合《中华人民共和国乡镇行政区划简册 2012》及《中国 2010 年人口普查分乡、镇、街道资料》中的有关数据统计而成。详情参见本书附录。

③ 国家八七扶贫攻坚计划[EB/OL].[2015 – 02 – 20].http://www.cpad.gov.cn/publicfiles/business/htmlfiles/FPB/lszlcx/201103/164444.html.

按照 1992 年农民人均纯收入超过 700 元的县一律退出、低于 400 元的县全部纳入的方法,对原有贫困县进行调整,此次共确定了 592 个贫困县。

2001 年,《中国农村扶贫开发纲要(2001—2010 年)》继续颁布实施①。"贫困县"此后改称"国家扶贫开发工作重点县",将原东部的 33 个贫困县指标全部调整到中西部,这样下来全国仍然有 592 个贫困县,作为扶贫开发的重点区域;同时,西藏作为特殊扶持区域,整体享受贫困县待遇,且不占 592 个贫困县指标。

2011 年,《中国农村扶贫开发纲要(2011—2020 年)》又颁布实施②,纲要规定:"原定重点县支持政策不变。各省(区、市)要制定办法,采取措施,根据实际情况进行调整,实现重点县数量逐步减少。重点县减少的省份,国家的支持力度不减。"与以往贫困县调整方法不同,本次调整权力下放到省,由各省根据实际情况按"高出低进,出一进一,严格程序,总量不变"的原则进行调整,但不得将连片特困地区内重点县指标调到片区外使用。经过此次调整,原贫困县共调出 38 个,原非贫困县又调进 38 个,全国扶贫开发工作重点县总数仍为 592 个。

将集中连片特殊困难地区作为扶贫开发的主战场,是党中央、国务院作出的重大战略举措。2012 年 6 月 14 日,国务院扶贫办公布了全国 14 个连片地区分县名单③。该名单是根据《中国农村扶贫开发纲

---

① 中国农村扶贫开发纲要(2001—2010 年)[EB/OL]. [2015 - 02 - 20]. http://www. cpad. gov. cn/publicfiles/business/htmlfiles/FPB/lszlcx/201103/164445. html.

② (授权发布)中国农村扶贫开发纲要(2011—2020)[EB/OL]. [2015 - 02 - 20]. http://www. cpad. gov. cn/publicfiles/business/htmlfiles/FPB/lszlcx/201202/174841. html.

③ 国家扶贫办. 关于公布全国连片特困地区分县名单的说明[EB/OL]. [2015 - 02 - 19]. http://www. cpad. gov. cn/publicfiles/business/htmlfiles/FPB/gggs/201206/180747. html.

要(2011—2020年)》精神,按照"集中连片、突出重点、全国统筹、区划完整"的原则,以2007—2009年3年的人均县域国内生产总值、人均县域财政一般预算收入、县域农民人均纯收入等与贫困程度高度相关的指标为基本依据,考虑对革命老区、民族地区、边疆地区加大扶持力度的要求,在全国共划分了六盘山区、秦巴山区、武陵山区、乌蒙山区、滇桂黔石漠化区、滇西边境山区、大兴安岭南麓山区、燕山—太行山、吕梁山区、大别山区、罗霄山区11个集中连片特殊困难地区,加上已明确实施特殊扶持政策的西藏、四省(四川、云南、甘肃、青海)藏区、新疆南疆三地州,共计14个片区680个县,作为新阶段扶贫攻坚的主战场。国家扶贫开发工作重点县和连片特困地区县的所在区域,有交叉重叠之处,去重后共有832个县,绝大多数在农村区域。

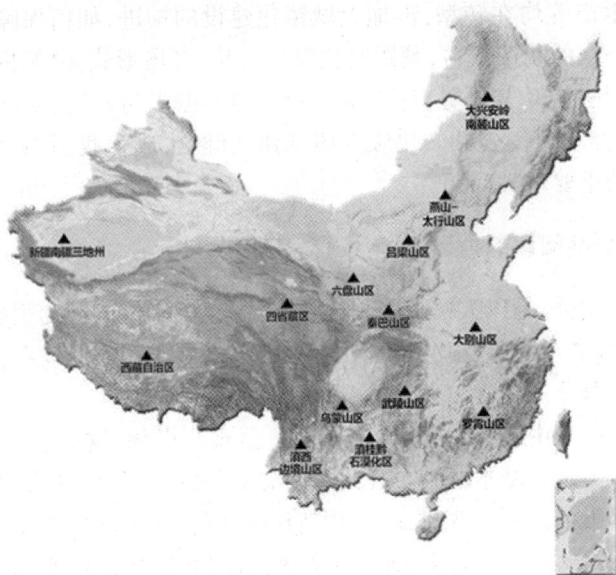

连片特殊困难地区分布示意图

注:国务院扶贫办供图。

1.2　公共阅读

阅读是人们接受教育、发展智力、获得知识信息的根本途径,事关整个社会的文化品质和可持续发展潜力。1982年,联合国教科文组织向全世界发出了"走向阅读社会"的号召,倡导全社会人人读书,让读书成为人们日常生活不可或缺的部分。通过阅读获取知识,是切断贫困代际传递的重要途径,是全面建成小康社会的客观要求,也是政府提供基本公共服务的重要内容。

随着信息技术的兴起和互联网络的普及,阅读媒介、阅读方式、阅读资源生产等均在转型,再加上城镇化建设的推进,如何保障贫困地区广大公众的阅读权益,紧跟时代发展变化,开展形式多样、内容丰富的阅读促进活动与服务,谋求全民奔小康的振兴与发展,切断贫困代际传递,推动现代公共文化服务体系建立健全,成为我国当今社会发展面临的重要现实问题。

1.2.1　公共阅读的内涵

公共阅读,是以人民为中心,以社会主义核心价值观为引领,由政府主导、社会参与、共建共享,保障公众"读书看报"等阅读权益的基本公共文化服务。

以人民为中心,以社会主义核心价值观为引领,这是公共阅读服务与内容提供的基本原则。公共阅读需要坚持的正确导向,旨在通过公共阅读服务,"发展先进文化,创新传统文化,扶持通俗文化,引导流行文化,改造落后文化,抵制有害文化,巩固基层文化阵地,促进在全社会形成积极向上的精神追求和健康文明的生活方式"。

公共阅读需要坚持政府主导。提供公共阅读服务是政府的职责所在,需要按照国家指导标准推进基本公共阅读服务的均等化,保障公众基本阅读权益,促进实现社会信息公平。因此,在现代公共治理理论指导下,政府应加快职能转变,实现管办分离,认真研究公众阅读兴趣与阅读需求,科学规划、分类指导,不断创新公共阅读服务供给内容和形式,对接公共阅读需求。

公共阅读需要坚持社会参与。这是指建立完善公共阅读服务政府购买制度,从而利用市场机制激发各类社会力量参与公共阅读服务的积极性,提供多样化的阅读产品和服务。通过政府购买机制,将市场上的资源与服务,转化为公共阅读资源与服务,提供给广大公众,积极培育和引导公众文化消费需求,反过来也能促进和激活现有公共文化机构的发展活力。

公共阅读需要坚持共建共享。这是指打破条条块块的分割,因地制宜实现公共阅读资源与服务的共同建设、共同利用。公共阅读服务需要加强统筹管理,建立协同机制,实现农村、城市社区阅读服务资源整合和互联互通,做到物尽其用、人尽其才,提升服务效能。

基本公共服务,是指由政府主导提供的、与经济社会发展水平和阶段相适应、旨在保障全体公众生存和发展基本需求的服务。2012 年7 月,由国务院印发的《国家基本公共服务体系"十二五"规划》,明确指出"享有基本公共服务属于公民的权利,提供基本公共服务是政府的职责"。在这一规划中,历史上首次将公共文化体育服务,与教育、就业、社会保障、医疗卫生、计划生育、住房保障等一起被视同为保障基本民生需求的内容,纳入国家基本公共服务范畴——保障公众"看电视、听广播、读书看报、进行公共文化鉴赏、参加大众文化活动和体育健身等权益"。

2015 年1 月,由中共中央办公厅、国务院办公厅印发的《关于加快构建现代公共文化服务体系的意见》①,对加快构建现代公共文化服务体系,推进基本公共文化服务标准化、均等化,保障公众基本文化权

---

① 中共中央办公厅、国务院办公厅印发《关于加快构建现代公共文化服务体系的意见》[EB/OL].[2015 – 02 – 20].http://www.gov.cn/xinwen/2015 – 01/14/content_2804250.htm.

益做出了全面部署。与《意见》一同印发的《国家基本公共文化服务指导标准(2015—2020)》,对各级政府应向公众提供的基本公共文化服务项目和硬件设施条件、人员配备等做出了明确规定。《意见》和《标准》确立了中国特色现代公共文化服务体系建设的基本遵循,指明了我国公共文化服务体系建设的发展方向①。在《标准》中的第一项,就列入"读书看报"内容,明确要求"公共图书馆(室)、文化馆(站)和村(社区)综合文化服务中心(含农家书屋)等配备图书、报刊和电子书刊,并免费提供借阅服务;在城镇主要街道、公共场所、居民小区等人流密集地点设置阅报栏或电子阅读屏,提供时政、'三农'、科普、文化、生活等方面的信息服务"。

1.2.2 公共阅读与全民阅读

公共阅读与通常所说的"全民阅读"关系密切。全民阅读的正式兴起,起源于 1997 年 1 月,中宣部、文化部、国家教委、国家科委、广播影视部、新闻出版总署、全国总工会、共青团中央、全国妇联九个部委共同发出《关于在全国组织实施"知识工程"的通知》,提出了"倡导全民读书,建设阅读社会"的"知识工程"。2000 年 12 月,全国"知识工程"领导小组把每年的 12 月定为"全民读书月"。2003 年,全国知识工程领导小组将每年的"全民读书月"活动交由中国图书馆学会承办。2004 年 4 月 23 日,由全国知识工程领导小组和文化部主办,中国图书馆学会和国家图书馆承办的大型群众性公益活动——"倡导全民阅读,共建书香中国"在国家图书馆文津广场举办,这是国内第一次大规模宣传"世界读书日"。从此,"世界读书日"和"全民读书月"成为我国两项标志性的、全国范围的阅读推广活动②。此后,全民阅读活动开

---

① 李国新.确立现代公共文化服务体系建设的基本遵循[N].中国文化报,2015-01-21(8).

② 郝振省,陈威.中国阅读:全民阅读蓝皮书(第一卷)[M].北京:中国书籍出版社,2009:373.

展一直如火如荼,直至 2012 年,"开展全民阅读活动",首次历史性地被写入了党的十八大报告——《坚定不移沿着中国特色社会主义道路前进,为全面建成小康社会而奋斗》之中,全民阅读活动上升为国家战略,这也为贫困地区公共阅读服务的建设发展提供了重大机遇。

全民阅读横跨文化事业与文化产业,从内涵上来看,除了一般的公共阅读之外,还包括由社会力量提供的商业化阅读、个性化阅读及服务等内容。公共阅读是全民阅读的核心和基础,培育提升了公众文化素养,为深入开展全民阅读活动提供了条件;全民阅读为公共阅读提供了平台和资源,为提升公共阅读水平提供了基础。

公共阅读区别于全民阅读的根本特征,在于公共阅读具备"四性",即公益性、基本性、均等性、便利性。

公益性是说公共阅读服务不以营利为目的,不以市场为导向,具有公益属性。对政府来说,公共阅读服务是社会财富二次分配支持的事业,即所谓公共资金支持的事业;对公众来说,以免费或优惠的形式享受公共阅读服务,是对自身提前以纳税形式支付的社会管理和发展成本的享用,体现的是个人基本文化权利的实现,个体在社会中全面发展的实现。

基本性是说公共阅读服务所保障的权益,所满足的需求,以"基本"为尺度。超出"基本"范围的阅读需求,就需要通过市场满足,所以,在社会主义市场经济条件下,发展文化产业是满足公众多样化阅读需求的主要途径。"基本"的尺度和范围不是一成不变的,"基本服务"也具有地域性和阶段性的特征,但公共阅读服务首先需要确定"基本"的内容、范围和边界。

均等性是公共阅读服务最本质的特点。所谓均等性,就是不分男女老少、富人穷人、城市农村、东中西部,人人都可以公平享受的服务,就是"有教无类"的服务,就是惠及全民的服务,所以,包括公共阅读服务在内的基本公共服务,是社会公平正义的体现。公共阅读服务之所以要形成体系,公共阅读服务体系之所以要求覆盖城乡、结构合理,公共阅读服务体系建设之所以需要政府主导和公共资金支持,说到底都是为了实现服务的普遍均等、惠及全民。当公平和效率发生矛盾时,公共阅读服务解决问题的思路是公平优先、兼顾效率。

便利性是说公共阅读服务必须是公众身边的服务,必须是在公众日常生活中发挥作用的服务,必须是公众能够方便享用的服务。便利性要求公共阅读服务具有覆盖所有人的能力,因此设施要考虑服务半径、覆盖面积,要形成固定设施、流动服务、数字传播相辅相成的网络体系;资源配置要遵循规律,达到足以支撑服务的临界标准;服务要考虑手段、方式的体系化,要具备达到基本服务标准的服务能力,讲求服务效益。公共阅读服务具有覆盖所有人的能力,不是仅有公共阅读设施或服务向所有人敞开大门就能实现的。

公益性、基本性、均等性、便利性是公共阅读服务最突出的特点。这四大特点不是简单的平行关系、并列关系、包含关系,而是有内在的逻辑联系。在四大特点中,均等是核心,公益是保障,基本是尺度,便利是前提。这也是与全民阅读的本质区别所在。

1.2.3 公共阅读服务体系的构成

1.2.3.1 公共阅读服务体系的提出

在国际上,通常以总分馆制为典型构成公共图书馆服务体系,用于提供公共阅读服务,满足公众的基本阅读需求。总分馆制是由同一个建设主体资助、同一个主管机构管理的图书馆群,其中一个图书馆作为总馆,其他图书馆作为分馆,分馆接受总馆管理。

但是在中国,长期以来,无论是政府文件,还是图书馆学专业文献、统计资料,在提及"公共图书馆"时,一般指代县级及以上的图书馆,这一习惯用法的形成在很大程度上是因为县以下基层图书馆缺乏稳定的经费来源和有力的执行者,难以长久维持因而不被视为一种稳定的社会设施[①]。也就是说,在县级以下的乡镇级政府辖区,普遍没有

---

① 于良芝,许晓霞,张广钦.公共图书馆基本原理[M].北京:北京师范大学出版社,2012:2.

建立独立建制的公共图书馆或分馆。这是因为建立一个图书馆,至少需要有懂专业知识的工作人员,需要正常而稳定的购书经费,需要一定面积的馆舍,需要保障工作人员的基本工资,需要保障图书馆正常开门必要的公用经费。这对财政支付能力较弱的乡镇财政来说,是不小的挑战,谋求县级以下图书馆的建制独立化、运行规范化、人员专门化,并且有持续稳定的来自同级政府的经费保障,目前条件还不成熟、不适宜、不经济①。

与此同时,在中国县级以下的乡镇级政府辖区,又有多种设施、重大文化惠民工程提供着公共阅读服务,如乡镇综合文化站、中小学校图书馆,农家书屋工程、广播电视村村通工程、全国文化信息资源共享工程基层服务点、公共报栏(屏)工程、公共电子阅览室计划、数字图书馆推广工程等,以及部分地方特色阅读工程。这些设施、工程与公共图书馆并行,从管理体制上来讲,很难由单一系统内的公共图书馆服务体系来统筹所有公共阅读设施、资源与服务。

笔者认为,从基层公共阅读资源统筹建设与发展角度来看,应该在公共图书馆服务体系之上,构建具有中国特色的公共阅读服务体系,来统筹建设农村、城市社区基层公共阅读设施、资源与服务。

有学者指出,公共文化服务体系从提供服务内容的类型来看,可以分为七大部分:一是公共阅读服务,包括纸本阅读和数字阅读服务;二是公共视听服务,包括电视、电影、网络服务等;三是公共文艺鉴赏服务,包括展陈展示、看戏演出等;四是公共文体活动;五是群众文艺创作指导服务;六是面向特殊群体的公共文化服务;七是公共数字文化服务②。

因此,公共阅读服务体系又可以视作公共文化服务体系的子域,

---

① 李国新.我国公共图书馆事业进一步发展的突破口——县级图书馆的振兴与乡镇图书馆的模式[J].图书馆,2005(6):1-5.

② 巫志南.杭州江干区基本公共文化服务标准研究[J].上海文化,2014(8):4-19.

是公共文化服务在保障公众公共阅读权益方面的具体表现,与公共文化服务体系构建一脉相承。

1.2.3.2 公共阅读服务体系的构成

作为公共文化服务体系的子域,公共阅读服务体系由五大子系统构成[①]。

(1)阅读设施网络体系。包括由单体设施建设到设施形成网络的全过程。单体设施建设需要解决网点布局、建设标准的问题,要提高公共阅读设施的设置率;设施形成网络,需要建立公共阅读设施的服务半径、覆盖面积指标,提高公共阅读设施的覆盖率。设施体系不等于服务体系,但服务体系一定是以设施体系为基础的。从这个意义上说,没有覆盖全社会的公共阅读设施体系,就没有覆盖全社会的公共阅读服务体系。

在今天的时代,所谓设施网络体系,不能简单地理解为仅指固定设施。作为公共阅读设施的载体形式,既包括固定设施体系,也包括流动服务体系和数字传播体系。三者互为补充、相辅相成,共同构成一个覆盖全社会的公共阅读设施体系。

(2)阅读资源供给体系。没有阅读资源的阅读设施,无法区别于其他公共设施,也就失去了存在的意义和价值。因此,需要明确并落实公共阅读资源生产供给主体、方式、渠道。公共阅读设施实行经常性开放和免费提供基本服务,有针对性地设立和实施重大文化惠民项目,重点解决资源供给的突出矛盾和问题。

建立公共阅读资源供给体系,需要处理好政府与市场的关系。公共阅读的政府主导,意味着政府是公共阅读资源提供的责任主体,至于具体的阅读资源的生产与供给,则要充分利用市场机制。最近几年来,政府购买、项目补贴、定向资助、贷款贴息、税收减免等多种政策措施,鼓励各类市场主体参与公共阅读资源的生产和提供,这是形成完

---

① 金武刚,李国新.公共文化政策法规解读[M].北京:北京师范大学出版社,2014:28 – 32.

善的公共阅读资源供给体系的方向和路径。公共阅读资源的生产途径多元化，供给方式由文化系统的"内循环"转变为市场化的"大循环"，公共阅读服务就会成为涵养文化产业发展的阵地，成为促进文化产业发展的动力，最终形成两者协调发展、共同繁荣的局面。

（3）阅读服务人才、技术、资金保障体系。公共阅读服务体系建设的人才保障，要形成一种共识：现代社会的公共阅读服务是一种专业化的服务，离开了高质量的专业人才支撑，公共阅读服务就没有可持续发展的能力。因此，基层公共阅读服务人才队伍建设，一方面要继续完善机构编制、学习培训、待遇保障等方面的政策措施，选好、配齐专职人员，另一方面还需要加强基层文化志愿者队伍建设，完善基层文化志愿活动的领导体制和运行机制，依托公益性文化设施、重点文化惠民工程、重要节日纪念日以及各种形式的阅读活动开展多彩的基层公共阅读服务。

信息时代的公共阅读服务，对技术的要求和依赖越来越强。技术应用改变了服务手段、服务方式，也改变了人们享用公共阅读服务的方式。公共阅读服务要建立现代传播体系、现代服务体系，必须建立相应的技术保障体系。所谓技术保障体系，基本目标是建立公共阅读设施利用新技术、新媒体、新手段开展服务和管理的基础设施建设和设备配置标准，以及相应的技术支撑条件，让所有的公共阅读设施都具备数字资源提供能力、远程服务能力。

公共阅读服务体系建设离不开强有力的资金保障。总的要求是，将公共阅读服务相关的资源建设、服务项目、阅读活动等纳入公共财政经常性支出预算，建立健全与当地经济社会能力相匹配、与公共阅读需求相适应的政府投入保障机制，适当增加公共阅读服务体系建设资金和经费保障投入，保障公共阅读服务体系的建设和运行。

（4）组织实施支撑体系。包括公共阅读服务体系建设的领导体制、工作机制，以及运行机制。领导体制就是要加强和改进党委政府对公共阅读服务体系建设的重视程度和支持力度。工作机制的目标是形成党委统一领导、党政齐抓共管、宣传部门统一协调、有关部门分工负责、社会力量积极参与的工作格局,在形成公共阅读服务建设强大合力的同时,文化领域各部门发挥文化建设主力军作用。

运行机制包括公共阅读设施的运行机制和区域性公共阅读服务体系的运行机制。公共阅读设施通常作为公益性文化事业单位、独立事业法人,是公共阅读服务体系的细胞。细胞的活力决定着体系的活力。公共阅读设施内部机制改革,遵循增加投入、转换机制、增强活力、改善服务的原则进行。公共阅读设施运行机制改革的方向,是形成政府宏观管理、行业组织指导专业发展与行业自律、公共阅读设施实行法人治理的结构模式,在这一过程中,特别需要建立和强化公共阅读设施的专家咨询制度、公众参与制度。区域性公共阅读服务体系的运行机制,通常以一定的地域范围为合理的组织单元,以某一公共阅读设施为总馆,以合理分布全覆盖的各类网点为分馆或流动服务点,构建成总分馆制,提供城乡一体化均等化的公共阅读服务。

(5)阅读服务评估体系。基本目标是建立公共阅读服务指标体系和绩效考核办法。指标体系是对公共阅读服务项目、保障标准、服务标准、支出责任、覆盖水平形成量化标准,有了服务的指标体系,考核服务绩效才有所依归。建立以服务效能为导向的评价机制,是提升服务能力、改善服务效益所必需。绩效考核办法要向多元、立体的方向发展,上级考核与第三方评价相结合,体制内考核与社会评价相结合,服务提供者评价与服务受众评价相结合,历时性评价与共时性评价相结合,尤其要着力建立独立第三方评估机制和公众满意度指数,形成政府、社会、公共阅读设施、服务受众共同参与的科学高效的绩效考核办法。

1.3 国际社会扶贫共识

扶贫、减贫、消除贫困,一直是国际社会共同重视的问题。1992 年12 月22 日,联合国第47 届大会通过的196 号决议,宣布每年的10 月

17 日定为"消除贫穷国际日",要求各国开展和推动开展消除贫穷和匮乏的具体活动①。1993 年 12 月 21 日,为进一步宣传和推动全球消除贫困工作,联合国第 48 届大会通过的 183 号决议,将 1996 年定为"国际消除贫困年";1995 年 12 月 20 日,联合国第 50 届大会通过的 107 号决议,宣布 1997—2006 年为"第一个联合国消灭贫穷十年"②。2000 年 9 月,联合国千年首脑会议确立了到 2015 年将世界极端贫困人口和饥饿人口减半的目标③。2008 年 12 月 19 日,联合国第 63 届大会通过的 230 号决议,宣布 2008 至 2017 年为"第二个联合国消除贫穷十年",并把主题定为"充分就业和人人有体面工作",以高效、协调一致的方式支持落实与消除贫穷有关的国际商定发展目标④。

国际社会认为,贫困不只是一个经济问题,也包括文化权利的实现,贫困人群应享有"参加文化生活的权利和享受科学进步及其应用成果的权利"的特定权利,呼吁世界各国:"(1)承认并珍惜其领土上和管辖下存在的文化遗产的多样性,包括生活贫困的人的文化遗产;(2)尊重和保护生活贫困的群体的文化遗产,包括保护土著人民免遭国家代理人和非国家行为者,包括跨国公司和其他工商企业对其土地、领土和资源的非法或不公正的开采;(3)确保文化遗产政策和方

---

① 联合国大会第四十七届会议大会决议"纪念消灭贫困国际日"[EB/OL].[2015 – 02 – 21]. http://www.un.org/zh/documents/view_doc.asp? symbol = A/RES/47/196.

② 联合国大会第五十届会议大会决议"为国际消灭贫穷举办活动和宣布第一个联合国消灭贫穷十年"[EB/OL].[2015 – 02 – 21]. http://daccess-dds-y.un.org/doc/UNDOC/GEN/N96/762/66/IMG/N9676266.pdf? OpenElement.

③ 联合国大会第五十四届会议大会决议"联合国千年宣言"[EB/OL].[2015 – 02 – 21]. http://daccess-dds-ny.un.org/doc/UNDOC/GEN/N00/559/50/PDF/N0055950.pdf? OpenElement.

④ 联合国大会第六十届会议大会决议"联合国第二个消除贫穷十年"[EB/OL].[2015 – 02 – 21]. http://www.un.org/zh/documents/view_doc.asp? symbol = A/RES/63/230.

案、包括旨在促进旅游业的政策和方案的实施不以损害贫困社区为代价,包括通过相关社区和个人的积极参与来实现这一点;(4)为生活贫困的人创造机会参加和进入文化生活并为其做贡献,包括为进入公共空间提供方便,国家还应为生活贫困的人获得文化产品、服务和进入机构提供便利;(5)采取积极步骤确保科技进步的成果惠及生活贫困的人,并确保他们能获得科学信息、了解科学流程和接触科学产品;(6)确保对尊严生活不可或缺的创造发明对于包括生活贫困的人在内的每个人都是在毫无歧视的基础上触手可及并且是能负担得起的。"①

1.3.1 世界各国促进公共文化服务区域均衡发展的典型法律

目前,国际上已经有一些国家初步建立与公共文化服务相关的国家法律,如美国的《国家艺术暨人文基金会法案》②、俄罗斯的《俄罗斯联邦文化基本法》③、瑞士的《文化促进联邦法》④、挪威的《文化活动政

---

① 联合国大会人权理理会第二十一届会议"关于人权与极端贫困问题指导原则"[EB/OL].[2015 – 02 – 21]. http://www. un. org/zh/documents/view_doc. asp? symbol = A/HRC/21/39.

② National Foundation on the Arts and the Humanities Act of 1965(Public Law 89-209-SEPT. 29, 1965).[EB/OL][2014 – 09 – 28]. http://www. gpo. gov/fdsys/pkg/STATUTE-79/pdf/STATUTE-79-Pg845. pdf.

③ Министерства культуры Российской Федерации (俄罗斯联邦文化部). Основы законодательства Российской Федерации о культуре (《俄罗斯联邦文化基本法》).[EB/OL][2014 – 09 – 28]. http://www. mkrf. ru/dokumenty/581/detail. php? ID = 61217.

④ Bundesgesetz über die Kulturförderung (Kulturförderungsgesetz, KFG)(瑞士文化促进法)[EB/OL].[2014 – 12 – 30]. http://www. admin. ch/ch/d/as/2011/6127. pdf.

府责任法》(简称"文化法")①、加拿大的《加拿大多元文化主义法案》②、南非的《文化促进法》③、日本的《文化艺术振兴法》④、韩国的《文化基本法》等。

这些国家的公共文化服务立法,主要是宣示政府应提升公众参与文化活动的机会,体验文化多样的表现形式,大多数还包括了中央政府推动公共文化服务区域均衡发展的责任。

(1)美国的《国家艺术暨人文基金会法案》

1965 年,美国国会通过了第一部支持文化艺术事业的法规,即《国家艺术暨人文基金会法案》(*National Foundation on the Arts and the Humanities Act of* 1965)。依据此法,美国成立了国家艺术基金会与国家人文基金会,旨在以基金会资助等方式,援助地方各州的有关文化建设事项,这是联邦政府介入地方政府文化建设的一个重要途径,是推进全美各地文化均衡发展的重要手段。

其中,国家艺术基金会代表政府向文艺团体和艺术家提供财政和技术援助,帮助他们发展艺术,保护美国的文化艺术传统;国家人文基金会则主要对人文学方面的各种研究、教育和社会活动给予资助,资助对象主要包括博物馆、图书馆、大学、公共电视台和广播电台以及从事人文科学研究的学者⑤。

---

① Lov om offentlege styresmakters ansvar for kulturverksemd(kulturlova)(挪威文化法)[EB/OL].[2015 – 04 – 14].http://www. noku. no/sfiles/69/4/file/kulturlovbrosjyre_nett. pdf.

② Canadian Multiculturalism Act[EB/OL].[2015 – 04 – 14].http://laws-lois. justice. gc. ca/PDF/C-18. 7. pdf.

③ Culture Promotion Act 35 OF 1983 [EB/OL].[2015 – 04 – 14].http://www. gov. za/sites/www. gov. za/files/Act% 2035% 20of% 201983. pdf.

④ 文化芸術振興基本法[EB/OL].[2015 – 04 – 14].http://www. bunka. go. jp/bunkashingikai/seisaku/08_13/pdf/sanko_3. pdf.

⑤ 冯佳,李彦篁. 美国文化管理体制研究[J]. 山东图书馆学刊,2012(6):28 – 33.

（2）俄罗斯的《俄罗斯联邦文化基本法》

1992 年，俄罗斯制定《俄罗斯联邦文化基本法》（*Основы законодательства Российской Федерации о культуре*），作为俄罗斯文化保存和文化发展的法律依据，此后历经修订。立法宗旨在于：①维护并捍卫俄罗斯联邦公民从事文化活动的宪法权利；②为俄罗斯联邦的公民组织、各民族及其他族裔社区自由从事文化活动提供法律保障；③为文化活动各主体间的关系确立相关原则和法律规范；④确立国家文化政策的原则，为国家支持文化发展确立法律规范，国家保证不干涉创作过程。

在区域文化发展方面，俄罗斯联邦承认境内各民族及其他族裔社区的文化尊严的平等性，在文化领域享有平等的权利和自由；为这些文化的保存和发展创造平等的条件；并通过联邦国家文化政策的立法监管和涉及文化的保存与发展的联邦国家项目来保障和巩固俄罗斯文化的完整性①。

（3）瑞士的《文化促进联邦法》

2009 年年底，瑞士联邦议会通过了《文化促进联邦法》（*Bundesgesetz über die Kulturförderung*），并于 2012 年 1 月 1 日起正式生效。这是瑞士第一次以法律的形式，确立了全国统一的文化发展方针，特别是赋予了联邦政府推动地方文化发展的责任与权力。

瑞士作为多语种、多种族的联邦国家，每年又有大量新移民迁入，迫切需要通过文化交流消除因语言、种族等差异而造成的族群隔阂，迫切需要通过文化融合促进新移民尽快融入当地社会，不断增加瑞士作为一个国家的凝聚力。《文化促进联邦法》的出台意味着联邦政府在跨区域保障文化多样性方面、传承与弘扬瑞士优秀文化等各方面，

---

① 甄瑞辰,孟莉霞,肖梅林.《俄罗斯联邦文化基本法》框架与内容述略[J].山东图书馆学刊,2014(5):30-33.

都有了实质性法律的强力保障①。

(4)挪威的《文化活动政府责任法》(简称"文化法")

2007 年挪威通过的《文化活动政府责任法》(*Lov om offentlege styresmakters ansvar for kulturverksemd*),立法目的是明确政府承担责任促进和提供形式多样的文化活动,让每个人都有机会参与文化活动,能够满足文化表达多样性的需要。并规范了中央与地方政府的文化任务,以及文化权限的划分。

(5)加拿大的《加拿大多元文化主义法案》

1988 年,加拿大联邦议会通过了《加拿大多元文化主义法案》(*Canadian Multiculturalism Act*),立法目的是保护和促进加拿大各地多元文化,消除歧视,促进相互理解,促进联邦政府对多元文化主义的制度性改变。

为了寻求文化特殊性与平等性之间的平衡,该法案在规定了每个人都有选择和保持自己文化权利的同时也规定"完全而公平地参与加拿大社会"。这一法案为现行的多元文化主义政策提供了一个成文法的框架支持,种族和文化平等的原则充分体现在这部法案之中。该法案还规定联邦政府每年必须提交实施报告,并且设立了多元文化秘书处来支持联邦政府在提供政府服务的过程中更好地实施这一法案②。

(6)南非的《文化促进法》

1983 年,南非通过《文化促进法》(*Culture Promotion Act 35 of 1983*),1998 年修订。立法目的在于:①为社会非正规教育提供文化设施,保护、发展、培育和推广本国各地文化;②发展和促进国际间文化交流;③确立地方政府文化发展责任;④授权政府文化部门实现文

---

① 彭微,张柯,金武刚.当代瑞士文化法制建设新进展——《文化促进联邦法》述略[J].山东图书馆学刊,2012(6):34 – 36,41.

② 曹缅.加拿大多元文化法研究[D].北京:中央民族大学,2011.

化发展目标①。

(7)日本《文化艺术振兴法》

2001年,日本国会通过了具有总纲性地位的《文化艺术振兴法》,规定了国家以行政手段支持文化艺术发展的责任和义务,将21世纪初期日本中央政府文化行政的基本目标概括为"提升文化的高度"和"扩大文化的范围"。其中,扩大文化的范围,是指通过普及具有普遍性和相通性的文化,缩小地区间的文化水平差异,保证国内各地区文化的均衡发展。为此,中央政府对地方政府的文化发展给予了各种财政、税收方面的政策支持,将缩小地区间文化差距、支持地方文化发展作为21世纪文化政策的主要任务②。

(8)韩国的《文化基本法》

2013年10月韩国国会通过了《文化基本法》,该法规定了国民权利与国家及地方自治团体关于文化的责任,规定了文化政策的方向与基本内容,目的在于提高文化的价值与地位,使之对国家社会的发展做出重要的贡献。

另外,2013年12月,韩国国会又通过了《地方文化振兴法》,该法案就国家及地方政府在地方文化振兴政策的制定和促进问题做出了明确、具体的规定,涉及文化环境较差地区的支援、文化都市及文化地区的指定支援、地方文化艺术委员会的设立等各个方面。值得一提的是,此法案对居民文化艺术团体及同好会活动的支援、必要生活文化设施扩充支援、将农业村等文化环境较差地区设定为优先支援区域等做出了具体规定,使得地方文化进一步朝着"按照地方居民意图,符合地方民众需求的草根文化"的方向发展③。

---

① 刘海丽.从种族隔离到社会融合:南非《文化促进法案》变迁钩沉[J].山东图书馆学刊,2014(4):45-48.
② 赵敬.21世纪初日本文化政策的重点及启示[J].日语学习与研究,2013(2):84-90.
③ 宋住烜.韩国加快文化法制化进程[N].中国文化报,2014-01-09(10).

1.3.2　国外农村公共阅读服务实践举要

在英国,苏格兰在 2002 年 6 月提出,建立更好的、差距更小的社区[1];在 2003 年开始推进公共服务改革,将"社区规划"项目写入当年的《苏格兰政府法案(修订案)》中[2]。"社区规划"项目由苏格兰政府发起,地区政府将卫生部门、消防部门、文化部门等统一规划,在农村地区实施公共服务和咨询。2004 年,实施"社区学习发展"(Term of Community Learning and Development)计划,为农村地区的弱势群体提供公共服务,如为农村青年进行职业培训,提升个人技能,创造就业机会;为妇女提供全方位育儿信息,为农村居民提供卫生信息和服务[3]。

在美国,美国的暑期阅读计划始于 19 世纪 90 年代,以培养城市青少年使用图书馆和阅读的习惯[4]。现在的暑期阅读计划还为成年人和儿童提供服务,服务范围开始涉及农村地区。美国的公共阅读服务通常不设特定的主题,而由各图书馆自行发挥。如"加利福尼亚州图书馆农村图书馆重点项目"(California State Library's Rural Initiative)旨在方便公众利用图书馆远程资源与服务,将孤立的农村公共图书馆接入服务网络,重视社区协作,倡导终身学习,实现农村信息资源的共建共享[5]。

法语国际组织(The International Organisation of La Francophonie),

---

① Better communities in Scotland:Closing the gap[EB/OL].[2015 - 03 - 25].http://spoxy5. insipio. com/generator/sc/www. scotland. gov. uk/Publications/2002/06/14990/8018.

② Local Government in Scotland Act 2003[EB/OL].[2015 - 03 - 25]. http://www. legislation. gov. uk/asp/2003/1/pdfs/asp_20030001_en. pdf.

③ What is CLD[EB/OL].[2015 - 03 - 25]. http://www. educationscotland. gov. uk/communitylearninganddevelopment/about/whatiscld. asp.

④ Library summer reading programs[EB/OL].[2015 - 03 - 25]. http://www. ala. org/tools/libfactsheets/alalibraryfactsheet17.

⑤ Rural library initiative[EB/OL].[2015 - 03 - 25]. http://rurallibraries. org/.

是一个法语国家联盟的全球性组织,目标是促进法语文化多样性,加强多边合作,支持教育、培训、科研发展,帮助年轻人和妇女获取信息技术。在 20 世纪 80 年代初,该组织就开始对城市和重要城镇进行公共阅读推广计划,在其成员国的农村建立阅读文化中心(CLAC),为中心配备了图书、期刊等资源和音视频设备,相当于公共图书馆。目前在 23 个发展中成员国的农村地区建立了 305 个阅读文化中心。经过多年发展,通过不断调整阅读服务的内容,制定通用的规则,举办长期活动,促进了各个阅读文化中心之间不断交流和互动①。

此外,泰国利用"全国基础教育发展计划"(National Foundation Education Development Plan),快速发展农村图书馆建设,明确服务内容,制定从业标准②;坦桑尼亚的"班达农村图书馆项目"(Bunda Rural Library Project)得到国际图书项目(IBP)的赠书③;印度的志愿者成立了农村图书馆基金会,用于支持农村青少年的公共阅读④;等等。

1.4　贫困地区公共阅读研究简评

从文献检索结果来看,目前直接以"贫困地区公共阅读"为主题的研究成果非常少。从"农村阅读""不发达地区阅读"相关主题来看,国外有些研究成果主要讨论图书馆服务区域均衡问题;国内的研究主

---

① The International Organisation of La Francophonie [EB/OL]. [2015 – 03 – 25]. http://www. francophonie. org/.

② The role of public library in Thailand as the learning center for rural communities [EB/OL]. [2015 – 03 – 25]. http://www. kc. tsukuba. ac. jp/assets/files/030219a. pdf.

③ Bunda rural library project [EB/OL]. [2015 – 03 – 25]. http://www. intlbook-project. org/thank-you-bunda-rural-library-project/.

④ Rural library foundation [EB/OL]. [2015 – 03 – 25]. http://www. rlfindia. org/website/index. php.

要集中在农村公共图书馆、农家书屋、农村儿童阅读、农村公共文化服务体系等领域。

综合研究成果的内容来看,在城镇化高度发达的欧美等国,一般通过制定相关服务政策与标准,由图书馆及其服务体系来满足农村、不发达地区的公众公共阅读需求。目前研究热点主要有:

(1)针对缩小城乡阅读服务现状的项目(活动)研究,如ICT(信息与通讯技术)、图书馆(公共图书馆、农村社区图书馆、流动图书馆、学校图书馆、教堂图书馆等)、政府及NGO组织实施的阅读促进项目(如基金支持项目、阅读起跑线、社区阅读等)及其效果研究等。

(2)针对农村公众信息需求、场所设施、资源供给、服务规范、政策法规等研究,包括反思性研究,如农村文化设施增加非但没有缩小农民之间的信息鸿沟,某些地方反而进一步扩大了的现象的反思;等等。

(3)针对农村儿童、老人等特殊群体及阅读困难人群,开展阅读行为、阅读能力、阅读效果的实证研究等。

在中国,由于公共阅读设施、资源、服务等供给在大部分农村地区普遍存在不均衡现象:一方面适合农村公众多样性阅读需求的场所不完备、资源不丰富、服务不规范,供不应求;另一方面来自不同系统、不同渠道的类似资源重复投入、高耗低效。目前研究热点主要有:

(1)从图书馆(公共图书馆、学校图书馆等)服务角度来看,公共图书馆被称作"各地通向知识之门,为个人和社会群体的终生学习、独立决策和文化发展提供了基本的条件"[1],它"遍及全世界,在不同社会、不同文化、不同发展阶段中普遍存在"[2]。公共图书馆设置的主要目的就是解决公众的阅读问题。从检索结果分析来看,目前的研究内容主要是贫困地区公共图书馆(也有部分学校图书馆)如何面向农村、

---

① 联合国教科文组织. 公共图书馆宣言(1994)[EB/OL]. [2014 – 09 – 01]. http://archive. ifla. org/VII/s8/unesco/chine. pdf.

② KOONTZ C, GUBBIN B. IFLA public library service guidelines[M]. 2nd ed. Berlin/New York: Walter de Gruyter GmbH&Co. ,2010:1.

面向农民、面向农村儿童提供阅读服务、信息获取。包括阅读资源的购置、阅读活动的组织、阅读内容的指导、阅读途径的拓展、阅读服务的延伸、援助机制与模式等。

（2）从国家重大文化惠民工程实施角度来看，重大文化惠民工程建设是实现我国文化事业发展地区均衡、城乡均衡的重要手段。目前的大量研究主要集中在农家书屋、文化共享工程等文化惠民工程在农村公共阅读中的功能与作用、实施效果与可持续发展保障等方面，对相关制度的顶层设计还缺乏系统整合研究。

（3）从公共文化服务体系建立健全角度来看，目前的大量研究内容主要集中在农村公共文化服务设施的建立健全、数字服务与流动服务的建立与完善、资金的保障与人才队伍的建设、民族特色文化建设等方面。大多数研究成果主要从供给的角度去研究部署包括农村公共阅读服务在内的县、乡、村三级公共文化服务体系的构建，比较缺乏从公众阅读需求的角度去建立公共文化服务标准化、均等化。

总体来看，以农村公众阅读需求为中心，系统开展贫困地区公共阅读服务体系研究的成果目前还比较稀缺，有待深入研究。

深入推进贫困地区公共文化建设是党和国家的重大决策部署，是加快构建现代公共文化服务体系建设的内在要求，是实施扶贫开发工程的重要内容，是建设社会主义新农村、满足广大农民群众基本文化需求、保障基本文化权益的有效途径。

公共阅读是公共文化服务体系的重要组成部分。贫困地区公共阅读服务体系的科学构建与有效运行，对于促进当地经济发展和社会进步，实现贫困地区物质文明、政治文明和精神文明协调发展，全面建设小康社会、构建社会主义和谐社会具有重大意义，对于顺利推进扶贫开发工作具有重要支撑作用。

多年来，党和国家高度重视贫困地区包括公共阅读服务体系在内的公共文化服务体系建设，加大中央财政支持力度，实施重大文化惠民工程，着力保障贫困地区人民群众基本书化权益，贫困地区公共文化服务落后状况逐步改善,基层乡村公共阅读服务能力不断提升,为丰富贫困地区人民群众精神文化生活,促进经济社会发展,维护民族团结和边疆稳定,做出了重要贡献。

但是,从全国"一盘棋"均衡发展的要求看,贫困地区经济社会发展缓慢、基础薄弱,公共阅读服务体系建设起点低、欠账多、投入不足、保障乏力,在设施建设、管理运行、人才队伍、服务效能等多方面,与发达地区的相对差距仍在持续扩大。贫困地区公共阅读服务体系建设相对滞后的现状,已经成为实现党和国家的战略目标——"到2020年,基本建成覆盖城乡、便捷高效、保基本、促公平的现代公共文化服务体系"需要弥补的"短板",也是实现全面建成小康社会目标需要重点突破的薄弱环节。

因此,本书以贫困地区公共阅读为研究对象,在系统梳理贫困地区公共阅读服务现状基础上,参考国际经验、标准规范,结合全国各地实践创新,深入研究阅读设施、阅读资源、阅读服务等关键要素的合理配置与统筹建设,在城镇化建设时代背景下,提出贫困地区公共阅读服务体系构建的组织方式、实施单元、突破重点及保障机制的基本思路与实现途径。

2 理论基础:公共文化服务理论与现代图书馆服务理念

实践需要理论指导。公共阅读服务体系是公共文化服务体系的子域,公共阅读研究的理论指导依托于公共文化服务基本理论;公共阅读服务体系构成中,公共图书馆又是核心力量,现代图书馆服务理念又是公共阅读研究的理论基础。本章试图从公共文化服务理论和现代图书馆服务理念的形成路径着手,探讨贫困地区公共阅读研究的理论基础。

2.1 公共文化服务理论

2.1.1 公共文化服务理论与政策在中国的兴起发展

公共文化既有着深远的历史渊源,也是现代化进程的产物。随着传统社会向现代社会的转型,市民社会和市场经济的普遍出现,致力于维护公共利益的现代公共部门开始产生,并向社会公众提供普遍均等的公共文化服务,这是整个公共需求和公共权益的一个组成部分。

与此同时,公共文化服务提供的文化产品与服务,又不同于一般的物质产品,有其特殊性,突出表现在:(1)文化产品具有精神消费的意义内容,消费任何一件文化产品,都是自觉或不自觉地对其中包含的价值诉求、教化理想和审美态度的接受;(2)文化产品具有外部效应、急剧放大的特点,从而可能会对某一社会群体甚至整个社会产生强烈的正外部效应或负外部效应;(3)文化产品具有文化积累和文明传承的特点,如果不能持续,会对一个国家和民族的长期发展造成严重的后果。

因此,政府是责无旁贷的公共文化服务提供主体,占据主导地位。根据新公共管理理论,提供公共文化服务是政府的责任,但并不意味着必须由政府直接提供,政府完全可以充分利用市场机制和社会机制的质量效率优势,来合理安排公共文化服务的提供①。

我国公共文化服务理论研究,起源于对人民群众文化权益保障的实际需要。文化权益是人民群众的基本权益之一。长期以来,我们比较注重保障人民群众物质方面的"硬权益",强调"耕者有其田,食者有其粮"。改革开放以来,随着经济社会的发展、人民生活水平的提高,人民群众对精神文化生活的需求越来越迫切,保障人民群众基本书化权益的问题日益凸显。

早在 1966 年 12 月,第 21 届联合国大会通过了著名的《经济、社会及文化权利国际公约》,该公约规定了现代社会的公民所拥有的基本书化权利,主要包括三项:(1)人人有权参加文化生活;(2)人人有权享受科学进步及其应用所产生的利益;(3)人人有权对其本人的任何科学、文学或艺术作品所产生的精神上和物质上的利用享受被保护的权利。1997 年 10 月,中国政府签署了该公约。2001 年 2 月,第九届全国人大常委会第 20 次会议批准该公约在中国生效②,标志着国际社会普遍认可的现代社会公民拥有的基本书化权利进入了我国公民基本权利的范畴,党和政府对公民基本书化权利的理解、认识和保障跨入了新阶段,基于公共文化服务理论的方针政策开始出现,并逐步形成。

2002 年 11 月,中共"十六大"报告明确提出要切实尊重和保障人民的政治、经济和文化权益。保障人民文化权益被提到了与保障政治、经济权益同等重要的高度。报告进一步指出,保障人民文化权益

① 王磊.当前我国公共文化服务的理论基础、概念界定与价值取向[J].河南教育学院学报(哲学社会科学版),2014(1):25 – 30.
② 经济、社会及文化权利国际公约[J].全国人民代表大会常务委员会公报,2001(2):143 – 148.

的主要途径是发展文化公益事业。由此拉开了新时期通过大力发展公益性文化事业来保障人民基本书化权益的行动的序幕。

2005年10月,中共十六届五中全会提出建设公共文化服务体系的构想。会议要求"加大政府对文化事业的投入,逐步形成覆盖全社会的比较完备的公共文化服务体系"。这是建设公共文化服务体系的构想第一次出现在党和政府的正式文件中。

2005年11月,中共中央办公厅、国务院办公厅发布了《关于进一步加强农村文化建设的意见》(中办发〔2005〕27号),构建公共文化服务体系的思想被应用于农村文化建设。文件明确提出要加强文化基础设施建设,构建农村公共文化服务网络;明确提出农村文化建设的"五个纳入":纳入各级党委和政府的重要议事日程,纳入经济和社会发展规划,纳入财政支出预算,纳入扶贫攻坚计划,纳入干部晋升考核指标。

2006年9月,新中国第一个国家级的文化发展专项五年规划——《国家"十一五"时期文化发展规划纲要》出台。该纲要以浓墨重彩阐述了公共文化服务的新理念新思想:公共文化服务以实现和保障公民基本书化权益、满足广大人民群众基本书化需求为目标;兼顾城乡之间、地区之间的协调发展,以普遍均等为原则;实用、便捷、高效是对公共文化服务体系的总要求。这些较为系统的理念、思想的提出,令人耳目一新,给公共文化建设注入了空前的活力和动力。

2006年10月,中共十六届六中全会做出了《关于构建社会主义和谐社会若干重大问题的决定》,要求"加快建立覆盖全社会的公共文化服务体系",彰显了构建公共文化服务体系是建设和谐社会的重要内容。

2007年在新时期公共文化服务体系建设进程中具有重要意义。当年6月,中共中央政治局全体会议专题研究公共文化服务体系建设,要求按照结构合理、发展平衡、网络健全、运行有效、惠及全民的原则,以政府为主导、以公益性文化单位为骨干,鼓励全社会参与,努力建设公共文化产品生产供给、设施网络、资金人才技术保障、组织支撑和运行评估为基本框架的覆盖全社会的公共文化服务体系,切实保障人民群众看电视、听广播、读书看报、进行公共文化鉴赏、参加大众文化活动等基本书化权益。

同年 8 月,中共中央办公厅、国务院办公厅下发了《关于加强公共文化服务体系建设的若干意见》(中办发〔2007〕21 号),落实中央政治局会议的精神,全面部署了新时期公共文化服务体系建设,成为指导新时期公共文化服务体系建设的纲领性文件。以此为标志,党的意志转变为国家政策,我国公共文化服务体系建设驶入了快车道。

2007 年 10 月,中共"十七大"召开。"十七大"报告提出了到 2020年实现全面建设小康社会奋斗目标的新要求,其中包括"覆盖全社会的公共文化服务体系基本建立"。报告要求坚持把发展公益性文化事业作为保障人民基本书化权益的主要途径,推动社会主义文化大发展大繁荣,使人民基本书化权益得到更好保障,使社会文化生活更加丰富多彩,使人民精神风貌更加昂扬向上。

2010 年 10 月,中共十七届五中全会提出了"十二五"时期我国文化建设的战略任务。公共文化的目标是:"覆盖全社会的公共文化服务体系基本建立,城乡居民能够较为便捷地享受公共文化服务,基本文化权益得到更好保障。"

2011 年 3 月,在国家正式发布的"十二五"规划纲要中,公共文化被纳入基本公共服务范畴,成为和公共教育、社会保障、医疗卫生、住房保障等同样重要的基本民生事业,公共文化在经济社会发展中的基础性地位、作用得以确立。

2011 年 10 月,中共十七届六中全会召开。会议专题研究文化改革和发展,通过了《中共中央关于深化文化体制改革,推动社会主义文化大发展大繁荣若干重大问题的决定》以下简称"《决定》"。《决定》对新时期我国文化改革发展的理论和实践进行了系统总结,全面部署了未来文化改革发展的战略任务,提出了建设社会主义文化强国的宏伟目标。关于公共文化服务体系建设,《决定》明确了其性质定位,即社会主义文化建设的基本任务;指出了建设方式、建设内容和建设目标,即以公共财政为支撑,以公益性文化单位为骨干,以全体人民为服务对象,以保障人民群众看电视、听广播、读书看报、进行公共文化鉴赏、参与公共文化活动等基本书化权益为主要内容,完善覆盖城乡、结构合理、功能健全、实用高效的公共文化服务体系;强化了保障措施,即把主要公共文化产品和服务项目、公益性文化活动纳入公共财政经常性支出预算,保障公共文化服务体系的建设和运行;提出了重点任务,即加快城乡文化一体化发展,加强社区公共文化设施建设,把农民工纳入城市公共文化服务体系。以十七届六中全会的《决定》为标志,我国公共文化服务体系建设的思想、理论基本形成,方针政策逐步完善,建设实践跨入了新的阶段,标志着公共文化服务体系建设实现了历史性转折。

十七届六中全会之后,2012年2月,《国家"十二五"时期文化改革发展规划纲要》发布,2012年5月,《文化部"十二五"时期文化改革发展规划》发布,其内容是对十七届六中全会《决定》提出的任务进行了量化、项目化、具体化。国家"十二五"文化改革发展规划纲要提出了公共文化服务体系建设的"七大文化惠民工程",文化部"十二五"规划提出了公共文化服务体系建设的"九大重点工程"。

2012年7月,我国首次发布《国家基本公共服务体系"十二五"规划》。规划对包括公共文化在内的基本公共服务体系建设的指导思想、战略目标、总体部署、重大举措做了全面阐述。一个重要突破是,首次明确提出了基本公共文化服务的"国家基本标准",对服务项目、服务对象、保障标准、支出责任、覆盖水平做出了明确界定。公共文化服务纳入基本公共服务,这是公共文化服务体系建设在理论上的重大突破,它明确了公共文化服务的性质功能,使公共文化成为政府向百姓提供的制度化产品与服务,为政府主导公共文化服务体系建设以及公共文化服务以保障公众基本书化权益、满足公众基本书化需求为目标,奠定了坚实的理论基础。

2012年11月,中共"十八大"召开。"十八大"报告对扎实推进社会主义文化强国建设做出了全面部署，明确提出让人民享有健康丰富的精神文化生活，是全面建成小康社会的重要内容，要求加快推进重点文化惠民工程，加大对农村和欠发达地区文化建设的帮扶力度，继续推动公共文化服务设施向社会免费开放。针对我国目前公共文化服务体系建设的现状，"十八大"报告在十七届六中全会的基础上，进一步提出了完善公共文化服务体系、提高服务效能的新要求。

2013年11月，中共十八届三中全会召开。会议在全面深化改革的背景下，提出了推进文化体制机制创新、构建现代公共文化服务体系的时代任务，并指明了五大重点突破方向。第一，建立公共文化服务体系的协调机制，要协调文化系统以及全社会的资源，统筹公共文化的设施网络和服务体系建设。第二，以公共文化的普遍均等、惠及全民作为目标，形成以群众需求为导向的，以经济社会发展水平为依据的公共文化服务标准，以标准化促进均等化，以均等化体现公平正义。第三，对基层公共文化资源要从组织体系、经费机制、资源配置、人员保障等方面进行深度的整合，形成合力和优势，有效对接群众的需求，建立综合性的基层文化服务中心，实现多位一体的文化服务机制。第四，公益性文化事业单位推广法人治理结构，实行理事会制度，通过建立民主管理制度和机制来解决政府"办文化"问题，解决公益性文化事业单位行政化问题。第五，推动公共文化服务社会化发展，培育文化非营利组织，鼓励社会力量、社会资本参与公共文化服务体系建设，拓宽公共文化服务的渠道和范围，增加公共文化服务的开放性。

2015年1月，中共中央办公厅、国务院办公厅印发的《关于加快构建现代公共文化服务体系的意见》，对加快构建现代公共文化服务体系，推进基本公共文化服务标准化、均等化，保障公众基本文化权益做出了全面部署。与该意见一同印发的《国家基本公共文化服务指导标准(2015—2020)》，对各级政府应向公众提供的基本公共文化服务项目和硬件设施条件、人员配备等做出了明确规定。这两份文件确立了中国特色现代公共文化服务体系建设的基本遵循,指明了我国公共文化服务体系建设的发展方向。

2.1.2　基于公共文化服务理论的国家政策核心导向

从 2002 年中共"十六大"报告,到 2012 年十七届六中全会《决定》,到 2013 年十八届三中全会"构建现代公共文化服务体系",再到 2015 年《关于加快构建现代公共文化服务体系的意见》出台,10 多年来,基于公共文化服务理论的我国现代公共文化服务体系建设逐步完善,在方针政策的核心导向方面取得了令人瞩目的成果。

(1)明确了我国公共文化服务建设的主要任务,目前阶段是"保障人民群众看电视、听广播、读书看报、参加公共文化活动等基本文化权益";到 2020 年,"基本建成覆盖城乡、便捷高效、保基本、促公平的现代公共文化服务体系。公共文化设施网络全面覆盖、互联互通,公共文化服务的内容和手段更加丰富,服务质量显著提升,公共文化管理、运行和保障机制进一步完善,政府、市场、社会共同参与公共文化服务体系建设的格局逐步形成,人民群众基本书化权益得到更好保障,基本公共文化服务均等化水平稳步提高"。

(2)将公共文化纳入基本公共服务。《"十二五"规划纲要》和《国家基本公共服务体系"十二五"规划》提出了我国目前阶段基本公共服务的领域范围,公共文化位列其中。把公共文化纳入基本公共服务,从理论上回答了公共文化应由政府主导、公共财政支持的合理性与合法性,奠定了公共文化政府主导的理论基础。把公共文化服务作为制度化产品提供给公众,这是现代公共文化服务体系的鲜明特点。

(3)政府主导,政事分开。现代公共文化服务体系强调政府主导,但是,政府主导不等于政府主办,政府主办也不等于政府包办。在新形势新要求下,政府应当理顺主导与直接提供的关系,更应发挥宏观指导功能,运用政策、规划、布局等体制性手段对全社会公共文化服务的生产供给履行宏观指导职能。在政府购买、项目补贴、定向助资等过程中,进一步完善政策措施,明确效能的评估指标,形成固定的制度,有实施、有评估、有调整。公共文化服务机构,则需要去行政化,通过建立法人治理结构,形成独立运行、具有内生动力的公共文化服务提供者。正确处理好政府、社会、市场三者的关系,是现代公共文化服务体系的内在要求。

(4)推动公共文化服务社会化发展。社会化发展也是提升公共文化服务机构服务水平的需要。提供公共文化服务是实现公众基本文化权益的主要途径,在这一过程中,政府主要通过公共文化服务机构来承担起基本的公共文化产品生产和服务供给的责任,因此公共文化服务机构是公共文化服务供给的骨干力量。但是,长期以来公共文化服务机构主要依靠财政拨款运营,市场驱动、产业驱动、利益驱动、需求驱动的特征不明显,与公众日益增长的公共文化服务需求相比,不少公共文化服务机构存在着产品和服务内容单一、品种匮乏、形式老旧、质量不高、规模不足等问题。推动公共文化服务社会化发展,通过培育文化非营利组织,引入竞争机制,有利于推动公共文化服务机构体制机制改革,有利于公共文化服务机构释放内在活力、激活优质资源、提升服务质量。

(5)公共文化服务体系建设的保障机制进一步完善,要求各级党委和政府要切实担负起推进文化改革发展的政治责任;把文化建设摆在全局工作的重要位置,纳入经济社会发展总体规划;把文化改革发展成效纳入科学发展考核评价体系;把文化建设的内容纳入干部培训计划和各级党校、行政学院、干部学院教学体系。

2.2 现代图书馆服务理念

2.2.1 现代图书馆服务理念的核心内容

现代图书馆服务理念指引着公共图书馆事业的建设与发展,公共图书馆是公共阅读服务的重要组成部分,因此,现代图书馆服务理念也是公共阅读服务的理论基础。

普遍均等服务(Equality of access for all)是国际通行的理念①,是图书馆行业根深蒂固的理念和执著的追求②。国际图书馆协会联合会(简称"国际图联",International Federation of Library Associations and Institutions,IFLA)在《公共图书馆宣言》中,将这一理念表述为"公共图书馆应不分年龄、种族、性别、宗教、国籍、语言或社会地位,向所有的人提供平等的服务"③,随后在其陆续发布的《图书馆和信息服务机构及信息自由的格拉斯哥宣言》④《图书馆及其可持续发展的声明》⑤《因特网宣言》⑥等宣言中,将这一理念从公共图书馆扩大到所有图书馆⑦。

也就是说,国际图联认为,公共图书馆的一项最基本的原则就是它的各项服务必须对社区的所有成员开放,而不能因为社区的某个团体而排斥其他成员。必须确保那些由于某种原因不能得到主流服务的少数群众也能够平等地享受到各种服务,例如少数民族、身心残疾者或居住离图书馆较远而不易到馆的社区居民等。经费的多少、服务

① 程焕文.普遍均等,惠及全民——关于公共服务普遍均等原则的阐释[J].图书与情报,2007(5):4-7.

② 于良芝,许晓霞,张广钦.公共图书馆基本原理[M].北京:北京师范大学出版社,2012:178.

③ 教科文组织.公共图书馆宣言(1994)[EB/OL].[2014-01-30].http://archive.ifla.org/VII/s8/unesco/chine.pdf.

④ IFLA.图书馆和信息服务机构及信息自由的格拉斯哥宣言[EB/OL].[2014-01-30].http://archive.ifla.org/faife/policy/iflastat/gldeclar-cn.pdf.

⑤ IFLA.图书馆及其可持续发展的声明[EB/OL].[2014-01-30].http://www.ifla.org/files/assets/faife/publications/ifla-statement-sustainable-development-zh.pdf.

⑥ 联合国教科文组织.国际图书馆员协会和图书馆联合会因特网宣言[EB/OL].[2014-01-30].http://unesdoc.unesco.org/images/0012/001295/129562c.pdf.

⑦ 范并思.图书馆资源公平利用[M].北京:国家图书馆出版社,2011:24.

工作的开展、图书馆的设计以及图书馆的开放时间等,都应以对所有人开放的理念为最基本的原则①。

2.2.2 现代图书馆服务理念在中国的扎根成长

普遍均等服务也是中国图书馆职业的百年追求,是几代图书馆人的梦想②③。但是在 1949 年以后的相当长的一段时期内,由于缺乏对国际图书馆界公认的现代图书馆服务理念和核心价值体系的系统引介与深入研究,从而难以引领当代图书馆服务实践的发展。特别是进入 21 世纪以来,我国社会经济的持续增长为图书馆事业快速发展创造了良好的条件和外部环境,然而由于现代图书馆服务理念的缺失,自 20 世纪 90 年代延续下来的"以文养文""以文补文"的市场化、产业化思潮还一度主导着图书馆事业发展,在新时期无法引领甚至阻碍了图书馆实践领域的创新发展,从而导致社会公众对图书馆服务的抱怨与期待亦与日俱增④。

面对挑战,学术界有识之士开始重新反思现有图书馆理论,逐步向国际图书馆理论界看齐,进而发起了一场"旨在宣传公开、公共、共享、平等、免费观念"⑤,倡导"以人为本,弘扬公共图书馆精神"的"21

---

① 菲利普吉尔领导的工作小组代表公共图书馆专业委员会.国际图联/联合国教科文组织公共图书馆服务发展指南[M].林祖藻,译.上海:上海科学技术文献出版社,2002:9.

② 程焕文.百年沧桑,世纪华章——20 世纪中国图书馆事业回顾与展望[J].图书馆建设,2004(6):1-8.

③ 程焕文.百年沧桑,世纪华章——20 世纪中国图书馆事业回顾与展望(续)[J].图书馆建设,2005(1):15-21.

④ 刘兹恒,高丹.新闻媒体中的图书馆形象——对《人民日报》近 60 年来关于图书馆报导的统计分析[J].图书馆论坛,2009(4):1-5.

⑤ 程焕文,潘燕桃,张靖.图书馆权利研究[M].北京:学习出版社,2011:1.

世纪新图书馆运动"①。与此同时,在 21 世纪初建设社会主义新农村和小康社会背景下,公共财政的配置重点转到为全体人民提供均等化基本公共服务②,中国图书馆事业发展也开始瞄准普遍均等服务的目标。

2008 年中国图书馆学会正式发布《图书馆服务宣言》,向社会公众宣示了中国图书馆人对于包括普遍均等服务在内的现代图书馆服务理念的基本认同与价值追求③。该宣言遵循国际图书馆组织几部重要宣言的基本理念,向社会公众宣示了中国图书馆人对于现代图书馆服务理念的认同。《图书馆服务宣言》详细阐述了"对全社会开放""维护读者权利""平等服务""人文关怀""消弥数字鸿沟"等服务原则,这是现代图书馆服务理念的核心——普遍均等服务的宣言式表述。

2011 年国家颁布《公共图书馆服务规范》(GB/T 28220—2011),将"公共图书馆服务对象包括所有公众""应当注重培养青少年儿童的阅读习惯,并努力满足残疾人、老年人、进城务工者、农村和偏远地区公众等的特殊需求"等普遍均等服务理念贯彻到国家标准全文之中,从制度上保障了现代图书馆服务理念在中国的扎根、传承和发展。

2.2.3 实证研究:现代图书馆服务理念在中国的重建历程

关于 21 世纪以来现代图书馆服务理念的总结与回顾,目前已经有不少文献。它们从热点问题、学说思潮、学科体系、高被引文献等不

---

① 南山图书馆,湖南大学信息研究所,本刊编辑部. 以人为本,弘扬公共图书馆精神:本刊与南山图书馆、湖南大学信息研究所共倡"21 世纪新图书馆运动"[J]. 图书馆,2005(1):1.

② 于良芝,邱冠华,许晓霞. 走进普遍均等服务时代:近年来我国公共图书馆服务体系构建研究[J]. 中国图书馆学报,2008(3):31 – 40.

③ 范并思. 现代图书馆理念的艰难重建——写在《图书馆服务宣言》发布之际[J]. 中国图书馆学报,2008(6):6 – 11.

同角度和方法入手,呈现出 21 世纪以来图书馆学理论研究进展的基本概貌[①]-[⑨]。但是,或许由于图书馆学理论研究内容体系比较庞大,已有文献虽然对许多主题领域的进展都有所涉及,但对不同主题之间相互的关系和背后的内在机理,尚缺乏深入的揭示;对现代图书馆服务理念重建的历程,虽不乏宏观描述,但还缺乏足够的定量分析数据支撑。

现代图书馆服务理念在中国的重建,可以从五大主题领域的研究中得以充分体现。一是关于图书馆自由与图书馆权利的研究,它是图书馆理论研究的基石,也是图书馆服务的基础;二是关于信息公平与图书馆制度研究,它倡导面向全社会普遍开放,保障信息获取、消除信息鸿沟;三是关于图书馆立法与法治环境研究,它以法律体系的权威

① 范并思.新世纪十年我国公共图书馆理论研究进展[M]//公共图书馆研究院.中国公共图书馆发展蓝皮书(2010).深圳:海天出版社,2010:19 - 34.

② 潘燕桃.近 60 年来中国公共图书馆思想研究 1949—2009[M].广州:中山大学出版社,2011.

③ 梁灿兴.平复图书馆骚动的灵魂——新世纪十年图书馆学理论的进展[J].高校图书馆工作,2010(6):7 - 11.

④ 王子舟.建国六十年来中国的图书馆学研究[J].图书情报知识,2011(1):4 - 12,35.

⑤ 陆晓曦.新世纪 10 年我国图书馆学基础理论研究高被引论文述要[J].图书情报工作,2011(17):47 - 51.

⑥ 范并思.新世纪图书馆学基础理论的转型——理论体系重构的初步设想[C]//刘兹恒,张久珍.构建面向图书馆职业的理论体系——第五次全国图书馆学基础理论研讨会论文集.北京:北京图书馆出版社,2007:1 - 18.

⑦ 董丽娟.新世纪我国图书馆学基础理论研究若干热点问题述评[J].现代情报,2008(7):17 - 19.

⑧ 刘新良.新世纪以来图书馆学基础理论研究内容和特点综述(2000—2007年)[J].产业与科技论坛,2008(7):157 - 160.

⑨ 余厚洪.新世纪以来中国图书馆学基础理论研究综述[J].丽水学院学报,2008(3):112 - 116.

性和强制性来维护图书馆制度,从而保障公众的基本文化权益;四是关于图书馆人文与图书馆精神研究,它以"以人为本"彰显图书馆的人文关怀精神;五是关于总分馆与图书馆服务体系研究,它让所有人都能就近便捷地利用图书馆服务,实现普遍均等。

从学术界对上述五大主题领域的研究历程来看,图书馆自由与图书馆权利研究,是在公众权利日渐苏醒的背景下,厘清了图书馆权利的归属,认识到了公众的基本文化权利神圣不可侵犯,明确了图书馆核心价值所在;信息公平与图书馆制度研究,阐明了图书馆,特别是公共图书馆,不仅是一个社会机构,更是保障公众公平利用信息、消除信息鸿沟的一项社会制度;图书馆立法与图书馆法治环境的研究,探讨如何通过建立和完善权威的法律体系,来加以维护图书馆制度,切实保障公众的文化权益;图书馆人文与图书馆精神研究,解读了图书馆职业精神,揭示了图书馆核心能力,回归到现代图书馆服务理念的怀抱;公共图书馆总分馆与服务体系的构建,指明了图书馆实现普遍均等、提升效益的服务模式实践方向。这五大主题领域的研究,实际指向的就是现代图书馆对全社会普遍开放、维护公众权利、平等服务、对弱势人群人文关怀和消除信息鸿沟的服务理念。

因此,如果将 21 世纪以来上述五大主题领域的研究态势进行充分揭示,也就可以充分反映出现代图书馆服务理念的重建历程与变化轨迹。而对研究态势的把握,一则建立在对该主题内涵的规范界定和发展变化的系统梳理之上;二则通过选取能够足以反映该主题领域的重要主题词,结合现有数据库进行检索,获取该主题领域研究论文数量的分布状况,从而进一步帮助研判该主题领域的研究态势。

2.2.3.1 图书馆自由与图书馆权利

从世界范围看,最早确立"图书馆自由"观念的是美国,他们称其为"图书馆权利"。日本图书馆界在接受从美国传入的这一思想观念的同时,把"图书馆权利"移译为"图书馆自由",这是因为许多日本学者认为,所谓"图书馆权利"实质上就是图书馆的"自由权利",而不是什么别的权利。图书馆自由与图书馆权利的核心精神之所在:就图书馆来说,强调的是收集和提供资料的自由;对利用者来说,强调的是从图书馆获得资料和信息的自由①。

图书馆权利理论是西方图书馆学的核心命题和重要基石之一,它奠定了图书馆普遍服务、平等服务和人性服务的基础。虽然早在 20 世纪 90 年代前后,中国图书馆界就已经开始将美国图书馆协会的《图书馆权利宣言》翻译介绍进来②,但直到进入 21 世纪以后,关于图书馆的自由利用、读者的权利、图书馆权利等的研究,才被日渐重视。

2000 年开始,一组"图书馆自由"的论述③-⑤,开启了这一主题领域的研究,这是中国图书馆学术界首次从西方的图书馆权利角度切入,研究中国领域的问题。由于语境的时代转换,随后的研究多以"图书馆权利"来指代这一主题。2005 年 1 月,中国图书馆学会首次新年峰会上,引入了图书馆权利方面的议题;2005 年 7 月,中国图书馆学会年会设置了"图书馆权利"分会场进行专题研讨;2005 年,"图书馆权利研究"获国家社科基金立项,标志着图书馆权利这一主题领域的研究,已经"堂而皇之"地扎根于中国图书馆学理论系统中了⑥。

学术界对图书馆自由与图书馆权利这一主题领域的研究态势,可以从相关论文发表数量加以反映。根据 CNKI 中国期刊网全文数据库

---

① 李国新.对"图书馆自由"的理论思考[J].图书馆,2002(1):16-21.

② 《图书馆研究与工作》1992 年第 3 期刊载了由林祖藻翻译的《美国图书馆的权利法案》。另据程焕文的研究,中国内地最早翻译《图书馆权利法案》的可能是王振鸣,但只列出题名,没有翻译正文;1990 年 10 月由书目文献出版社(今国家图书馆出版社)出版的《世界图书馆事业汇编》载有杜聿玉译自美国《图书馆杂志》1979 年第 5 期的《美国图书馆权利法案》全文。参见:程焕文,潘燕桃,张靖.图书馆权利研究[M].北京:学习出版社,2011:10-11.

③ 李国新.日本的"图书馆自由"述论[J].图书馆,2000(4):12-16,20.

④ 李国新.日本"图书馆自由"案例研究[J].图书馆,2001(4):15-19.

⑤ 李国新.对"图书馆自由"的理论思考[J].图书馆,2002(1):16-21.

⑥ 范并思.新世纪 10 年我国图书馆学基础理论的光荣与梦想[J].高校图书馆工作,2010(4):13-16.

检索统计①,以"图书馆自由""图书馆权利""读者权利"为主题进行检索(检索日期:2015 年 5 月 30 日),每年的发文情况如表 2 - 1 所示。统计数据表明,21 世纪之前该主题领域的研究,论文数量极少,几乎可以忽略不计。从 2001 年开始,该主题领域的研究论文数量开始增多,2003 年开始攀升,2005 年跃升至高点,产出了大量研究成果,2008、2009 年达到最高峰,此后开始缓步下降。这大致反映出了学术界对图书馆自由与图书馆权利主题领域关注的基本变化轨迹。

表 2 -1　图书馆自由与图书馆权利主题领域发文情况

年份	论文数量(篇)	年份	论文数量(篇)
1979 年	1	2001 年	15
1981 年	1	2002 年	11
1982 年	2	2003 年	22
1986 年	1	2004 年	36
1989 年	2	2005 年	75
1990 年	1	2006 年	98
1991 年	2	2007 年	115
1992 年	2	2008 年	135
1994 年	2	2009 年	138
1995 年	1	2010 年	127
1997 年	2	2011 年	120
1998 年	6	2012 年	103
1999 年	4	2013 年	104
2000 年	6	2014 年	65

---

①　从论文收录范围和收录数量来看,CNKI 中国期刊网全文数据库是目前国内最具代表性的数据库之一。但是依据一个数据库进行检索,从"全面性"来看,总是或多或少会遗漏部分论文。不过从该数据库每年收录相关领域论文的数量来统计分析,仍然可以反映出中国学界的大致研究态势。

2.2.3.2 信息公平与图书馆制度

图书馆,特别是公共图书馆的建立,不是简单地方便社会公众利用知识,而是使社会中每一个公民都获得了自由获取知识或信息的权利。从这个角度来讲,公共图书馆代表的是一种社会用以调节知识或信息分配,以实现社会知识或信息保障的制度。信息公平与公共图书馆制度研究的核心,就是倡导面向全社会普遍开放,开展平等服务,保障信息获取、消除信息鸿沟的现代图书馆理念。

在中国图书馆学术界,把公共图书馆作为一种社会制度来加以重新认识,肇始于 2002 年的《维护公共图书馆的基础体制与核心能力》及随后的系列论文①-③。此后,有的学者从信息政治经济学的角度,看公共图书馆在信息社会面临的挑战与存在的价值④;有的学者从公共性质与公共目标出发,来研究图书馆的公共物品属性⑤;有的学者从克服技术障碍、经济障碍角度,探讨图书馆为人们自由获取数字信息提供了制度保障⑥;有的学者针对公共图书馆使命的表述,以"图书馆——社区生活"的视角,揭示公共图书馆对于其服务的社区的责任和价值,从而为图书馆耗费的不菲经费和占据的众多就业岗位提供理由⑦;等等。

---

① 范并思.维护公共图书馆的基础体制与核心能力——纪念曼彻斯特公共图书馆创建 150 周年[J].图书馆杂志,2002(11):3-8.

② 范并思.公共图书馆精神的时代辩护[J].中国图书馆学报,2004(2):5-11.

③ 范并思.建设一个信息公平与信息保障的制度——纪念中国近代图书馆百年[J].图书馆,2004(2):1-3,15.

④ 于良芝,等.从信息政治经济学视角看公共图书馆发展的社会环境[J].中国图书馆学报,2002(4):40-44.

⑤ 王子舟.图书馆的公共性质与公共目标[J].图书馆论坛,2004(6):31-35,269.

⑥ 蒋永福,李京.信息公平与公共图书馆制度[J].国家图书馆学刊,2006(2):50-54.

⑦ 于良芝.公共图书馆存在的理由:来自图书馆使命的注解[J].图书与情报,2007(1):1-8.

表2-2 信息公平与图书馆制度主题领域发文情况

年份	论文数量（篇）	年份	论文数量（篇）
1981 年	2	2002 年	14
1983 年	3	2003 年	13
1984 年	1	2004 年	26
1991 年	2	2005 年	72
1992 年	1	2006 年	120
1993 年	2	2007 年	182
1994 年	3	2008 年	203
1995 年	1	2009 年	166
1996 年	3	2010 年	155
1997 年	6	2011 年	180
1998 年	1	2012 年	148
1999 年	4	2013 年	143
2000 年	4	2014 年	99
2001 年	3	—	—

　　根据 CNKI 中国期刊网全文数据库检索统计,以"信息公平""图书馆制度"为主题进行检索(检索日期:2015 年 5 月 30 日),每年的发文情况如表 2-2 所示。统计数据表明,21 世纪之前该主题领域的研究,论文数量极少,几乎可以忽略不计。从 2002 年开始,该主题领域的研究论文数量开始增多,2004 年开始攀升,2006 年跃升至高点,产出了大量研究成果,2008 年达到最高峰,2009 年开始缓慢下降,但目前仍在高位徘徊。这大致反映出了中国图书馆学术界对信息公平与图书馆制度主题领域关注的基本变化轨迹。

2.2.3.3 图书馆立法与法治环境

　　现代公共图书馆是伴随着公共图书馆法的建立而产生的。图书馆立法与法治环境的研究是为了探求如何通过以法律法规的权威性和强制性来维护图书馆制度,从而保障社会公众的基本文化权益。

　　20 世纪 80 年代初期至 90 年代中后期,中国图书馆学术界曾经比较关注图书馆立法的研究,还掀起过一段研究小高潮。但是由于始终是在纯学术层面上进行研究,学术成果并未得到国家立法机关或国家行政主管部门的积极回应。这表明,没有法治建设实践对研究的推动和刺激,纯粹的理论研究很难走向深入和持久①。在进入21世纪的2001年,图书馆法的立法工作启动,图书馆学术界积极参与到图书馆法立法支撑研究中去,开始了基于立法实践的图书馆立法及法治环境的研究。

图书馆立法与法治建设研究领域早期重要的研究成果,包括著作《日本图书馆法律体系研究》②,它对日本图书馆法律体系、日本图书馆的相关法规、日本立法基础"图书馆自由"等问题进行了研究,是国内第一本以国别方式开展的立法支撑研究工作;《论图书馆的法治环境》一文,为我国开展立法研究奠定了基础框架;著作《网络环境下的著作权与数字图书馆》③开始对网络环境下的著作权法与图书馆相关问题展开系统研究,内容包括变革中的著作权法、著作权法的变化与图书馆、数字图书馆建设与著作权法等;以及图书馆活动与著作权方面的一系列研究论文④-⑦,从图书馆的社会职能出发,倡导著作权保护与维护公共利益的平衡,呈现出当时图书馆界研究著作权问题的较高水平;等等。

---

① 潘燕桃.近60年来中国公共图书馆思想研究综述(之二)[J].公共图书馆,2010(4):3-14.

② 李国新.日本图书馆法律体系研究[M].北京:北京图书馆出版社,2000.

③ 肖燕.网络环境下的著作权与数字图书馆[M].北京:北京图书馆出版社,2002.

④ 陈传夫.解决网络与数字图书馆问题应坚持什么立场[J].图书情报工作,2002(12):15-19.

⑤ 陈传夫.社会信息化过程中若干利益冲突研究[J].中国图书馆学报,2002(2):19-23.

⑥ 陈传夫.数字时代信息资源知识产权制度的现状与展望[J].大学图书馆学报,2003(2):9-14.

⑦ 陈传夫,姚维保.我国信息资源公共获取的差距、障碍与政府策略建议[J].图书馆论坛,2004(6):54-57.

根据 CNKI 中国期刊网全文数据库检索统计,以"图书馆法""著作权""信息网络传播权"为主题进行检索(检索日期:2015 年 5 月 30日),在"图书情报与数字图书馆"学科范围内,每年的发文情况如表2－3所示。

统计数据表明,中国图书馆学术界很早就关注该主题领域的研究,在 1982 年曾形成一个小高峰。进入 20 世纪 90 年代中后期,又开始形成一股研究热潮。但从总体来看,2000 年之后,论文数量才真正开始往上爬升。从 2000 年开始,该主题领域的研究论文数量日渐增多,2002 年开始攀升,突破了每年 200 篇、达到近 300 篇的数量;2007年跃升至高点,突破了每年 500 篇的数量,产出了大量研究成果;此后直到 2010 年,达到最高点,此后一直都在高位盘旋,2014 年开始回落。这大致反映出了中国图书馆学术界对图书馆立法与法治环境研究主题领域关注的基本变化轨迹。

表 2－3　图书馆法、著作权、信息网络传播权主题领域发文情况

年份	论文数量(篇)	年份	论文数量(篇)
1978 年	1	1990 年	59
1979 年	6	1991 年	54
1980 年	16	1992 年	48
1981 年	22	1993 年	67
1982 年	57	1994 年	100
1983 年	52	1995 年	115
1984 年	26	1996 年	142
1985 年	43	1997 年	125
1986 年	46	1998 年	134
1987 年	43	1999 年	134
1988 年	56	2000 年	151
1989 年	61	2001 年	188

续表

年份	论文数量(篇)	年份	论文数量(篇)
2002 年	270	2009 年	560
2003 年	295	2010 年	606
2004 年	312	2011 年	582
2005 年	379	2012 年	575
2006 年	449	2013 年	525
2007 年	547	2014 年	430
2008 年	569	—	—

2.2.3.4 图书馆人文与图书馆精神

早在 20 世纪 90 年代初,图书馆学术界就开始讨论"图书馆精神"①及其内涵②。但这样的研究非常零散,淹没在大量的文献海洋之中。进入 21 世纪,中国图书馆学术界真正开始服务理念的全方位研究。著作《21 世纪图书馆新论》③的出版,颠覆了长期以来占主导地位的"书本位"思想,提出了以人为本、以服务为中心等"新论",并将联合国教科文组织制定的《公共图书馆宣言》作为该书的附录刊印,使《公共图书馆宣言》得以在更大范围内传播。《图书馆与人文关怀》一文指出"人文关怀精神并非图书馆一个学科所独有,在许多领域,尤其是社会科学,都离不开人的主题。但图书馆无疑是最应高举人的旗

---

① 如《图书馆人与图书馆精神》一文,提出了爱国、爱馆、爱人、爱书的思想,要求"热爱读者,树立读者第一的思想,努力争取读者、尊重读者,把读者工作看作是图书馆赖以生存和发展的至高无尚的工作"。参见:程焕文.图书馆人与图书馆精神[J].中国图书馆学报,1992(2):35－42.

② 如《现代图书馆的精神内涵》一文,认为图书馆精神包含了"开放""平等和友善"等现代要素,特别批评了违背现代图书馆精神的做法,如"限制读者身份""限制读者借阅方式""残疾人服务异常欠缺""儿童阅读被忽视"等。参见:刘洪波.现代图书馆的精神内涵[J].图书馆建设,1992(4):7－10.

③ 吴建中.21 世纪图书馆新论[M].上海:上海科学技术出版社,1998.

帜、突出人的精神的行业之一,因为它面对的是人,直接为人服务,人是其出发点,又是其根本目的。人的因素第一,公众精神至上,永远是图书馆的根本准则。如果舍本求末,难免南辕北辙"①。图书馆服务理念研究,终于回归到"以人为本"。

如果说图书馆人文的研究还略显"势单力薄"的话,在中国语境下,一脉相承、伴随而生的"图书馆精神"的研究,将此研究推向了新高潮。2004年中国图书馆学会苏州年会上,程焕文教授以"百年图书馆精神的魅力"为主题的发言,在回首20世纪初的那场波澜壮阔的"新图书馆运动"中"公平、公开"的图书馆人文精神的同时,也赋予了当代图书馆人文精神更新的内涵②③。此后,关于图书馆精神与公共图书馆精神的研究与讨论风起云涌。

关于图书馆精神,有学者指出,在本质上"图书馆精神是图书馆人对图书馆事业的人文理想的一种认同","研究与倡导图书馆精神,目的在于弘扬图书馆事业前辈们的人文理想"④。由图书馆精神的研究,进而延伸至图书馆职业精神与核心能力的研究。2003年,专著《图书馆导论》一书已经开始了图书馆职业精神的探讨⑤;2005年,《图书馆杂志》以"图书馆职业精神与核心能力"为专题,连续刊登了《未完成的现代性:谈信息时代的图书馆职业精神》⑥等为代表的系列研究与讨论文章,拓宽了研究视野,推动了此领域研究的不断深入。

另外,自2006年年初,在中国图书馆学术界,兴起了一股"图书馆

---

① 吴晞.图书馆与人文关怀[J].图书馆,1999(1):46-47.

② 程焕文.百年沧桑,世纪华章——20世纪中国图书馆事业回顾与展望[J].图书馆建设,2004(6):1-8.

③ 程焕文.百年沧桑,世纪华章——20世纪中国图书馆事业回顾与展望(续)[J].图书馆建设,2005(1):15-21.

④ 范并思.图书馆精神学习札记[J].图书与情报,2006(6):1-3,10.

⑤ 于良芝.图书馆学导论[M].北京:科学出版社,2003.

⑥ 于良芝.未完成的现代性:谈信息时代的图书馆职业精神[J].图书馆杂志,2005(4):3-7,20.

2.0"的研究热潮。《图书馆2.0:构建新的图书馆服务》①一文成为学术界第一篇讨论图书馆2.0的奠基之作。虽然图书馆2.0从外化形式来看,是利用信息技术提高图书馆服务的交互功能,但是,图书馆2.0的基本理念——用户参与、图书馆无处不在、图书馆没有障碍等,与图书馆的职业精神水乳交融,使得赖以有效提升图书馆服务能力的信息技术与图书馆人信奉的人文精神溶为一体②。

根据 CNKI 中国期刊网全文数据库检索统计,以"图书馆人文""图书馆精神""图书馆职业精神""图书馆2.0"为主题进行检索(检索日期:2015年5月30日),每年的发文情况如表2-4所示。

表2-4 图书馆人文与图书馆精神主题领域发文情况

年份	论文数量(篇)	年份	论文数量(篇)
1980 年	1	1992 年	6
1981 年	2	1993 年	3
1982 年	2	1994 年	4
1983 年	2	1995 年	7
1984 年		1996 年	13
1985 年	1	1997 年	27
1986 年	1	1998 年	22
1988 年	3	1999 年	15
1989 年	3	2000 年	16
1990 年	1	2001 年	24
1991 年	2	2002 年	35

① 范并思,胡小菁.图书馆2.0:构建新的图书馆服务[J].大学图书馆学报,2006 (1):2-7.

② 范并思.中国图书馆2.0的研究[M]//中国图书馆学会,国家图书馆.中国图书馆年鉴 2008.北京:国家图书馆出版社,2009:24-48.

续表

年份	论文数量（篇）	年份	论文数量（篇）
2003 年	65	2009 年	199
2004 年	97	2010 年	147
2005 年	171	2011 年	155
2006 年	212	2012 年	159
2007 年	243	2013 年	117
2008 年	213	2014 年	100

统计数据表明,学界很早就关注该主题领域的研究,在 1992 年曾有过小小波澜,但总体上波澜不惊。进入 20 世纪 90 年代中后期,才开始形成研究潮流。特别是从 2002 年之后,论文数量真正开始往上爬升,该主题领域的研究论文数量日渐增多;2004 年接近 100 篇;2006 年突破了 200 篇的数量;2007 年达到峰值,产出了大量研究成果;2009 年时开始回落。这可以大致反映出中国图书馆学术界对图书馆人文与图书馆精神主题领域总体关注的变化轨迹。

2.2.3.5 总分馆与图书馆服务体系

普遍均等服务是现代图书馆理念的普遍原则。所谓"普遍均等"的服务,就是能够让所有人,都能就近便捷地利用图书馆服务。因此,政府要保证普遍均等的公共图书馆服务,就需按照服务人口规模、地域分布等各种因素,以特定的布局标准设置足够密度的图书馆及服务点。2010 年修订的国际图联《公共图书馆服务指南》指出公共图书馆服务点"必须设置在一目了然的地方,人们靠步行、公共交通或私人汽车就能到达,并提供方便的停车设施。在比较发达的市区和郊区,公共图书馆应设置在 15 分钟车程之内"[①]。

长期以来,我国公共图书馆的建设,基本按照"一级政府建设一座

---

① KOONTZ C, GUBBIN B. IFLA public library service guidelines[M]. 2nd ed. Berlin/New York：Walter de Gruyter GmbH & Co. ,2010:57.

图书馆"进行设置,目前我国县级公共图书馆的设置率在95%左右①。在这样的管理体系中,每个图书馆都对应着一个独立的建设主体和独立的主管部门,每个图书馆都对其主管部门负责。这使得图书馆与图书馆之间除了非常松散的业务合作关系,基本不存在任何组织联系。这种由相互独立的图书馆构成的公共图书馆服务体系可以被称为"各自为政"的体系②。这一体系造成了重重弊端,一方面可能部分地区图书馆服务交叉重叠(省馆、市馆、县馆可能建在同一区域内),另一方面无法保障更多人群利用图书馆服务,图书馆服务效率低下。

至于县级以下的乡镇、乡村图书馆和城市社区图书馆,历史上也曾经兴起过几次基层图书馆建设的高潮,20世纪80、90年代兴起建设乡镇万册图书馆的热潮,但这些基层图书馆都没有得到巩固和发展。之后,虽然一些地方政府和图书馆职业没有停止过建设基层图书馆的努力,但由于缺乏制度化的政策保障和经费来源,这些基层图书馆基本上处在自生自灭的状态,发展一直很不稳定。因此截至"十五"期末,我国公共图书馆服务体系只实现了部分人口和地区的覆盖③。

我国公共图书馆界自2000年以来,开始致力于以普遍均等为目标的公共图书馆服务体系建设活动。只是囿于当时的认识,这些建设活动更多地被冠名为"图书馆服务网络""总分馆""延伸服务"等④。在这一时期产生的重要研究成果,当数著作《覆盖全社会的公共图书馆服务体系:模式、技术支撑与方案》,它对近年来我国构建公共图书馆服务体系的主要模式进行了概括和个案剖析,在案例分析、国际比

---

① 中华人民共和国文化部.中国文化文物统计年鉴2014[M].北京:国家图书馆出版社,2014:70,569.

② 于良芝.公共图书馆总分馆建设的法律保障:法定建设主体及相关问题[J].图书情报工作,2008(7):6-11,31.

③ 许晓霞."十一五"时期公共图书馆服务发展回顾·公共图书馆服务体系建设的实践与理论探索[J].中国图书馆学报,2011(4):75-79.

④ 于良芝.2007年国内图书馆学研究综述·公共图书馆服务体系研究[J].中国图书馆学报,2008(2):79-80.

较的基础上找出了制约我国总分馆建设可持续发展的关键性问题,提出了解决问题的基本思路和方向,即通过"建设主体上移"来解决"适当的管理层级"的问题,通过"变分层管理为集中管理"来解决"适当的管理单元"问题①。

通过学术研究,图书馆界逐步认同公共图书馆服务体系是指一个地区的公共图书馆以保障普遍均等服务、实现信息公平为目标,独立地或通过合作方式向公众提供公共图书馆服务的基础设施架构,包括所有实体图书馆及其馆外服务点、流动图书馆以及它们建立的图书馆联盟、总分馆系统、区域性服务网络等服务平台②③。

根据 CNKI 中国期刊网全文数据库检索统计,以"图书馆总分馆""图书馆服务网络""图书馆服务体系""图书馆延伸服务"为主题进行检索(检索日期:2015 年 5 月 30 日),每年的发文情况如表 2 – 5 所示。

表 2 – 5　总分馆与图书馆服务体系主题领域发文情况

年份	论文数量(篇)	年份	论文数量(篇)
1983 年	2	2003 年	6
1986 年	1	2004 年	13
1998 年	2	2005 年	13
1999 年	1	2006 年	19
2000 年	1	2007 年	60
2001 年	6	2008 年	142
2002 年	4	2009 年	138

① 李国新."总分馆"建设的最大障碍是体制障碍——《覆盖全社会的公共图书馆服务体系:模式、技术支撑与方案》读后[J].图书馆建设,2008(9):1 – 3.

② 于良芝,等.走进普遍均等服务时代:近年来我国公共图书馆服务体系构建研究[J].中国图书馆学报,2008(3):31 – 40.

③ 于良芝.建立覆盖全社会的公共图书馆服务体系[J].图书与情报,2007(5):23 – 24.

年份	论文数量(篇)	年份	论文数量(篇)
2010 年	130	2013 年	197
2011 年	149	2014 年	227
2012 年	192	—	—

统计数据表明,在 2000 年之前,几乎没有人研究此主题领域的问题;2001 年开始,情况才略有好转;但真正的研究热潮是在 2007 年。在构建覆盖全社会的公共文化服务体系背景下,公共图书馆服务网络与服务体系的建设,呈现了更显著的战略意义,与此相关的问题才开始受到学术界的重视和关注,并在 2008 年之后,一直保持着很高的研究热情。

2.2.3.6　现代图书馆服务理念的重建历程

将 21 世纪以来,上述五大主题领域的研究进展态势(以论文数量为依据),合在一起比较,如图 2 - 1 所示。

从图中可以直观地看到:以论文的发表数量来看,侧重不同的五大主题领域在 21 世纪以来的研究态势表现出了惊人的一致。几乎同步兴起,几乎同步达到高峰值,几乎同步开始下降。

而这五大不同的主题领域,实际上均指向了现代图书馆服务理念的核心。这也反映了进入 21 世纪后,在探寻现代图书馆服务理念的过程中,中国图书馆学术界不约而同地将目光转向了公共图书馆领域的理论研究和当今国际图书馆界普遍价值观念的研究,共同完成了中国图书馆学术界历史上最为重要的一次理论重建。

考虑到论文发表在时间上的一定的滞后性,结合 2008 年 10 月《图书馆服务宣言》公开发布这一重要事件,我们可以认为:中国图书馆学术界,在 2008—2009 年期间,已经初步完成了现代图书馆服务理念的重建使命。

论文数量(篇)

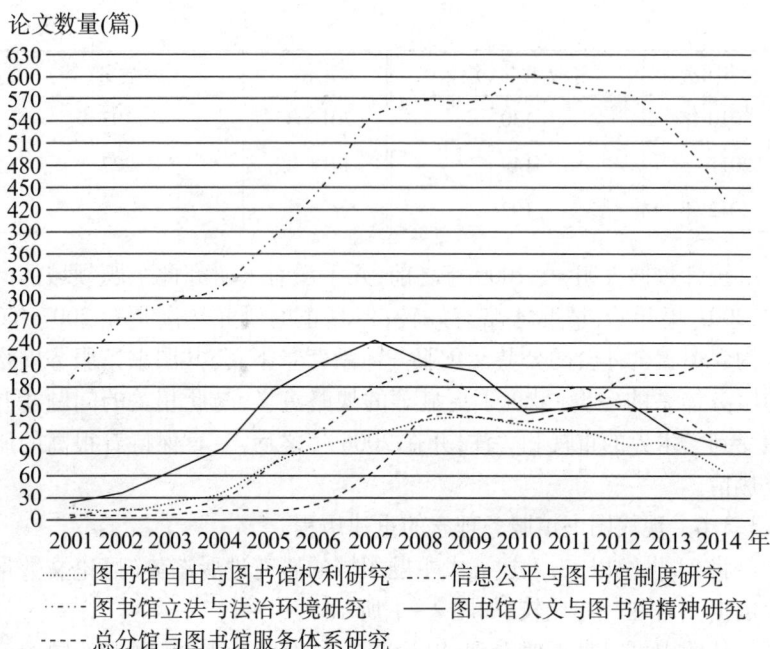

图2-1　2000—2014年期间五大主题领域发文量态势图

2.3　贫困地区公共阅读服务体系构建亟需理论引领

　　贫困地区目前拥有的832个县域,全部地处我国经济社会发展较为相对落后的中部、西部地区,且绝大多数是农村区域。21世纪以来,随着党和国家一系列文化惠民政策的颁布实施,贫困地区公共阅读服务建设有所起色。县域内的公共图书馆、文化馆(站)等基础阅读设施建设有了基本保障,面向农村的阅读活动次数增加迅速,效果影响日增,成就显著。

　　但从全国总体情况来看,由于地域差异、城乡二元,东、中、西部之间的公共阅读服务发展水平仍然很不均衡。以下以全国公共图书馆的相关统计数据为证,来说明此问题。

十多年来,我国公共图书馆服务条件整体上有了极大改善:截至2013年年底,全国共有公共图书馆3112个,比2000年的2675个增加了437个,增长了16.34%;总藏量74 896万册(件),比2000年的40 953万册(件)增加了33 943万册(件),增长了82.88%;全国人均拥有公共图书馆藏量0.55册(件),比2000年的0.32册(件)增加了0.23册,增长了71.88%;全国平均每万人拥有公共图书馆设施面积由2000年的47.3平方米提高至2013年的85.1平方米,增长了79.92%。十多年来,我国公共图书馆服务能力也有了显著提升:2013年,全国公共图书馆全年共发放借书证2877万张,比2000年的623万张增加了2254万张,增长了361.8%;总流通人次49 232万人次,比2000年的18 854万人次增加了30 378万人次,增长了161.12%;书刊文献外借20 552万人次和40 868万册次,分别比2000年的9600万人次和16 913万册次,增加了10 952万人次和23 955万册次,增长了114.08%和141.64%①。成就显著。

但是,从全国"一盘棋"均衡发展要求来看,由于中西部地区、广大农村基层的经济社会发展普遍缓慢、基础薄弱,图书馆事业建设起点低、欠账多,在设施建设、运行管理、人才队伍、服务效能等方面,与发达地区、大中型城市的相对差距仍在持续扩大。

表2-7的统计数据表明,经过十年的建设发展,我国中西部地区的公共阅读事业得到了迅速发展,人均拥有公共图书馆藏量、公共图书馆人均购书费、每万人公共图书馆建筑面积、公共图书馆财政拨款等指标均有了显著改善。

但是通过比较,同时还可以发现,同样这四大指标,又反映出公共阅读服务在中部地区、西部地区与东部地区之间的相对差距,都在进一步持续扩大,地区发展不均衡现象日趋严重。以中部地区与东部地

---

① 中华人民共和国文化部.中国文化文物统计年鉴(2014)[M].北京:国家图书馆出版社,2014:54-59.

区各省平均情况对比为例,从 2000 年到 2011 年,人均拥有公共图书馆藏量的差距由 0.49 册扩大到 0.62 册,公共图书馆人均购书费的差距由 0.96 元扩大到 1.69 元,每万人公共图书馆建筑面积的差距由 39.78 平方米扩大到 46.19 平方米,公共图书馆财政拨款的差距由 5952 万元扩大到 3.27 亿元;以西部地区与东部地区各省平均情况对比为例,从 2000 年到 2011 年,人均拥有公共图书馆藏量的差距由 0.41 册扩大到 0.53 册,公共图书馆人均购书费的差距由 0.95 元扩大到 1.61 元,每万人公共图书馆建筑面积的差距由 25.36 平方米扩大到 30.84 平方米,公共图书馆财政拨款的差距由 6546 万元扩大到 3.44 亿元。

表 2 - 7　东、中、西部地区公共图书馆情况基本指标比较①

地区比较		人均拥有公共图书馆藏量（册）		公共图书馆人均购书费（元）		每万人公共图书馆建筑面积（平方米）		公共图书馆财政拨款（万元）	
年份		2000	2013	2000	2013	2000	2013	2000	2013
东部地区	各省平均	0.73	1.01	1.04	2.44	74.34	119.38	8455	55783
中部地区	各省平均	0.24	0.39	0.08	0.75	34.56	73.19	2503	23052
	与东部差距	0.49	0.62	0.96	1.69	39.78	46.19	5952	32731
西部地区	各省平均	0.32	0.48	0.09	0.83	48.98	88.54	1909	21339
	与东部差距	0.41	0.53	0.95	1.61	25.36	30.84	6546	34444

在快速发展的同时,相对差距却不断扩大,区域发展不均衡现象更为突出,这明显与普遍均等的现代图书馆服务理念相违背。中西部地区的落后,与其拥有大量的贫困地区不无关系,因为贫困地区地方

---

① 中华人民共和国文化部. 中国文化文物统计年鉴 2014 [M]. 北京:国家图书馆出版社,2014:56 - 69.

财政的自我造血能力不足,在公共阅读服务方面的支出极为有限,是我国公共阅读服务供给的低洼凹谷和薄弱地带。

根据中央的战略部署,我国到 2015 年要基本建成公共文化服务体系,到 2020 年要全面建成小康社会。围绕中央提出的目标和任务,东部地区、大中型城市纷纷加大投入、加快进度,而中西部地区、农村基层,特别是贫困地区的公共阅读服务体系建设困难多、任务重,公共阅读发展水平相对差距日益扩大,"马太效应"更加明显,有违"普遍均等服务"基本理念,需要我们精准扶贫、实现跨越式发展,弥补短板,这也是实现全面建成小康社会目标需要重点突破的薄弱环节。

因此,贫困地区的公共阅读服务体系建设,更需要在现代公共文化服务理论和现代图书馆服务理念的指导下,以人民为中心,以社会主义核心价值观为引领,坚持政府主导,坚持社会参与,坚持共建共享,坚持改革创新,因地制宜、分类指导,积极引导和培育公众阅读需求,加强统筹管理、优化资源配置,完善体制机制,增强发展活力。

3 国家政策:重大文化惠民工程促进公共阅读服务

消除贫困、实现共同富裕、全面建成小康社会,是中国特色社会主义建设的重要目标。但是,由于自然、地理、历史、社会、经济等要素禀赋的差异,全国东、中、西部地区发展差异明显,特别是西南大石山区(缺土)、西北黄土高原区(严重缺水)、秦巴贫困山区(土地落差大、耕地少、交通状况恶劣、水土流失严重)以及青藏高寒区(积温严重不足)等几类地区的自然条件恶劣、基础设施薄弱和社会发育落后等因素,导致贫困问题的形成,积重难返。与东部沿海发达地区在经济、社会、文化等方面的差距逐步扩大,我国区域发展不均衡问题日益凸显。

为了解决区域发展不平衡问题,党和国家逐步形成加大中央专项财政投入,以重大文化惠民工程的形式,帮助贫困地区快速发展的基本政策。本章主要梳理了国家重大文化惠民工程的形成历程,并对与促进公共阅读服务密切相关的几大工程做了较为系统的介绍和研究。

3.1 重大文化惠民工程的提出

党中央、国务院一直致力于扶贫开发工作,自 1986 年起采取一系列重大措施:成立专门扶贫工作机构——国务院扶贫开发领导小组办公室①，安排专项资金，制定专门的优惠政策，开始有组织、有计划、大规模地开展农村扶贫开发，先后制订实施《国家八七扶贫攻坚计划（1994—2000年）》②《中国农村扶贫开发纲要（2001—2010年）》《中国农村扶贫开发纲要（2011—2020年）》等国家专项规划，使扶贫、减贫成为全社会的共识和行动③④。

　　文化是民族的血脉，是人民的精神家园。党和国家历来高度重视运用文化引领前进方向、凝聚奋斗力量，推动各项事业向前发展，"文化越来越成为民族凝聚力和创造力的重要源泉、越来越成为综合国力竞争的重要因素、越来越成为经济社会发展的重要支撑"。但是长期以来，扶贫、减贫工作一直侧重于当地经济开发建设，注重保障公众物

----

① 国务院扶贫开发领导小组是国务院的议事协调机构，成立于1986年5月16日，当时称国务院贫困地区经济开发领导小组，1993年12月28日改用现名。目前领导小组由国务院副总理汪洋同志兼任组长，调整后的成员包括国务院办公厅、总政治部、发展改革委、财政部、农业部、人民银行、教育部、科技部、民委、民政部、人力资源和社会保障部、国土资源部、环境保护部、交通运输部、水利部、商务部、文化部、卫生部、人口计生委、广电总局、统计局、林业局、农业银行、供销总社、全国总工会、团中央、全国妇联、中国残联等有关部门的负责同志。领导小组的基本任务是：组织调查研究；拟订贫困地区经济开发的方针、政策和规划；协调解决开发建设中的重要问题；督促、检查和总结交流经验。领导小组下设办公室，即国务院扶贫开发领导小组办公室，负责办理日常工作。依据：（国务院扶贫开发领导小组办公室）机构职能［EB/OL］.［2015－02－20］. http://www. cpad. gov. cn/publicfiles/business/htmlfiles/FPB/jgzn/201103/164498. html.

② 八七扶贫，指当时全国农村8000万贫困人口的温饱问题，用7年时间基本解决，实现共同富裕。

③ 《中国的农村扶贫开发》白皮书［EB/OL］.［2015－02－20］. http://www. cpad. gov. cn/publicfiles/business/htmlfiles/FPB/fplc/201103/164446. html.

④ 《中国农村扶贫开发的新进展》白皮书［EB/OL］.［2015－02－20］. http://www. cpad. gov. cn/publicfiles/business/htmlfiles/FPB/fplc/201202/174842. html.

质方面的"硬权益",强调"耕者有其田,食者有其粮",但对文化方面的"软权益"普遍不够重视。在《国家八七扶贫攻坚计划(1994—2000年)》和《中国农村扶贫开发纲要(2001—2010年)》中,对贫困地区的文化建设,都未能进入奋斗目标之列。

1997年10月,我国政府签署了第21届联合国大会通过的著名的《经济、社会及文化权利国际公约》①,该公约规定了现代社会的公民所拥有的三项基本文化权利:(1)人人有权参加文化生活;(2)人人有权享受科学进步及其应用所产生的利益;(3)人人对其本人的任何科学、文学或艺术作品所产生的精神上和物质上的利益,享受被保护的权利②。2001年2月,第九届全国人大常委会第20次会议批准该公约在我国生效,标志着国际社会普遍认可的现代社会公民拥有的基本文化权利进入了我国公民基本权利的范畴,党和政府对公民基本文化权利的理解、认识和保障跨入了新阶段。2002年11月,党的"十六大"报告明确提出要切实尊重和保障公众的政治、经济和文化权益。保障公众文化权益被提到了与保障政治、经济权益同等重要的高度。报告还进一步指出,保障公众文化权益的主要途径就是发展文化公益事业。

党的十六大以后,国家开始高度重视贫困地区公共文化服务体系建设,把改善贫困地区文化民生摆在扶贫开发和社会主义新农村建设的重要位置,加大中央财政支持力度,实施重大文化惠民工程,着力保障贫困地区公众基本文化权益。

重大文化惠民工程最早起源于1998年,为解决农村地区、农民群众听广播看电视难的问题,我国启动了"广播电视村村通工程";同年,为解决农民看电影难的问题,我国启动了农村电影放映"2131"工程(即在21世纪初,广大农村地区实现"一村一月放映一场电影"的目

---

① 葛明珍.《经济、社会及文化权利国际公约》及其实施[M].北京:中国社会科学出版社,2003:189-190.

② 经济、社会、文化权利国际公约[EB/OL].[2015-02-19].http://www.un.org/chinese/hr/issue/esc.htm.

标）。2002 年,为解决利用互联网络向农村和基层传播优秀文化资源的问题,我国启动了"全国文化信息资源共享工程"试点。这样,在世纪之交我国开始出现一种公共文化建设的新形式——由国家主管部门统一规划、各级政府主导、在全国范围内统一实施的重大公益性文化建设工程(项目),后统一称为"国家重大文化惠民工程"。从此以后,实施重大文化惠民工程,成为国家支持贫困地区公共文化服务体系建设跨越式发展的基本政策和重要手段。

在 2011 年 12 月公开发布的《中国农村扶贫开发纲要(2011—2020 年)》中,公共文化建设开始成为扶贫建设的重要任务之一,提出"到 2015 年,基本建立广播影视公共服务体系,实现已通电 20 户以下自然村广播电视全覆盖,基本实现广播电视户户通,力争实现每个县拥有 1 家数字电影院,每个行政村每月放映 1 场数字电影;行政村基本通宽带,自然村和交通沿线通信信号基本覆盖。到 2020 年,健全完善广播影视公共服务体系,全面实现广播电视户户通;自然村基本实现通宽带;健全农村公共文化服务体系,基本实现每个国家扶贫开发工作重点县有图书馆、文化馆,乡镇有综合文化站,行政村有文化活动室",还明确要求在贫困地区"继续推进广播电视村村通、农村电影放映、文化信息资源共享和农家书屋等重大文化惠民工程建设"①。

2015 年 1 月由中共中央办公厅、国务院办公厅印发的《关于加快构建现代公共文化服务体系的意见》中,也首次将贫困地区的公共文化建设列入"统筹推进公共文化服务均衡发展"的重要内容,要求"与国家扶贫开发攻坚战略结合,编制老少边穷地区公共文化服务体系建设发展规划纲要",根据国家基本公共文化服务指导标准,明确老少边穷地区服务和资源缺口,按照精准扶贫的要求,"集中实施一批文化扶贫项目","落实对国家在贫困地区安排的公益性文化建设项目取消县

---

① (授权发布)中国农村扶贫开发纲要(2011—2020)[EB/OL].[2015 – 02 – 20].http://www. cpad. gov. cn/publicfiles/business/htmlfiles/FPB/lszlcx/201202/174841. html.

以下(含县)及西部地区集中连片特困地区市地级配套资金的政策",力争在较短时间内使贫困地区"公共文化服务能力和水平有明显改善","实现跨越式发展"①。

3.2 重大文化惠民工程的作用

实施重大文化惠民工程是我国公共文化建设进程中创造的重要举措,是有中国特色的公共文化服务体系建设的实现方式。我国公共文化服务体系建设的诸多方面,由于实施了重大文化惠民工程,带动了事业的跨越式发展,短时间内实现了发展水平的迅速提高,创造了举世无双的发展成就。如广播电视村村通工程的实施,使我国广大农村地区的广播电视覆盖率在短时间内逼近100%;文化信息资源共享工程的实施,造就了全世界最大规模的面向农村的信息传播网络,以及最广泛的计算机公共接入点。重大文化惠民工程在我国的公共文化服务体系建设中具有重要战略意义,发挥着重要作用②。

(1)政府主导公共文化服务体系建设的重要体现。重大文化惠民工程一个突出的特点,是政府对工程的统一规划,集中投入,强力推进,速见成效。通过工程建设向公众提供公共文化产品和服务,是公共文化服务体系建设的重要内容,是政府主导公共文化的重要体现。

(2)加快城乡文化一体化发展的有力举措。城乡文化发展二元结构的突出表现,是农村公共文化基础设施落后,资源总量短缺,重大文化惠民工程以短时期内有重点、集中投入的方式,解决公共文化服务

---

① 中共中央办公厅、国务院办公厅印发《关于加快构建现代公共文化服务体系的意见》[EB/OL].[2015-02-20].http://www.gov.cn/xinwen/2015-01/14/content_2804250.htm.

② 金武刚,李国新.公共文化政策法规解读[M].北京:北京师范大学出版社,2014:82-83.

体系建设中存在的突出矛盾和问题，往往带来农村基层公共文化设施和资源跨越式发展的效果，能够迅速增加农村基层文化资源总量，促使农村基层公共文化服务水平的迅速提高，是加快城乡文化一体化发展的有力举措。

（3）统筹协调发展、整合条块资源的工作抓手。我国公共文化建设，一方面存在投入不足、供给不足、实现和保障公众基本文化权益的任务十分艰巨的问题，另一方面由于行政壁垒、行业割据，也存在着投入多头、资源分散、重复建设的问题。在我国目前的体制下，重大文化惠民工程的实施往往可以形成党委政府高度重视、统筹协调推进的工作格局，这对于突破行政壁垒、行业割据、资源分散、重复建设的弊端有重要意义，也有利于形成统筹发展、整合资源、共建共享的公共文化服务体系建设新格局。

（4）推动贫困地区跨越式发展的有效手段。贫困地区是我国公共文化建设的低洼凹地，按照精准扶贫的要求，明确设施、资源和服务缺口，集中实施一批文化扶贫重大文化惠民工程，促进地区对口帮扶，加大人才交流和项目支援力度，挖掘、开发、利用民族民间文化资源充实公共文化服务内容，可以在较短时间内使贫困地区公共文化服务能力和水平有明显改善，实现跨越式发展。

3.3 促进公共阅读发展的重大文化惠民工程

贫困地区地处中、西部地区，绝大多数在农村区域。国家重视农村重大文化惠民工程建设，2005 年 12 月中共中央、国务院发布的《关于推进社会主义新农村建设的若干意见》，把继续实施广播电视"村村通"和农村电影放映工程，发展文化信息资源共享农村基层服务点，作为构建农村公共文化服务体系的重要任务。2006 年 9 月公布的《国家"十一五"时期文化发展规划纲要》在部署公共文化服务时，提出了"国家重要文化工程项目建设"和"农村文化重点工程"的概念，将文化信息资源共享工程列为国家重要文化工程建设项目,将广播电视村村通工程、农村电影放映工程、乡镇综合文化站建设工程、流动综合文化服务车列为农村文化建设重点工程,确立了通过实施农村文化重点工程建设,改善、提升农村公共文化基础设施条件和服务水准,逐步改变城乡之间文化发展不平衡现象的农村文化建设思路。2007年6月,中共中央政治局会议专题研究加强公共文化服务体系建设。为实现公共文化服务体系建设的目标任务,会议强调当前要大力加强重大公益性文化工程建设,认真组织实施广播电视村村通、全国文化信息资源共享、乡镇综合文化站和基层文化阵地建设、农村电影放映、农家书屋等公共文化服务工程。会议强调了实施重大公益性文化工程建设对构建公共文化服务体系的重要性,明确了"十一五"期间我国重点建设的五大公益性文化工程项目。为贯彻落实中央政治局会议精神,2007年8月,中共中央办公厅、国务院办公厅发布《关于加强公共文化服务体系建设的若干意见》,在部署公共文化服务体系建设目标任务时,该意见提出,"当前要大力发展公益性文化事业,实施文化惠民工程,优先安排关系公众切身利益的重大公共文化服务项目"。在党和政府的重要文件中,开始以"文化惠民工程"的概念来指称此前出现的"重要文化工程建设项目""农村文化重点工程""重大公益性文化工程""公共文化服务工程"等称谓。该意见对中央政治局会议确定的五大文化惠民工程做出了具体部署。2011年,党的十七届六中全会通过的《中共中央关于深化文化体制改革推动社会主义文化大发展大繁荣若干重大问题的决定》,把深入实施广播电视村村通、文化信息资源共享、农村电影放映、农家书屋等文化惠民工程,作为加快城乡文化一体化的重要举措,提出了新时期深入实施文化惠民工程的"20字"方针:扩大覆盖、消除盲点、提高标准、完善服务、改进管理。随后发布的《国家"十二五"时期文化改革发展规划纲要》规划的重点文化惠民工程共有7项,包括:(1)广播电视村村通工程;(2)文化信息资源共享工程;(3)农村数字电影放映工程;(4)农家书屋工程;(5)公共文化设施建设;(6)边疆及民族地区公共文化建设;(7)国家级重大文化设施建设。

2012 年 5 月,《文化部"十二五"时期文化改革发展规划》发布,在深化、细化国家"十二五"文化发展规划的基础上,提出了 9 项"公共文化服务体系建设重点工程",包括:(1)文化设施建设;(2)全国地市级公共文化设施建设规划;(3)全国文化信息资源共享工程;(4)公共电子阅览室建设计划;(5)数字图书馆推广工程;(6)文化馆(站)、公共图书馆、美术馆免费开放计划;(7)国家公共文化服务体系示范区(项目)创建工程;(8)公共文化单位服务能力建设项目;(9)文化建设"春雨工程"。

在国家重大文化惠民工程建设的推动下,十几年来,贫困地区公共文化服务落后状况逐步改善,基层乡村公共文化服务能力不断提升,为丰富贫困地区公众精神文化生活,促进经济社会发展,维护民族团结和边疆稳定,促进社会和谐,做出了重要贡献。

其中,与公共阅读服务建设密切相关重大文化惠民工程主要有:农家书屋工程、全国文化信息资源共享工程、公共电子阅览室建设计划、数字图书馆推广工程等。

3.3.1 农家书屋工程

进入 21 世纪以来,各级政府一直在研究探索如何破解农民"买书难、借书难、读书难"的问题。2003 年,新闻出版行政主管部门倡导和推动"三农"读物的出版发行,在此基础上提出建设农家书屋的设想,2005 年开始在甘肃、贵州等西部省份开展试点建设。2005 年 11 月,中共中央办公厅、国务办公厅发布《关于进一步加强农村文化建设的意见》,提出推动"三农"出版物的出版发行,增加农民群众买得起、读得懂、用得上的通俗读物的品种和数量,发展农民书社等农民自助读书组织,为农民群众读书提供方便。2006 年 9 月发布的《国家"十一五"时期文化发展规划纲要》,在部署农村文化建设时提出按照"政府资助建设,鼓励社会捐助,农民自我管理,市场运作发展"的要求,支持农民群众开办农家书屋。这是"农家书屋"在政府重要文件中首次出现。

2007 年 3 月,新闻出版总署、中央文明办、国家发展和改革委员会、科技部、民政部、财政部、农业部、国家人口和计划生育委员会 8 部委联合发布《关于印发〈农家书屋工程实施意见〉的通知》,部署"十一五"时期在全国范围内实施农家书屋工程。以此为标志,农家书屋由"农民群众开办"的"农民自主读书组织"演变为政府主导的农村文化建设重大工程。2007 年 6 月中央政治局会议专题研究公共文化服务体系建设,2007 年 8 月中央"两办"发布《关于加强公共文化服务体系建设的若干意见》,农家书屋都是其中要求重点加强建设的五大文化惠民工程之一。2007 年 11 月,新闻出版总署发布《农家书屋"十一五"建设规划》,提出到"十一五"末,全国建成 20 万个农家书屋,覆盖全国三分之一以上的行政村;到 2015 年,基本实现农家书屋对全国行政村的全覆盖。

根据《农家书屋工程实施意见》,农家书屋是为满足农民文化需要,在行政村建立的、农民自己管理的、能提供农民实用的书报刊和音像电子产品阅读视听条件的公益性文化服务设施。工程的短期目标是着力解决农民群众"买书难、借书难、看书难"的问题;中长期目标是通过 5—10 年的建设,在全国农村逐步建立起"供书、读书、管书、用书"的长效机制,基本形成适应社会主义市场经济要求、符合社会主义精神文明建设规律的农村出版物发行服务新格局,达到书屋阅读条件完备、体制机制相对完善、服务功能不断加强、出版物发行网络延伸进村、农村出版物市场初步形成的基本目标。工程按照"政府组织建设,鼓励社会捐助,农民自主管理,创新发展机制"的原则组织实施。所谓"政府组织建设",是说农家书屋工程由政府规划实施;所谓"农民自主管理",是说农家书屋在个人自愿的基础上,由村民民主推荐管理人员,党支部、村委会承担筹建和监督的职责;所谓"创新发展机制",是说书屋建立后,政府鼓励支持具备条件的书屋管理人员开展出版物经营活动,获得的经营收入,按比例用于购买新的出版物。农家书屋的建设标准是,每一农家书屋原则上可供借阅的使用图书不少于 1000 册,报刊不少于 30 种,电子音像制品不少于 100 种(张)。所需出版物,由相关部门参照农家书屋工程协调小组办公室公布的推荐目录,组织采购和配送。

2008年7月,新闻出版总署印发《农家书屋工程建设管理暂行办法》。该办法在总结此前农家书屋工程实施情况的基础上,对工程实施部门及职责、建设标准与要求、实施计划申报与制定、社会捐赠管理、出版物选配、农家书屋管理、验收与检查等内容进行了规范。与之前的《农家书屋工程实施意见》相比,该办法适当提高了农家书屋的建设标准,图书总量提高到一般不少于1500册,不低于500个品种,同时明确规定,农家书屋的出版物由政府统一配备,房屋由当地解决。

2009年,中央领导同志做出批示,要求农家书屋工程建设要加大力度、加快进度,农家书屋建设由此驶入快车道。《国家"十二五"时期文化改革发展规划纲要》将农家书屋工程列入重点文化惠民工程,要求工程到2012年实现覆盖全部行政村,建立出版物更新配送系统,提高配送图书的质量。

2012年9月27日,全国农家书屋工程建设总结大会在天津举行。会议宣布,经过五年努力,全国农家书屋工程建设的目标任务提前三年完成。到2012年8月,60多万个农家书屋在全国农牧地区全部建成,全国每个行政村建有一个50平方米以上,配有1200种1500—5000册适用图书、30种优秀报刊、100种影视音乐光盘及相应放映设备和阅读桌椅等设备的农家书屋,实现了"农家书屋村村有"。农家书屋工程建设各级政府共投入财政资金120多亿元,吸引社会资金60多亿元,配送图书总量达9.4亿册,报刊5.4亿份,优秀音像制品1.2亿张,影视放映设备和阅读设施60多万套①。

根据主管部门的意见,农家书屋工程建设未来的工作重点是:(1)以出版物补充为保障,完善长效机制;(2)以管理员队伍建设为重点,提高农家书屋的使用效率;(3)以开展活动为抓手,带动农家书屋

---

① 农家书屋工程提前三年完成建设任务[EB/OL].[2013 – 09 – 01]. http://www.zgnjsw.gov.cn/booksnetworks/contents/406/135590.html.

发挥作用;(4)以数字化建设为手段,提高农家书屋传播能力;(5)以农家书屋为基础,逐步完善城乡一体的公共阅读服务体系①。

3.3.2 全国文化信息资源共享工程

全国文化信息资源共享工程(简称"文化共享工程")是利用现代信息技术,依托各级图书馆、文化馆等公共文化设施,通过互联网、卫星网、广播电视网、无线通信网等新型传播载体,在全国范围内实现中华优秀文化资源的共建共享②。

文化共享工程的策划与研究始于 2001 年 6 月。当时,文化部联合财政部策划并研制全国文化信息资源共享工程试验系统。2001 年 12 月,国务院法制办、北京市大运村、北京市北辰小区、河北承德地区满蒙自治县围场一中分别对试验系统进行了测试,获得成功。2002 年 4 月文化部和财政部发出《关于实施全国文化信息资源共享工程的通知》,并制定了《全国文化信息资源共享工程实施方案》,文化共享工程试点工作在全国展开。

2005 年以来,文化共享工程受到了党中央、国务院的高度重视。2006 年 9 月发布的《国家"十一五"时期文化发展规划纲要》把文化共享工程列为"国家重要文化工程项目建设",提出了"十一五"时期的建设目标:以农村为重点,建设电子图书、舞台艺术、知识讲座和影视节目等数字资源库,基本完成全国省、市、县和乡镇分中心建设,推进文化资源数字化,促进文化信息资源共享。2007 年 12 月,文化部、财政部发布《关于进一步推进全国文化信息资源共享工程的实施意见》,要求进一步加大力度、加快进度,推进文化共享工程的实施,提出了到 2010 年工程建设的目标任务:基本建成资源丰富、技术先进、服务便

---

① 柳斌杰:开创农家书屋工程建设新局面[EB/OL]. [2013 - 09 - 01]. http://www.zgnjsw.gov.cn/booksnetworks/contents/399/135588.html.

② 张彦博,刘惠平,刘刚.文化共享工程建设与服务[M].北京:北京师范大学出版社,2013:2 - 16.

捷、覆盖城乡的数字文化服务体系，努力实现"村村通"。基层服务网点建设东部地区实现100%全覆盖，中西部地区实现县县建有支中心；资源建设力争总量达到100TB，提供不少于5万种的电子图书，采集制作不少于14000场/个舞台艺术、知识讲座、影视节目等视频资源；县级以上各级中心具备提供数字图书馆服务的技术能力。文件还形成了具体的经费保障措施：中西部地区的县级支中心、村级基层服务点建设经费由中央财政和地方财政共担，中部地区按五五开比例分担，西部地区按八二开比例分担，中央财政对省级分中心资源建设将予以一定补助。对东部工作成效突出的省份中央财政给予适当奖励。文件要求地方财政部门要按照规划任务，加大对数字资源和基层服务网点的投入力度，并确保文化共享工程建设所需的网络维护经费、日常运行经费等。以2007年的上述文件为标志，文化共享工程建设驶入了快车道。

　　截至2011年年底，各级财政为文化共享工程累计投入资金达到66.87亿元，工程实现了"十一五"时期的主要目标。在组织体系建设方面，已建成1个国家中心，33个省级分中心（覆盖率达100%），2840个县级支中心（覆盖率达99%），28 595个乡镇基层服务点（覆盖率达83%），60.2万个村基层服务点（覆盖率达99%），部分省（区、市）村级覆盖范围已经延伸到自然村，基本实现全国"村村通"目标。在数字资源建设方面，累计建设数字资源136.4TB，包括艺术欣赏、农业科技、文化教育、知识讲座、少儿动漫等视频类资源34 809部（场）21 964小时，少数民族语言资源1956小时，具有地方特色文化内涵的专题资源库207个。在信息传输网络建设方面，利用互联网、卫星网、电子政务外网等多种传输渠道，形成了覆盖全国城乡、连接各级站点、便捷有效的信息和资源传输网络，各地还探索了IPTV、数字电视、VPN、3G等多种与业务需求相适应的技术服务模式。在人才队伍建设方面，全国拥有专兼职工作人员68万人，工程培训总计591万人次。在共建共享方面，与全国农村党员干部现代远程教育、全国农村中小学远程教育合作共建基层服务点85万个，向各地农村党员干部现代远程教育累计提供数字资源 68TB,从 2007 年开始每年向远程教育平台提供不少于 100 小时的资源。文化共享工程实施以来已经产生了巨大的社会效益,累计服务群众达 11.2 亿人次,被称为是国家重大文化惠民工程中的"二号工程"。

党的十七届六中全会通过的《中共中央关于深化体制改革、推动社会主义文化大发展大繁荣若干重大问题的决定》要求深入实施文化共享工程。《国家"十二五"时期文化改革发展规划纲要》《文化部"十二五"文化改革发展规划》相继对"十二五"时期文化共享工程的深入发展做出部署,文化部业务主管部门、共享工程国家中心做出相应规划。"十二五"时期文化共享工程的发展目标是,到 2015 年,建成资源优质丰富、技术先进实用、传播高效互动、服务便捷贴近、管理科学规范、体系完整可控的公共数字文化传播服务体系,实现"时时可看,处处可学,人人可享",成为基层群众的信息中心、学习中心和数字文化中心。主要任务是:实现从城市到农村服务网络全覆盖,在城市社区和文化馆新建基层服务点,到"十二五"末基层服务点达到 100 万个;通过有线电视、直播卫星、通信网、互联网等多种方式进入居民家庭,入户率达到 50%;数字资源量达到 530 百万兆字节;建立"公共文化数字资源基础库群"和"红色历史文化多媒体资源库",专题资源库不少于 500 个;加强少数民族语言数字资源译制,资源总量不少于 30 百万兆字节;建设公共电子阅览室,到"十二五"末,实现公共电子阅览室在全国所有乡镇和街道、社区的全覆盖。

3.3.3 数字图书馆推广工程

我国自 1995 年开始数字图书馆的研究与实验工作。2001 年,第一个国家级数字图书馆项目——国家数字图书馆工程立项,2005 年正式开始建设。为推广国家数字图书馆建设成果,2010 年国家图书馆实施了"县级数字图书馆推广计划",通过文化共享工程的服务网络,将国家图书馆优秀的数字资源推送到全国每一个县,使全国所有县级图书馆都具备了数字图书馆服务能力。同时,国家图书馆在山东、新疆、厦门、黑龙江等省市进行了国家数字图书馆区域全覆盖的试点工作,为在全国推广国家数字图书馆建设成果提供了经验。2011 年 5 月,文化部、财政部做出了"十二五"期间在全国实施"数字图书馆推广工程"的部署。

数字图书馆推广工程的目标,是建设覆盖全国的数字图书馆虚拟网,互联互通的数字图书馆系统平台和海量分布式数字资源库群,形成完整的数字图书馆标准规范体系,借助全媒体提供数字图书馆服务。工程的建设内容主要包括五大方面:(1)建设覆盖全国的数字图书馆虚拟网,实现各级公共图书馆的互联互通。(2)建设分级分布式数字资源库群,实现数字资源无障碍共建共享。到"十二五"末,工程数字资源总量达到 10 000TB,其中国家图书馆达到 1000TB,每个省级数字图书馆可用数字资源量达 100TB,每个市级数字图书馆可用数字资源量达 30TB,每个县级数字图书馆可用数字资源量达 4TB。(3)建设数字图书馆基础软件支撑平台,实现全国公共图书馆数字图书馆系统间的无缝连接。(4)建设多层次、多样化、专业化、个性化的数字图书馆服务平台,形成数字图书馆服务体系。(5)开展数字图书馆建设与服务的培训,建设一支专业知识与实践技能兼备的高素质人才队伍。

数字图书馆推广工程在"十二五"期间分阶段实施。2011—2012年为基础构建阶段。2013—2015 年为全面推广阶段。到 2015 年末,以国家图书馆为中心、以各级数字图书馆为节点的全国数字图书馆虚拟网和分布式数字资源库群建设完成,数字资源总量和类型得到跨越式发展,全国数字图书馆人才队伍更加完备,各级公共图书馆服务能力获得较大提升。

数字图书馆推广工程的经费保障实行中央和地方财政共同负担的政策。中央财政资金主要用于全国性基础数字资源保障性建设、基础性资源的版权征集、资源统一调度与服务系统开发、新媒体服务系统开发、人员培训等,并对中、西部地区省、市两级数字图书馆硬件设备建设予以补助。地方财政资金主要用于搭建硬件环境与地方特色数字资源建设。2011年,中央财政安排转移支付经费4980万元,对中、西部省份省、市两级数字图书馆的硬件设备购置予以补助。省、市两级图书馆分别按照300万和150万的标准配置,其中,东部省份全部由地方财政投入;西部省份中央投入80%,地方投入20%;中部地区省份中央、地方财政各投入50%。

3.3.4 公共电子阅览室建设计划

公共电子阅览室建设是文化部、财政部为适应公共数字文化的新发展,满足基层群众的新需求,在"十二五"期间推出的一项新的文化惠民工程。所谓公共电子阅览室,就是建设以计算机技术、网络通信技术为基础,依托文化共享工程各级服务点、图书馆、文化馆,以及具备条件的工人文化宫、少年宫、妇女儿童活动中心、乡镇(街道)文化站、社区文化中心(村文化室)、学校、工业(产业)园区等,与中央文明办组织实施的"绿色电脑进西部"工程相结合,提供集互联网信息查询、文化共享工程信息资源服务、数字图书馆服务、素质培训、网络通信、休闲娱乐为一体的现代化多功能公共文化服务场所。公共电子阅览室以未成年人、老年人、进城务工人员等特殊群体为重点服务对象,目的是为了更好地保障基层广大群众的基本文化权益,吸引基层群众参与积极、健康的网络文化活动,活跃基层群众的文化生活,推进全社会的信息化进程。

公共电子阅览室建设计划于2010年11月至2011年12月在全国9省市进行试点。9个试点省市参加试点的公共电子阅览室达6200个,资源提供总量达386GB,服务人次1700多万,各级财政投入经费2.7亿元。在试点的基础上,2012年2月,文化部、财政部发布《"公共电子阅览室建设计划"实施方案》。

公共电子阅览室建设计划的主要内容是:(1)在文化共享工程县级支中心及基层服务点基础上,按照面积不少于40平方米、终端计算机不少于10台、局域网储存空间不少于1TB、互联网出口带宽不低于2M的标准,改造升级或新建公共电子阅览室。到"十二五"末,实现在全国所有乡镇、街道、社区的全面覆盖。(2)依托文化共享工程和国家数字图书馆资源，建设适合开展公共电子阅览室服务的优秀数字资源，总量达到 500TB。(3)充分应用云计算、智能服务、流媒体、移动互联网等最新适用技术，与"三网融合"发展战略紧密结合，依托已有技术管理平台，建设先进实用、安全可靠、传输通畅、开放互联的公共电子阅览室技术平台。(4)制定出台《公共电子阅览室管理规范》；建立健全统一标识、用户上网实名登记、巡查监督、限时上网、工作信息填报、资源利用统计与反馈制度；重点加强对未成年人上网管理。(5)结合"三馆"免费开放工作，建立公共电子阅览室建设和运行经费保障机制，促进可持续健康发展。

"十二五"期间，公共电子阅览室建设分阶段推进。2010 年 11 月至 2011 年 12 月为试点阶段。2012—2013 年为逐步推进阶段：推进已建公共电子阅览室全面免费开放；完成已配备文化共享工程设备的乡镇(街道)、社区公共电子阅览室的设备升级；完成公共电子阅览室信息管理平台建设；完成"十二五"期间资源建设计划总量的 60%，并提供服务。2014—2015 年为全面完成阶段：对符合条件的公共互联网服务场所进行认定；推进全社会共同参与建设公共电子阅览室；发展完善面向三网融合的资源传输调配体系；全面完成 500TB 资源建设计划，并提供服务。

"公共电子阅览室建设计划"的经费保障由中央和地方财政共同负担。中央财政专项资金重点用于中、西部地区乡镇、街道和社区公共电子阅览室的设备补充，完善服务管理、建设技术平台。中央财政支持中、西部地区公共电子阅览室建设专项资金投入分别为 50% 和 80%，东部地区给予适当奖励；地方财政按规定足额落实配套资金。

4　设施建设：从单体建筑到设施网络

从本章开始，本书对贫困地区公共阅读进行实质性研究。本章是对公共阅读设施建设的研究，首先厘清公共阅读设施的基本概念和基本理念，指出设施建设的重要性与科学性。然后在国内外关于阅读设施建设基本标准的基础上，提出贫困地区的阅读设施建设基本思路。

4.1　公共阅读设施建设基本理念

公共阅读设施，通常包括图书馆、文化馆、乡镇综合文化站、村文化室、农家书屋等，是公共阅读资源与服务供给的"承载体"，是公众利用阅读资源、享受阅读服务的场所空间，是公共阅读服务体系建设中的"硬件"。

由于服务半径问题的存在，单体设施的功能发挥总是有限的，需要建立设施网络。所谓公共阅读设施网络，指由单体建筑建设到设施形成网络的全过程，设施之间互通互联。单体设施建设需要解决网点布局、建设标准的问题，要提高公共阅读服务设施的设置率；设施形成网络，需要建立公共阅读服务设施的服务半径、覆盖面积指标，提高公共阅读服务设施的覆盖率。设施体系不等于服务体系，但服务体系一定是以设施体系为基础的。从这个意义上说，没有覆盖全社会的公共阅读设施体系，就没有覆盖全社会的公共阅读服务体系。

设施网络建设，可以是由同质、同类型阅读设施组成，如图书馆的总馆与分馆之间构成服务网络；也可以是异质、不同类型的阅读设施构成,如图书馆、文化馆、博物馆、美术馆、科技馆、社区教育中心和中小学校,可以根据未成年人特点,共同营造未成年人阅读环境,开展阅读指导培训,满足未成年人的阅读需要,形成面向未成年人的阅读设施网络。

在当今时代,不能将设施简单地理解为仅由固定设施构成。作为公共阅读设施的载体,除了固定设施,还有流动服务设施、数字传播设施。三者互为补充、相辅相成,共同构成一个覆盖全社会的设施网络体系。

关于固定设施,现行政策强调以大型公共文化设施为骨干,以县、乡(镇)和社区基层文化设施为基础,统筹规划,合理布局,使设施网络体系的整体效益得以充分发挥。流动服务设施是目前设施网络体系建设的"短板",党的十七届六中全会做出的《中共中央关于深化体制改革、推动社会主义文化大发展大繁荣若干重大问题的决定》鼓励文化单位面向农村提供流动服务。数字传播具有跨越时空、无所不在的特点,但数字传播也需要有节点,需要有设施设备,文化共享工程基层点、党员远程教育基层点、农村公共信息服务点等共同构成农村基层数字传播设施网络体系。

4.2 公共阅读设施建设网点布局与规模控制

4.2.1 国际标准与规范

为公共阅读设施建设确立规范标准,旨在保障公共阅读服务的可持续发展,是促进公共阅读服务均等化的重要途径。在国际上,公共阅读服务主要由公共图书馆提供,各国公共图书馆服务点的设置与设施规模建设标准,基本上明确了公共阅读设施的网点布局与规模控制要求。

国际图联认为,公共图书馆的设置必须最大限度地方便社区的居民利用,应当位于交通网络中心点附近和靠近社区活动的地方,例如商店、商务中心和文化中心等;公共图书馆也可以和其他服务机构共用同一幢建筑,如艺术中心、博物馆、美术馆、社区中心和运动设施等,这样有助于吸引读者,节约资金,提高效益。服务点必须设置在一目了然的地方,人们靠步行、公共交通或私家汽车就能到达,并设有停车场。在比较发达的市区和郊区,公共图书馆应设置在 15 分钟车程之内。若有可能的话,应当强调服务均等,通过规划服务点的位置将服务延伸到潜在用户群体。也有些用户难以利用图书馆,流动图书馆是一种有效解决方案①。

图书馆设施规模大小由几个因素决定,包括当地社区的特定要求、图书馆的功能、可用资源、馆藏规模、可用空间以及相邻其他图书馆的情况。并且,自动化已经改变了图书馆的服务模式,图书馆的设计和规模必须考虑当前与未来技术的发展②。由于这些因素在不同国家和不同的建筑项目中各有不同,所以不可能提出一个图书馆设施面积要求的普遍标准。

在英国,有全国性的图书馆服务标准,要求在农村地区,居民外出 2 英里内就可到达图书馆的家庭覆盖率为 85%;而在城区,这一比例更高,居民外出 2 英里内就可到达图书馆的家庭覆盖率为 100%;在伦敦中心城区,更是要求在 1 英里内图书馆覆盖率 100%③。

---

① KOONTZ C, GUBBIN B. IFLA public library service guidelines[M]. 2nd ed. Berlin/New York: Walter de Gruyter GmbH & Co. ,2010:57.

② KOONTZ C, GUBBIN B. IFLA public library service guidelines[M]. 2nd ed. Berlin/New York: Walter de Gruyter GmbH & Co. ,2010:59 – 63.

③ Department for Culture, Media and Sport. Public library service standards[EB/OL]. [2015 – 02 – 20]. http://webarchive. nationalarchives. gov. uk/ + /http://www. culture. gov. uk/images/publications/PulbicLibraryServicesApril08. pdf.

表4-1 英国图书馆设置标准

类型	居民家庭覆盖比例(%)		
	1英里	2英里	(人口稀疏区域)2英里
内伦敦	100	—	—
外伦敦	99	—	—
都市	95	100	—
市镇	88	100	72
农村	—	85	72

在美国没有设置全联邦统一的标准,而是由各州自行制定①。如在佛罗里达州,规定公共图书馆的设置要求为:(1)在市区不超过20分钟车程;(2)在郊区不超过30分钟车程;(3)交通便利、方便快捷②。

关于公共阅读设施的规模大小,国际图联把加拿大安大略和西班牙巴塞罗那等公共图书馆建设标准作为范例在全世界推广③。

在加拿大安大略,决定公共图书馆使用面积时采用了下列办法。(1)人均面积要求:对于人口在10万人以下的社区,适当的标准是每千人56m²(600平方英尺)。(2)图书馆最低总规模:单个图书馆的馆舍面积不得低于370m²(4000平方英尺);在多个分馆的系统中,分馆的面积不得低于230m²(2500平方英尺);另外,如馆藏超过3000册,则每增加1000册需增加14m²(150平方英尺)。

在西班牙巴塞罗那,公共图书馆单位建筑物规模按照服务人口多

① 张广钦.国外公共图书馆建设标准与规范概览[M].北京:国家图书馆出版社,2009:1.

② The Florida Library Association. Standards for Florida public libraries[EB/OL]. [2015-02-20]. http://www.flalib.org/publications_tab_files/FLPubLibStds_Apr_2010.pdf.

③ 菲利普吉尔领导的工作小组代表公共图书馆专业委员会. 国际图联/联合国教科文组织公共图书馆服务发展指南[M].林祖藻,译.上海:上海科学技术文献出版社,2002:111-114.

少而定。(1)3000—5000 人:390—650m²;(2)5000—10 000 人:650—845m²;(3)10 000—20 000 人:845—1170m²;(4)20 000—30 000 人:1170—1690m²;(5)30 000—50 000 人:1690—2600m²;(6)50 000 人以上:2600—3900m²。

在美国佛罗里达州,将图书馆分为基本型、提高型、示范型三种等级,再根据服务人口,人均公共图书馆设施面积在 0.6—1.0 平方英尺之间(1 平方英尺 = 0.092903m²)。

表 4 – 2　美国佛罗里达州公共图书馆建筑人均面积(单位:平方英尺)

服务人口 (人)	少于 25 000	25 001—100 000	100 001—750 000	750 001 及以上
基本型	0.6, 0.8 为佳	0.6	0.6	0.6
提高型	0.9	0.8	0.7	0.65
示范型	1.0	1.0	1.0	0.85

国际图联根据新形势的发展需要,还推荐了澳大利亚昆士兰州公共图书馆的《流动图书馆标准》,为通过特殊设计与装备的公共图书馆服务车辆提供标准与指南,因为流动图书馆将图书馆服务延伸至那些不方便去固定图书馆的用户,并为其提供了平等的图书馆服务。该标准包括规划标准、车辆标准、维护标准、流通点标准、通信标准、安全标准等内容[①]。

4.2.2　国内标准与规范

2008 年以来我国陆续颁布实施了《公共图书馆建设用地指标》(建标〔2008〕74 号)、《公共图书馆建设标准》(建标 108—2008)、《文化馆建设用地指标》(建标〔2008〕128 号)、《文化馆建设标准》(建标

---

① State Library of Queensland. Mobile libraries standard[EB/OL].[2015 – 02 – 20]. http://plconnect. slq. qld. gov. au/__data/assets/pdf_file/0003/146262/146262_Mobile_libraries_standard_June_2009. pdf

136—2010)、《乡镇综合文化站建设标准》(建标 160—2012)等,规定了相应设施的建设原则、选址要求、建设内容、建设规模和建设要求,形成了相应设施建设项目科学决策和合理确定项目建设规模与投资水平的全国性统一规范。在文化馆、综合文化站的建设标准中,都含有图书阅览内容。

"建设用地指标",主要用于合理确定设施的建设项目用地面积,以及在城市规划中预留设施建设用地。一般而言,用地指标既规范单体设施的建设用地,也规范一个地区设施网络的规划用地。也就是说,建一个公共阅读设施需要多少土地,一个地区需要建多少个公共阅读设施并预留多少建设用地,用地指标会给出指导标准。"建设标准",主要指用于规范设施建设的规模分级和项目构成,给出设施总建筑面积和分项面积控制指标,提出设施建设选址、总体布局的原则要求,明确设施建设项目实施过程中的基本标准[①]。

《公共图书馆建设用地指标》和《文化馆建设用地指标》,主编部门均是文化部,批准部门是住房和城乡建设部、国土资源部和文化部。前者自 2008 年 6 月 1 日起正式施行,后者自 2008 年 10 月 1 日施行。这两项建设用地指标,是公共图书馆、文化馆用地选址和总平面规划设计时确定所需用地面积的全国统一标准,是编制和审批公共图书馆、文化馆项目建议书或可行性研究报告,确定建设用地规模的依据;是编制初步设计文件,核定和审批建设项目用地面积的依据;也是编制城市规划确定公共图书馆、文化馆发展用地的依据。适用于县级以上(含县级)人民政府投资新建、改建或扩建的公共图书馆、文化馆工程;其他级别的公共图书馆、文化馆(站)可参照执行。

从内容来看,《公共图书馆建设用地指标》和《文化馆建设用地指标》贯彻了公共文化服务"以人为本""普遍均等,惠及全民"的原则,主要特点表现在:

---

① 李国新. 公共图书馆"用地"与"建设"标准的性质、作用和特点[J]. 中国图书馆学报,2009(1):4—10.

（1）提出了公共图书馆、文化馆的网点布局原则和服务半径指标，这是最大的亮点。长期以来，我国事实上形成了"一级政府建设和管理一个公共图书馆、一个文化馆"的现状。这一现状与目前致力于构建的覆盖全社会的普遍均等的公共文化服务体系不相适应。因为服务体系的一个重要指标是"全覆盖"，即所有人都能就近获得图书馆服务，而一级政府管理的一个城市如果只有一所图书馆、文化馆，无论如何也形不成全覆盖的、普遍均等的服务体系。

（2）突破了以往单纯依据行政级别确定公共图书馆、文化馆建设规模的做法，建立了主要依据服务人口确定建设规模的原则。根据公共文化服务体系全覆盖的普遍服务原则以及我国城乡人口变迁的现实，服务人口也没有采用以往惯用的"户籍人口"，而是采用"常住人口"，包括城镇户籍人口（非农人口及农业人口）和居住半年以上的暂住人口。需要特别指出的是，服务人口指相应服务范围内的规划总人口，而不是现实人口。

（3）提出了公共图书馆、文化馆的选址要求。充分考虑到服务对象的交通出行习惯和要求，明确提出公共图书馆、文化馆应设置于城市中人口集中、交通便利、环境良好的地区。考虑到大城市及特大城市的实际交通状况，交通便利的原则具体化为"公交便利"。

（4）进一步明确了节约、集约用地和保护文化设施用地的建设要求。公共图书馆、文化馆的改建、扩建项目，应充分利用原有场地和设施，减少新增用地；因条件所限无法扩建，确需异地新建的，原馆的使用性质应保留。

表 4 - 3　公共图书馆设置原则

服务人口（万人）	设置原则	服务半径（km）
≥150	大型馆：设置 1—2 处，但不得超过 2 处；服务人口达到 400 万时，宜分 2 处设置	≤9.0
	中型馆：每 50 万人口设置 1 处	≤6.5
	小型馆：每 20 万人口设置 1 处	≤2.5

续表

服务人口(万人)	设置原则	服务半径(km)
20—150	中型馆:设置 1 处	≤6.5
	小型馆:每 20 万人口设置 1 处	≤2.5
5—20	小型馆:设置 1 处	≤2.5

数据来源:依据《公共图书馆建设用地指标》(建标〔2008〕74 号)

　　《公共图书馆建设标准》(2008 年 11 月 1 日期施行)、《文化馆建设标准》(2010 年 12 月 1 日期施行)和《乡镇综合文化站建设标准》(2012 年 5 月 1 日起施行)的主编部门是文化部,批准部门是住房和城乡建设部、国家发展和改革委员会。这三项标准的作用是:公共图书馆和文化馆(站)建设项目科学决策和合理确定项目建设水平的全国统一标准;审批核准公共图书馆和文化馆(站)建设项目的依据,是有关部门审查公共图书馆和文化馆(站)建设项目初步设计和监督检查工程项目建设全过程的尺度。三项标准的主要内容是,确定了公共图书馆、文化馆(站)建设项目的规模分级和项目构成,给出了总建筑面积和分项面积控制指标,提出了建设选址、总体布局的原则要求,明确了建设项目实施过程中的基本要求。贯彻实施《公共图书馆建设标准》《文化馆建设标准》和《乡镇综合文化站建设标准》,是为公众提供规范、优质公共文化服务的基本前提,也是公共图书馆、文化馆(站)设施建设和发展的重要依据。

　　《公共图书馆建设标准》《文化馆建设标准》和《乡镇综合文化站建设标准》的主要特点表现在:

　　(1)突破了按行政层级建设的惯例,明确提出公共图书馆、文化馆(站)建筑面积规模主要依据服务人口数量确定。按照这一原则,今后公共图书馆、文化馆(站)的规模大小,不再完全取决于行政级别,而主要服从于服务人口数量,以形成便利、均等、普惠的公共文化服务设施体系。

　　(2)形成了比较系统的基于公共图书馆、文化馆(站)建设现实水平且具有一定前瞻性的控制指标体系。以服务人口为主要依据确定公共图书馆、文化馆(站)的建设规模,需要通过一系列具体的控制指标来实现。如《公共图书馆建设标准》第一次明确提出了未来5至10年我国公共图书馆建设规模控制的主要指标:人均拥有公共图书馆藏书0.6至1.5册,千人拥有公共图书馆坐席0.3至2个,千人拥有公共图书馆建筑面积6至23平方米,同时还提出了公共图书馆每平方米藏书量、单个阅览坐席占用面积、使用面积系数等基本测算指标。

表4-4 公共图书馆总建筑面积控制指标

规模	服务人口 (万)	千人面积指标 (m²/千人)	建筑面积控制指标 (m²)
大型	400—1000	9.5—6	38 000—60 000
	150—400	13.3—9.5	20 000—38 000
中型	100—150	13.5—13.3	13 500—20 000
	50—100	15—13.5	7500—13 500
	20—50	22.5—15	4500—7500
小型	10—20	23—22.5	2300—4500
	3—10	27—23	800—2300

数据来源:依据《公共图书馆建设标准》(建标108—2008)

(3)规定了用房设置,以适应现代公共文化服务基本理念的要求。如《公共图书馆建设标准》将公共图书馆的用房项目分为8大类41项,提出了各类用房的面积比例,以及在不同规模的公共图书馆设置与否的指导意见,对公共图书馆的总体布局、外观造型、室内装修、环保节能、防灾防火、建筑设备等提出了原则要求;《文化馆建设标准》《乡镇综合文化站建设标准》也详细规定了不同类型文化馆(站)的建筑用房设置要求和使用面积控制指标。

(4)特别重视公共图书馆、文化馆(站)的环境建设。为改变以往公共图书馆、文化馆(站)建设重房屋建筑、轻环境建设的倾向,明确提出了一系列有关环境建设的要求。如明确规定了选址时,应将方便使用、安全环保放在首位,选择在人口集聚、位置适中、交通便捷、环境及地质条件良好的地方,以便为更多的市民提供便捷的服务,提高公共文化设施的使用效率;明确规定了建设内容包括房屋建筑、场地、建筑设备和技术设备等。

4.3 贫困地区公共阅读设施网络构建基本思路

贫困地区公共阅读设施网络建设的基本思路,按照相关标准与规范,根据本地经济社会发展实际,综合考虑服务人口、服务半径、覆盖面积、行政区划等要素,加强与利用各级各类公共阅读设施,形成设施网络。

4.3.1 重点建设县级图书馆

县级图书馆在县域公共阅读服务体系中处于核心领导地位,理论上讲应当具备较强的资源保障和扩散能力、面向公众的服务能力、面向基层的业务指导能力。在 2005 年中国图书馆学会组织召开的首届"百县馆长"论坛上,业内人士形成了一个关于县级图书馆与中国图书馆整体事业之间关系的判断,即"制约我国图书馆事业进一步发展的瓶颈是县级图书馆"①。十年来中国图书馆事业发展的事实,证明了这一判断至今仍然正确。"不为县级图书馆建立一个良好的运行与发展环境,就不可能建立覆盖全社会的公共图书馆服务体系,就不能保障全体国民享受普遍均等的图书馆服务的权益;不提升县级图书馆的服务能力,即使有了钱和各种资源,同样也难以提供专业化的图书馆服务。"②

---

① "百县馆长论坛"林州共识[EB/OL].[2015 – 02 – 20]. http://www. lsc. org. cn/c/cn/news/2006-04/03/news_210. html.

② 李超平.“百县馆长论坛”的历史意义[J].中国图书馆学报,2013(2):27 – 35.

在贫困地区,达到资源丰富、运行高效、保障有力、服务到位的县级图书馆,不是没有,但远远没有形成普遍现象,对县域公共阅读服务还没有形成强有力的辐射能力,对区域内公众公平利用设施还没有形成足够的保障能力①。因此,贫困地区县级图书馆目前的首要任务,仍然是发展壮大自己,加速积蓄承担县域公共阅读服务体系领头羊地位的力量,加快形成辐射城乡延伸服务能力②。

没有强大的县级图书馆,就不会出现具有可持续发展能力的区域性公共阅读服务体系。因此,在贫困地区公共阅读建设进程中,首先应当做强县级图书馆,在此基础上逐步构建以县级图书馆为中心的区域性公共阅读服务体系,走出公共阅读设施网络建设的第一步。

4.3.2　充分利用乡镇综合文化站

在乡镇层面,建立独立图书馆,真正按照公益性图书馆模式运转,即便在东部沿海发达城市,还没有普及,在贫困地区更是难觅踪影。

就目前而言,在贫困地区建立乡镇图书馆,还缺乏政府保障和读者需求两个方面的动力。办一个乡镇图书馆,至少需要有懂专业知识的工作人员,需要正常而稳定的购书经费,需要一定面积的馆舍,需要保障工作人员的基本工资,需要保障图书馆正常开门的必要的经费。这对经济欠发达的乡镇财政来说,不是小数目,因此谋求乡镇图书馆的建制独立化、运行规范化、人员专门化,并且有持续稳定的来自同级政府的经费保障,条件还不成熟③。

---

① 李国新.实现县级公共图书馆的全面协调可持续发展[J].图书与情报,2008(1):1-4.

② 李国新.立足新变化　突破新问题　推动县级公共图书馆持续发展——第三届百县馆长论坛主旨发言[J].图书与情报,2010(4):1-3.

③ 李国新.我国公共图书馆事业进一步发展的突破口——县级图书馆的振兴与乡镇图书馆的模式[J].图书馆,2005(6):1-5.

表 4 - 5　中、西地区各省份文化站设置情况(2013 年)

中部省份	文化站数(个)	乡镇级区划数(个)	文化站设置率	西部省份	文化站数(个)	乡镇级区划数(个)	文化站设置率
河北	2217	2246	98.7%	内蒙古	1038	1010	>100%
山西	1407	1398	>100%	广西	1167	1247	93.6%
吉林	897	900	99.7%	重庆	997	1016	98.1%
黑龙江	1492	1279	>100%	四川	4595	4657	98.7%
安徽	1437	1508	95.3%	贵州	1589	1507	>100%
江西	1759	1546	>100%	云南	1398	1388	>100%
河南	2322	2406	96.5%	西藏	533	694	76.8%
湖北	1262	1232	>100%	陕西	1650	1420	>100%
湖南	2530	2407	>100%	甘肃	1331	1347	98.8%
海南	212	224	94.6%	青海	358	395	90.6%
—	—	—	—	宁夏	227	237	95.8%
—	—	—	—	新疆	1144	1035	>100%

数据来源:中华人民共和国文化部.中国文化文物统计年鉴 2014[M].北京:国家图书馆出版社,2014:172,569.

　　不过,在全国各地,包括贫困地区地处的中、西部省份,基本上每个乡镇都建有一个综合文化站。据统计,截至 2013 年年底,全国共有文化站 40 945 个[1]。其中,中部地区各省份,文化站设置率都在 94%以上;西部地区各省份,除了西藏 76.8%相对较低以外,其他省份的文化站设置率也都在 90%以上。

　　根据《乡镇综合文化站管理办法》(建标 160—2012),文化站基本功能空间应包括:多功能活动厅、书刊阅览室、培训教室、文化信息资源共享工程基层点和管理用房,以及室外活动场地、宣传栏等配套设施。

---

[1]　中华人民共和国文化部.中国文化文物统计年鉴 2014[M].北京:国家图书馆出版社,2014:166.

因此,贫困地区更应充分利用乡镇综合文化站的场所空间,在县级图书馆的指导下,开展读书读报活动,为当地公众提供图书报刊借阅服务,利用全国文化信息资源共享工程基层服务点,开展数字文化信息服务,成为乡镇区域开展公共阅读服务的典范。

4.3.3 有效利用村级文化设施

在行政村级层面,也拥有各类与公共阅读相关的文化设施。如截至2011年年底,依托各类公共设施的全国文化信息资源共享工程村基层服务点共建有60.2万个,覆盖率达到99%,基本实现全国行政村"村村通"目标①;截至2012年8月,60多万个农家书屋在全国农牧地区全部建成,基本实现每个行政村都建有一个农家书屋的"村村有"目标②。

近些年来,在全国各地村(社区)层面,开始打造综合文化服务中心,提升服务效能。如浙江启动"农村文化礼堂"建设,将原有文化活动中心、农家书屋、农村电影放映、未成年人春泥计划、文化信息资源共享等宣传文化资源于整合于一体,健全政策宣传、文体娱乐、知识普及等服务功能与项目,建成功能完备、管理有序、共建共享的农村文化综合体③。安徽探索"农民文化乐园"建设,"一场两堂三室四墙"基本设施成为标准化配备。一场,即带舞台的综合文体广场;两堂,即讲堂和礼堂;三室,即文化活动室、图书阅览室(农家书屋)和电脑室(文化信息资源共享工程室);四墙,即村史村情、乡风民俗、崇德尚贤和美好家园展示墙④。

① 张彦博,刘惠平,刘刚.文化共享工程建设与服务[M].北京:北京师范大学出版社,2013:2.
② 农家书屋工程提前三年完成建设任务[EB/OL].[2015 – 02 – 20].http://www.zgnjsw.gov.cn/booksnetworks/contents/406/135590.html.
③ 葛慧君.打造弘扬核心价值观新阵地——关于浙江省农村文化礼堂建设的实践与思考[J].今日浙江,2014(15):8 – 10.
④ 李跃波.农民文化乐园探索公共文化服务标准化新路径[N].安徽日报,2014 – 04 – 23(1).

村级文化设施是直接面向公众的空间场所,方便利用,通常具备看戏看电影、读书看报、活动培训、上网服务等多项功能,是贫困地区开展公共阅读服务体系构建重要的依托设施,既可以作为服务阵地,也可作为流动服务点,应加以有效利用。

4.3.4 整合利用现有城乡设施

贫困地区财政能力有限,新建扩建公共阅读设施常常"力不从心"。为了构建完善公共阅读设施网络,可以扩大视野,一是整合利用闲置学校等现有城乡公共设施,依托城乡社区综合服务设施,错时利用,开展公共阅读服务;二是整合利用社会力量提供的各类设施,开展公共阅读服务。

在上海嘉定,区图书馆在那些喜爱读书、愿意提供场地并能进行日常开放管理的农村居民家中设立"百姓书社",提供 500 册图书,订阅 20余种报刊,书架、阅览桌统一配备,为周边居民提供公益服务。"百姓书社"的图书和报刊每三个月更新一次,全部由区图书馆统一配送。区图书馆定期提供推荐点书单,由各书社根据居民的阅读喜好进行点书,区图书馆再根据各书社的点书单将百姓需要的书籍交由物流公司配送至各书社。"百姓书社"的主要优点为不需要新建设施就可以开展公共阅读服务,花钱少、易推行,而且可以根据需求布点,可动态适应城乡人口结构的变化,也可以直接面向服务网点薄弱环节和社会弱势人群设点,从而有助于形成公共阅读设施网络的全覆盖①-③。

另外,北京市朝阳区建立民间文化资源和文化力量扶持机制,制定《关于做好扶持朝阳区民办图书馆发展的意见》,通过统一配送图

---

① 文化滋润嘉定,服务惠泽百姓[EB/OL]. [2015 - 02 - 20]. http://www. jiad-ing. gov. cn/Item/67207. aspx.

② 吴文明,单敏康. 嘉定形成"百姓系列"群众文化繁荣发展的新格局[N]. 东方城乡报,2012 - 06 - 14(A08).

③ 金燕,范并思. 城市化进程中的郊区新农村图书馆建设——嘉定区基层公共图书馆调查与建议[J]. 图书馆杂志. 2007(3):26 - 28,42.

书,联合开展活动等方式,利用民办图书馆开展公共阅读服务①;江苏江阴整合利用咖啡馆等商业设施提供公共阅读服务②。

以上各地的实践创新,特别值得无力新建村级公共阅读设施的贫困地区借鉴利用。

4.3.5 按需配备流动阅读设施

城乡二元结构的存在,导致了城乡之间公共阅读严重不均衡。优质的阅读资源与服务,往往集中在大、中型城市公共阅读设施内,在农村基层极为稀少。这在贫困地区尤为明显。因此,需要将优质阅读资源下移、服务下送,这就需要加强图书流动车等流动阅读设施的建设,开展下基层服务。

内蒙古鄂尔多斯针对辖区内地广人稀、农牧户居住分散、部分偏远地区农牧民难以享受到集中文化服务的实际,自 2011 年以来投入 8000 多万元,购置 111 辆流动文化服务车和 74 台流动电影放映车,配备到全市图书馆及文化馆(站)等,常年深入农村牧区开展流动文化服务,成为大草原上一道靓丽的风景线③。

在贫困地区的农村基层,由于人口居住分散,在固定的地方普遍建立公共阅读设施,会造成人群覆盖有限、利用率不高的问题,应按文化部要求,为每个县级图书馆配备流动图书车,积极开展下乡村服务,并形成常态化、规范化。而在乡镇辖区极为广阔的西藏、青海、内蒙古等贫困地区,可以优先考虑以乡镇为单位配备流动阅读设施。

---

① 北京市朝阳区第一批国家公共文化示范区集中评议汇报材料[EB/OL].
　[2015 – 03 – 25]. http://www.cpcss.org/_d276324043.htm.
② 王学思.江苏江阴探索社会力量参与阅读建设——当咖啡馆遇见图书馆
　[N].中国文化报,2014 – 11 – 12(3).
③ 内蒙古自治区鄂尔多斯市第一批国家公共文化示范区集中评议汇报材料
　[EB/OL].[2015 – 02 – 25]. http://www.cpcss.org/_d276333503.htm.

4.3.6　普及推广数字传播设施

建立数字传播设施,可以提供基于联网的公共阅读服务,可以借助新媒体,提供多样化、个性化的移动阅读服务,扩大公共阅读服务的覆盖面和辐射力,实现普遍均等服务。

由内蒙古首创并实施的"数字文化走进蒙古包"工程,在地广人稀、互联网络难以覆盖的地方,设立小型无线服务站点,基层农牧民可以 24 小时通过无线 Wi-Fi 设备和移动数字加油站设备,获取全国文化信息资源共享工程的数字文化资源,利用移动智能终端尤其是智能手机进行在线阅读、在线观看和离线下载学习观看①-④。

贫困地区,特别是西部的一些省份,地广人稀、基础设施匮乏,可以充分借鉴内蒙古"数字文化走进蒙古包"的实践经验,普及推广公共阅读服务。

---

① 刘春.数字文化走进蒙古包 3 万农牧民受益[N].内蒙古日报,2013 – 07 – 01 (2).

② 张贺.公共文化服务:打通"最后一公里"[N].人民日报,2013 – 08 – 22(19).

③ 杜洁芳."加油站"让牧民的生活变得多彩[N].中国文化报,2013 – 10 – 09 (7).

④ 达古拉.数字文化走进蒙古包为农牧民打开新世界[N].内蒙古日报,2014 – 05 – 09(12).

5 资源保障:从自给自足到共建共享

以公共图书馆为代表的公共阅读设施,作为面向社会公众开放、满足公众知识和信息需求的公共文化服务机构,其存在的社会价值,首先就是提供丰富的图书报刊等阅读资源。如果没有足量的阅读资源加以支撑,公共阅读设施就有可能形成"空放""挪用"或出租,就可能导致公共财力的无效投入。本章从公共阅读资源保障的角度尝试提出贫困地区资源建设的基本思路。

5.1 公共阅读资源保障基本要求

从公共图书馆事业发展的基本规律和普遍的国际经验来看,公共阅读设施形成和保持良好的服务能力和服务效益,首先以形成规模适宜、结构合理的资源保障体系为前提。国际图联在 2001 年发布的《公共图书馆服务发展指南》中,提出了图书馆馆藏建设的建议性标准——"通常正规的馆藏应以平均每人 1.5—2.5 册图书为标准"[1];但在 2010 年发布的修订版《公共图书馆服务指南》中,将建议性标准又提升至"平均每人 2—3 件馆藏(包括图书、DVD 等)"[2]。日本图书馆协会在 2000 年发布了公共图书馆的最低藏书标准为 5 万册(以出

---

[1] 菲利普吉尔领导的工作小组代表公共图书馆专业委员会. 国际图联/联合国教科文组织公共图书馆服务发展指南[M]. 林祖藻,译. 上海:上海科学技术文献出版社,2002:63.

[2] KOONTZ C, GUBBIN B. IFLA public library service guidelines[M]. 2nd ed. Berlin/New York: Walter de Gruyter GmbH & Co. ,2010:75.

版 5 年之内的为主),开架藏书所占比例为 85% 以上,年新增资源需达到开架藏书的 1/8 至 1/7。这些要求,都是着眼于公共图书馆形成持续服务能力的资源量化指标。目前,美国公共图书馆的目标人群覆盖率达到了 70% 以上,2008 年,日本公民馆的到馆人数达到国民人均年 1.85 次,如此良好的服务效益,基础在于产品、项目和活动等服务资源达到了支撑服务持续发展的"临界水平"①。

当今世界,技术发展日新月异,极大地改变了阅读资源的生产、储存、传播和利用的方式,形成了一个全新环境。公共阅读资源的载体形式也呈现多样性,包括:(1)图书,包括精装和平装书;(2)小册子和暂时性资料;(3)报纸和期刊,包括剪报资料;(4)网上数字信息;(5)联机数据库;(6)光盘数据库;(7)软件程序;(8)缩微资料;(9)录音带和 CD;(10)DVD;(11)录像带;(12)激光碟片;(13)大字印刷资料;(14)布莱叶盲文资料;(15)语音图书;(16)电子图书;(17)招贴画;等等。若从所在社区服务的角度加以考虑,公共阅读设施收集的阅读资源内容,也应呈多样化,包括:(1)为成年人、青年和儿童准备的小说和非小说类图书;(2)参考工具书;(3)数据库的检索利用;(4)期刊;(5)地方、地区和全国性报纸;(6)社区信息;(7)政府信息,包括地方行政方面的信息;(8)商业信息;(9)地方史资源;(10)家谱资料;(11)社区主要语言资料;(12)社区少数民族语言资料;(13)其他语言资料;(14)音乐乐谱;(15)计算机游戏;(16)玩具;(17)游戏和字谜、画谜等;(18)学习资料;等等②。

当今时代,信息知识更新迅速,资源生产层出不穷,公众需求又呈个性化,单体公共阅读设施仅凭一己之力,难以提供足够的阅读资源

---

① 李国新,杨永恒,毛少莹.中国公共文化服务体系建设的历史性转折[R]//于群,李国新.中国公共文化服务发展报告(2012).北京:社会科学文献出版社,2012:1-17.

② 菲利普吉尔领导的工作小组代表公共图书馆专业委员会.国际图联/联合国教科文组织公共图书馆服务发展指南[M].林祖藻,译.上海:上海科学技术文献出版社,2002:58-60.

来保障公众的阅读需求。跨机构、跨行业、跨地域的阅读资源共建共享已经成为新的环境下的必然选择。

5.2 公共阅读资源保障标准与规范

5.2.1 国际标准与规范

国际上,公共阅读资源主要由公共图书馆提供,一视同仁地为所在社区公众提供各种资源,满足他们在教育、信息、休闲和个人发展方面的需求。各国公共图书馆资源建设保障标准,可以为我们提供重要参照。

国际图联建议,一个最小型的公共图书馆,馆藏最少不低于 2500 件。关于阅读资源内容,若是最小型的公共图书馆,则儿童读物、成年人小说和非小说的比例应当一样;而在大型公共图书馆,非小说类作品比例,应趋于增加。关于阅读资源更新,应根据不同类型的公共图书馆而定,建议:(1)为 10 万人口服务的正规图书馆,中等藏书量 20 万册,则年采购率为 2 万册;(2)为 5 万人口服务的正规图书馆,中等藏书量 10 万册,则年采购率为 11 250 册;(3)为 2 万人口服务的正规图书馆,中等藏书量 4 万册,则年采购率为 5000 册[①]。

表 5-1 国际图联建议的图书馆馆藏更新

人口	册数/每人/每年	册数/每千人/每年
2.5 万人以下	0.25	250
2.5 万至 5 万人	0.225	225
5 万人以上	0.20	200

---

① KOONTZ C, GUBBIN B. IFLA public library service guidelines[M]. 2nd ed. Berlin/New York: Walter de Gruyter GmbH & Co. ,2010:75-78.

在美国,各州公共图书馆资源保障标准大同小异。其中,佛罗里达州公共图书馆馆藏保障标准,设定了基本型、提高型、示范型三个等级。从最基本的基本型保障标准来看,服务人口低于 25 000 的图书馆,人均馆藏 3 件以上;服务人口超过 25 000 的图书馆,人均馆藏 2 件以上。最小型的公共图书馆,无论服务人口多少,馆藏最少不低于10 000件①。

表5-2　美国佛罗里达州公共图书馆馆藏保障标准

单位:(件/人)

服务人口	<25 000	25 001—100 000	100 001—750 000	≥750 001
基本型	3	2	2	2
提高型	4	3.5	3	2.5
示范型	5	4.5	4	3

在威斯康星州,公共图书馆馆藏保障标准,设定了基本型、适度型、提高型、优秀型四个等级。从最低要求的基本型保障标准来看,人均馆藏2.7 件以上。其中,印刷型图书,人均 2.5 册以上;印刷型期刊,每千人平均 4.1 种以上;音频制品,人均 0.13 件以上;视频制品,人均 0.15 件以上。关于馆藏更新,若用购书经费来衡量,则人均图书资料购置费用 3.27 美元以上。最小型的公共图书馆,无论服务人口多少,馆藏最少拥有印刷型图书 8000 册、印刷型期刊 30 种,每年图书资料购置费用不低于 1 万美元②。

---

① The Florida Library Association. Standards for Florida public libraries[EB/OL]. [2015 - 02 - 20]. http://www. flalib. org/publications_tab_files/FLPubLibStds_Apr_2010. pdf.

② Wisconsin public library standards (5th) [EB/OL]. [2015 - 02 - 20]. http://pld. dpi. wi. gov/sites/default/files/imce/pld/pdf/standards. pdf.

表 5 – 3　美国威斯康星州公共图书馆馆藏保障标准

单位：(件/人)

服务人口	< 2500	2500— 4999	5000— 9999	10 000— 24 999	25 000— 49 999	50 000— 99 999	≥100 000
基本型	7.6	4.9	3.6	3.3	3.3	3.2	2.7
适度型	9.0	5.6	4.5	4.0	4.0	3.4	3.3
提高型	11.5	6.5	5.4	4.7	4.3	3.8	3.4
优秀型	17.2	9.4	7.6	6.1	4.9	4.9	3.8

表 5 – 4　美国威斯康星州公共图书馆印刷型图书保障标准

单位：(册/人)

服务人口	< 2500	2500— 4999	5000— 9999	10 000— 24 999	25 000— 49 999	50 000— 99 999	≥100 000
基本型	6.4	4.1	3.1	2.9	2.8	2.7	2.5
适度型	7.8	4.8	3.8	3.5	3.5	2.9	2.8
提高型	10.2	5.7	4.7	4.1	3.8	3.3	2.9
优秀型	15.0	8.2	6.6	5.2	4.1	4.0	3.3

表 5 – 5　美国威斯康星州公共图书馆印刷型期刊保障标准

单位：(种/千人)

服务人口	< 2500	2500— 4999	5000— 9999	10 000— 24 999	25 000— 49 999	50 000— 99 999	≥100 000
基本型	15.3	13.6	9.7	7.3	5.4	5.1	4.1
适度型	23.0	17.1	11.9	8.5	6.2	5.6	4.2
提高型	34.7	20.9	13.5	9.9	8.0	6.6	5.4
优秀型	63.2	27.9	18.7	12.1	10.3	7.7	7.6

表5－6　美国威斯康星州公共图书馆音频制品保障标准

单位:(件/人)

服务人口	<2500	2500—4999	5000—9999	10 000—24 999	25 000—49 999	50 000—99 999	≥100 000
基本型	0.19	0.19	0.17	0.16	0.19	0.19	0.13
适度型	0.26	0.26	0.23	0.23	0.23	0.23	0.19
提高型	0.43	0.32	0.29	0.28	0.27	0.27	0.20
优秀型	0.78	0.53	0.46	0.39	0.35	0.34	0.25

表5－7　美国威斯康星州公共图书馆视频制品保障标准

单位:(件/人)

服务人口	<2500	2500—4999	5000—9999	10 000—24 999	25 000—49 999	50 000—99 999	≥100 000
基本型	0.60	0.39	0.28	0.21	0.21	0.21	0.15
适度型	0.78	0.49	0.38	0.26	0.24	0.23	0.16
提高型	1.21	0.64	0.49	0.36	0.28	0.28	0.21
优秀型	1.68	0.93	0.68	0.51	0.43	0.33	0.27

表5－8　美国威斯康星州公共图书馆图书资料购置费用保障标准

单位:(美元/人)

服务人口	<2500	2500—4999	5000—9999	10 000—24 999	25 000—49 999	50 000—99 999	≥100 000
基本型	4.01	3.93	3.30	3.30	3.30	3.30	3.27
适度型	5.83	4.96	3.94	4.18	4.12	4.12	3.76
提高型	8.57	6.58	5.41	5.41	5.41	5.02	4.57
优秀型	12.28	9.83	7.51	7.22	7.22	6.24	4.71

在澳大利亚,公共图书馆馆藏保障标准,划分为底线标准和提升标准两大类。根据服务人口,底线标准为人均馆藏2件,提升标准为人均馆藏2.2件。关于馆藏,是指除了在线数字资源之外的阅读资源,包括:印刷型资料(如图书、期刊、报纸、连续出版物、地图、平面图、手稿等),视听数字资料(如有声读物、CD、CD-ROM、视频资料、DVD、计算机游戏、电子书等)和其他物品(如玩具等)。关于馆藏更新,底线标准要求馆藏中50%的阅读资源是近五年内购买的;提升标准则要求馆藏中58%的阅读资源是近五年内购买的。若用馆藏购置经费来衡量,则底线标准是每年人均5.40澳元,提升标准是每年人均6.10澳元[①]。

5.2.2 国内标准与规范

5.2.2.1 公共图书馆馆藏保障标准

在国内,关于公共图书馆馆藏保障标准,可依据2008年制定的《公共图书馆建设标准》。该标准参考了国际标准与规范,结合中国当前发展实际,根据图书馆规模大小和服务人口,确立了不同的馆藏保障标准:大型图书馆至少135万册(件),中型图书馆至少24万册(件),小型图书馆至少4.5万册(件)。

表5-9 国内公共图书馆馆藏保障标准

规模	服务人口	人均藏书(册(件)/人)	总藏量(万册(件))
大型	400—1000	0.8—0.6	320—600
	150—400	0.9—0.8	135—320
中型	100—150	0.9	90—135
	50—100	0.9	45—90
	20—50	1.2—0.9	24—45

---

① Australian Library and Information Association standards and guidelines for Australian public libraries(2nd) [EB/OL]. [2015-02-20]. http://alia. org. au/sites/default/files/documents/advocacy/PLSG_ALIA_2012. pdf.

规模	服务人口	人均藏书(册(件)/人)	总藏量(万册(件))
小型	10—20	1.2	12—24
	3—10	1.5—1.2	4.5—12

数据来源:依据《公共图书馆建设标准》(建标108—2008)

在2012年5月1日开始实施的国家标准《公共图书馆服务规范》(GB/T 28220—2011)中,公共图书馆馆藏保障标准与《公共图书馆建设标准》有所不同,根据行政区划等级加以划分:省级馆、地级馆、县级馆的馆藏印刷型文献(以图书、报刊合订本的册数计),入藏总量最少分别为135万册、24万册、4.5万册。关于馆藏更新,省级馆、地级馆、县级馆每年人均新增藏量最少分别为0.017册、0.01册、0.006册。关于电子文献(包括电子图书、电子报刊、视听资料等,以品种数计),省级馆、地级馆、县级馆每年入藏量最少分别为9000种、500种、100种。

关于文献购置经费,原则上要求与当地财政收入同步增长,省级馆每年人均0.52元以上、地级馆每年人均0.3元以上、县级馆每年人均0.18元以上。根据时代发展要求,在文献购置经费中,要适当安排电子文献购置经费,并根据馆藏结构和文献利用情况逐年提高或不断调整其与印刷型文献的比例。

5.2.2.2　农家书屋阅读资源配置标准

关于农家书屋的阅读资源配置,根据2007年3月,由新闻出版总署、中央文明办、国家发展和改革委员会、科技部、民政部、财政部、农业部、国家人口和计划生育委员会八部委联合印发的《"农家书屋"工程实施意见》,农家书屋所需出版物,由相关部门参照农家书屋工程协调小组办公室公布的推荐目录,结合本地实际情况,组织采购和配送。每个农家书屋原则上可供借阅的实用图书不少于1000册,报刊不少于30种,电子音像制品不少于100种(张)。当然,各地可根据本地区的实际情况,因地制宜,灵活掌握。具备条件的地区,可增加一定比例的网络图书、网络报纸、网络期刊等出版物①。

2008年7月,新闻出版总署又印发了《农家书屋工程建设管理暂行办法》,对农家书屋的阅读资源配置提升了标准,要求农家书屋的出版物由政府统一配备,每个书屋图书一般不少于1500册,品种不少于500种(含必备书目);报刊不少于30种,电子音像制品不少于100种(张),具备满足出版物陈列、借阅、管理的基本条件。在出版物的选配上,按照科学性、实用性、经济性、通俗性的原则,根据村民的阅读需要,配备一定数量的党报党刊和适合农民阅读的政治、经济、科技、法律、卫生、文艺、文化教育、少儿等类型的出版物。所配出版物首先要保证必备目录规定的出版物,其余必须是全国或本省推荐目录中的出版物,超过1500册的部分可以灵活掌握。并且强调,农家书屋选配出版物,要充分征求村民意见,政府采购部分不得用当地出版且不受农民欢迎的出版物充数。农家书屋所配出版物中,本省(自治区、直辖市)出版物比例一般不超过30%,且必须在备案的目录内。农家书屋出版物的采购及配送由省级新闻出版行政部门按照政府采购的有关规定统一组织实施②。

5.2.2.3 乡镇综合文化站阅读资源配备要求

根据《乡镇综合文化站管理办法》,乡镇综合文化站主要职能包括开展书报刊借阅、时政法制科普教育、文艺演出活动、数字文化信息服务、公共文化资源配送和流动服务、体育健身和青少年校外活动等。在公共阅读服务方面,明确要求文化站在县级图书馆的指导下,开办图书室,开展群众读书读报活动,为当地群众提供图书报刊借阅服务;建成全国文化信息资源共享工程基层服务点,开展数字文化信息服务。文化站有阅读资源配备要求,但是应当配备多少,没有提出统一

---

① 关于印发《"农家书屋"工程实施意见》的通知[EB/OL].[2015 – 02 – 20]. http://www.gapp.gov.cn/contents/801/77066.html.

② 农家书屋工程建设管理暂行办法[EB/OL].[2015 – 02 – 20]. http://www.gapp.gov.cn/news/1838/113853.shtml.

的量化标准。

5.2.2.4 国家示范区创建阅读资源配置标准

2011年年初,文化部、财政部联合启动了国家公共文化服务体系示范区创建工作,计划用6年时间分3个创建周期,以地级市为单位,在全国东、中、西部创建90个左右的示范区,覆盖、带动全国1/3以上的市县,以此为抓手,整体推动全国公共文化服务体系建设①。这项工作得到了党中央、国务院的肯定,党的十七届六中全会决议②和《国家"十二五"时期文化改革发展规划纲要》③,都把创建示范区纳入构建公共文化服务体系的整体战略部署,明确要求"推进国家公共文化服务体系示范区创建",表明这项工作已经由文化系统的部门行为上升为全党全国的战略决策。

表5-10　国家示范区创建阅读资源配置标准

指标	东部标准	中部标准	西部标准
人均占有公共图书馆藏书	优秀:不少于1.5册 达标:1.0册	优秀:不少于1.0册 达标:0.6册	优秀:不少于0.6册 达标:0.4册
人均年增新书	优秀:不少于0.05册 达标:0.04册	优秀:不少于0.04册 达标:0.03册	优秀:不少于0.03册 达标:0.02册
数字图书馆资源服务	100%的基层群众可以利用		

2013年,在第一批示范区创建验收中,对示范区的阅读资源配备

---

① 白雪华. 国家公共文化服务体系示范区(项目)创建工作概述[R]//于群,李国新. 中国公共文化服务发展报告(2012). 北京:社会科学文献出版社,2012:203-215.

② 中国政府网. 中共中央关于深化文化体制改革推动社会主义文化大发展大繁荣若干重大问题的决定[EB/OL]. [2013-09-25]. http://www. gov. cn/jrzg/2011-10/25/content_1978202. htm.

③ 中办国办印发国家"十二五"文化改革发展规划纲要[EB/OL]. [2013-09-25]. http://www. gov. cn/jrzg/2012-02/15/content_2067781. htm.

有明确要求。在东部,人均占有公共图书馆藏书人均1册以上;在中部,人均占有公共图书馆藏书0.6册以上;在西部,人均占有公共图书馆藏书0.4册以上。在图书更新方面,要求东部人均年增新书0.04册以上,中部人均年增新书0.03册以上,西部人均年增新书0.02册以上[①]。此处的公共图书馆藏书,在统计口径上,指的是印刷型图书,包括地级图书馆、县级图书馆、乡镇(街道)图书馆、乡镇综合文化站图书室、社区(村)图书室、农家书屋等拥有的总藏量;人口为本区域常住人口。

5.3 贫困地区公共阅读资源保障基本思路

5.3.1 以县域为基本单元,统筹建设农家书屋资源

在贫困地区,每个行政村基本建有一个农家书屋,是农村基层开展公共阅读服务的重要阵地。从目前农家书屋拥有的阅读资源来看,一般有2000册左右的图书,虽然与美国的最小公共图书馆馆藏至少在8000—10000册相比有很大差距,但似乎与国际图联建议的最小公共图书馆馆藏2500件的差距不大。但是,国际上对馆藏更新率有严格的要求,一般在20%左右;图书馆规模越小,更新率要求更高。而农家书屋目前普遍存在的问题是,由于资金不足导致图书资源更新困难,甚至长期不更新。资源规模没有达到"临界点",时间一长,读者在农家书屋没有新书可看,公众阅读需求难以保障。

从国家政策来看,根据《中央补助地方农村文化建设专项资金管理暂行办法》(财教〔2013〕25号),每个农家书屋可有2000元用于"出版物补充及更新",这为农家书屋的长效发展提供了基本保障。但是从现在图书购买平均一本30元左右的行情来看,扣除期刊更新的必要开支后,农家书屋每年可购新书在50册左右,更新率在2%—3%左

① 金武刚.示范区创建与公共图书馆进展[J].图书馆,2014(1):1-7.

右,难以满足公众日益增长的阅读需求。更为致命的是,由于农家书屋阅读资源由政府统一配备,虽然兼顾到了当地公众的阅读需求,但县域内,甚至省域内的农家书屋图书配备内容基本是一样的,造成相互之间无法共享。

贫困地区本身财力不足,更应充分用好、用足中央专项经费。可以县域为基本单元,由县级图书馆集中统一使用全县农家书屋的出版物补充及更新经费,统一采购,避免重复,配送至每个农家书屋;然后每年定期由邻近的农家书屋进行图书交换使用,盘活图书资源。假如某一乡镇有 6 个农家书屋,每 1 个月轮流交换一次图书,每次 100 册左右,那么,每个农家书屋在图书资源总量不变的情况下,通过交换每年实际更新图书 1200 册左右,从而在中央专项经费总量不变的情况下,盘活了图书资源,成倍提高了资金使用效益。

5.3.2 推动公共阅读资源下移,丰富农村基层

长期以来城乡二元发展的现状,导致优质公共阅读资源集中在城市公共阅读设施。如县级、地级、省级图书馆一般建立在中心城市,由于服务半径的限制,身处农村基层的公众难以享受到城市图书馆的公共阅读资源。

四川省成都市出台了《在全市深入开展公共图书流转工作的通知(成文发〔2011〕号)》,按照"市调控、县组织、乡流转、村管理"的原则,建立县域公共图书总分馆流转运行机制:以县图书馆为本区域公共图书流转总馆,负责每季度组织乡镇(街道)综合文化站公共图书流转一次(每次不低于 5000 册),乡镇(街道)综合文化站负责组织村(社区)综合文化室公共图书每月流转一次更换(每次不低于 500 册),从而实现全市公共图书资源合理配置和有效利用①。

---

① 成都市文化局关于在全市范围深入开展公共图书流转工作的通知[EB/OL].
  [2015 – 02 – 25]. http://www.chengdu.gov.cn/GovInfoOpens2/detail_ruleOf-Law.jsp? id = Nz374Wi4MpgJggVb8tnB.

浙江省衢州市建立"流动文化加油站"制度,由衢州市图书馆与各类单位共建,在偏远地区或不便于使用图书馆的人群所在区域,设立馆外流通点,由衢州市图书馆提供图书,并定时更换新书,由共建单位提供阅览场地和管理人员,共同为需要的公众服务。共建单位只要能提供面积为 30 平米以上的独立图书室和一名专门管理人员,即可申请成为流通点①。

广东省建立"广东流动图书馆",由省馆在粤东、粤西、粤北等欠发达地区的县级图书馆设立分馆,由省馆集中购置一定数量适合基层公众阅读的图书,配送到各县。图书资源在各个分馆之间每半年流动交换一次,在流动中实现图书利用社会效益最大化②。

贫困地区县级图书馆应加强馆外流通点建设,将馆内优势阅读资源向农村基层延伸。对于县级图书馆资源保障本身就有困难的贫困地区,应加强地级,乃至省级图书馆的统筹能力,向县级图书馆提供资源支持,提升县级图书馆资源保障能力,惠及全域公众。

5.3.3 推动区域内阅读资源共建共享

近些年来,为解决农村基层公众读书难的问题,中央各部委启动了各项政府工程,如全国文化信息资源共享工程、公共电子阅览室计划、数字图书馆推广工程、职工书屋工程、农家书屋工程、党员远程教育工程、中小学远程教育工程,等等。这些"工程"都以专项资金的方式建设资源,以满足农村基层公众的信息需求与阅读需求。

另外,企业、民非组织、个人等社会力量,也在各尽所能,为农村基层提供各类阅读资源③。从公共服务角度,也可整合利用这些民间阅

---

① 衢州图书馆馆外流通点办理须知(附申请表)[EB/OL].[2015 - 02 - 20]. ht-tp://www. qzldwh. gov. cn/NewsDetail. aspx? kid =910.

② 莫少强.艰难而成功的抉择——广东省流动图书馆自动化系统的选择与应用[J].图书馆建设,2007(3):1 - 2,7.

③ 王子舟,尹培丽,吴汉华.中国民间图书馆的多样化特征、信息化水平与其公共空间效用[J].中国图书馆学报,2013(3):77 - 78.

读资源。如海南省澄迈县鼓励和扶持建立"家庭图书馆"，对拥有社科类图书 300 种以上并愿意参与提供公共阅读服务的家庭，给予奖励支持[①]；湖南省长沙市对藏书在 2000 册以上、愿意加入公共图书馆总分馆系统、按照公共图书馆要求向社会免费开放的私人民办图书馆，按不低于社区分馆 50% 的标准给予财政补助[②]；

贫困地区应当在统筹整合这些公共阅读资源和民间阅读资源，实现共建共享。可以依托图书馆服务体系，把这些自上而下、条条块块的政府工程提供的公共阅读资源，在乡镇、村级层面上加以整合，以图书馆行业的专业化组织与管理来实现资源的共建共享，提升社会效益，节约成本。可以制定激励政策与措施，鼓励社会力量面向社区开放，提供各类资源丰富公众阅读需求。

5.3.4 借力开展地方特色文化资源建设

地方特色文化，是对一定地域范围内与自然、历史、人文等相融合而富有特色的民俗传统文化、民族节庆文化、民间戏曲文化等区域性特色文明表现的总称，是公众生活、劳作、习俗的文化映射，是"望得见山、看得到水、记得住乡愁"的文化基因，是中华传统文化的有机组成。贫困地区地方特色文化丰富，也为当地公众喜闻乐见，每一次举办社火与庙会、民族传统节日、地方戏曲展演等，都会成为当地公众的全民性活动。

在贫困地区，特别是在少数民族聚居区域，很多人看不懂汉语书籍、影视，他们迫切需要能读易懂、通俗有趣、实际管用的地方特色文化产品。因此，贫困地区也应根据当地公众喜好，将地方特色文化纳

---

① 海南省澄迈县第一批国家公共文化示范区集中评议汇报材料［EB/OL］.［2015－03－20］. http://www.cpcss.org/_d276333282.htm.

② 凭"一卡通"长沙市公共图书馆有望通借通还［EB/OL］.［2013－09－25］.ht-tp://www. changsha. gov. cn/xxgk/szfgbmxxgkml/szfgzbmxxgkml/swgxj/gzdt/201303/t20130318_439039.html.

入公共阅读资源建设范畴,特别是结合现代科技技术应用,将地方特色文化数字化,便于虚拟再现、重复阅读,便于依托现代网络迅捷传播与继承。

贫困地区开展地方特色文化资源建设,除了依托全国文化信息资源共享工程等重大文化惠民工程的资助建设之外,还可以依托省、地级图书馆、文化馆等公共文化设施统一规划建设,还可以与贫困地区对口支援省份、单位共建,还可以利用社会力量、社会资本提供援助。

6 服务提供:从免费开放到区域联动

无论公共阅读设施建设得如何完善,公共阅读资源建设得如何丰富,最终能够体系公共阅读服务体系价值的,还是公共阅读的服务提供。本章从免费开放讲起,并对国内外服务提供的转型作了系统介绍,最后提出贫困地区服务提供的创新思路。

6.1 公共阅读设施免费开放基本内涵

6.1.1 免费开放的含义与内容

"免费开放"是伴随着2008年全国公共性博物馆免收参观门票而被广大公众熟悉的一个概念。作为政策语言的"免费开放",包含免费开放与优惠开放两层含义,即与公共文化设施相适应的基本公共文化服务项目免费提供;对于基本公共文化服务项目以外的非基本服务项目,坚持公益性,降低收费标准,不得以营利为目的。

不同的公共文化设施,由于其承载的功能不同,服务的方式不同,免费开放的具体内涵和方式也有所差异。

博物馆、纪念馆、美术馆、爱国主义教育示范基地等主要是观赏性的公共文化设施,免费开放主要体现在实行基本展览展示免费参观,不再需要付费购买门票。少数特别(临时)展览展示,可根据实际情况实行低票价优惠收费。文物建筑及遗址类博物馆暂不实行全部免费参观,继续对未成年人、老年人、现役军人、残疾人和低收入人群等特殊群体实行减免门票等优惠政策。

公共图书馆、文化馆(站)等主要是服务提供型的公共文化设施,免费开放的内容主要包括三个方面:第一,免费开放公共空间设施场地。包括公共图书馆的一般阅览室、电子阅览室、报告厅及类似的多功能厅、自修室等,文化馆(站)的多功能厅、展览厅(陈列厅)、宣传廊、辅导培训教室、计算机与网络教室、舞蹈(综合)排练室、独立学习室(音乐、书法、美术、曲艺等)、娱乐活动室等公共空间设施场地。第二,免费提供基本服务项目。包括公共图书馆的文献资源借阅、检索与咨询,公益性讲座和展览,基层辅导,流动服务等;文化馆(站)的书报刊借阅,普及性的文化艺术辅导培训,时政法制科普教育,公益性群众文化活动,公益性展览展示,数字文化信息服务,公共文化资源配送和流动服务,体育健身、青少年校外活动,培训基层队伍和业余文艺骨干、指导群众文艺作品创作等。第三,免费提供配套管理服务,主要是指办证费、验证费和存包费等。

公共图书馆、文化馆(站)除了提供基本服务之外,为了满足广大群众多层次、多样化的需求,还提供多种多样的非基本服务。如公共图书馆的深度参考咨询服务(为读者收集专题信息,编写参考数据,或者进行代查、代译、复印书刊数据等服务)、赔偿性收费和文化馆(站)的高端艺术培训服务等,这些服务可以收取合理的费用。

6.1.2 免费开放政策的核心要素

6.1.2.1 合理界定"基本服务"的内容、范围边界

公共文化设施免费开放之"免费",是指免费提供与自身职能相适应的基本服务项目。强调"基本服务",是因为公共文化设施承担的主要社会职能是保障公众基本书化权益,满足公众基本书化需求。正因为需要保障的权益和满足的需求是基本的,所以才要求公共文化服务是全覆盖的、均等化的;反过来说,正因为这种服务是全覆盖的、均等化的,所以服务的内容、范围和边界不可能是无限的,不可能满足所有个性化的需求。因此,免费提供的只能是"基本服务"①。

---

① 李国新. 公共图书馆"免费开放"的内容、范围与边界[J]. 图书馆,2011(6):
　　59－61.

什么是"基本服务",这是落实免费开放政策首先需要解决的问题。科学合理地界定基本服务的内容与范围,实际上是合理划分政府与市场作用的边界,是落实财政保障的前提。从整体上看,基本服务有两大特点:一是地域性,二是阶段性。所谓地域性,是说基本服务的内容不是全国整齐划一的,由于经济社会发展的不平衡,不同地域的人群享受的基本服务不完全相同;所谓阶段性,是说基本服务内容不是一成不变的,而是随经济社会发展水平的提高而不断完善。

文化部、财政部《关于推进全国美术馆、公共图书馆、文化馆(站)免费开放工作的意见》提出了公共图书馆、文化馆(站)基本服务的大致内容和范围,由于它是一个全国性的文件,所以其所做的规范一定是粗线条的。文件所说的"与自身职能相适应的公共文化服务项目",在不同的地区、不同的发展阶段,就会包含不完全相同的内容。比如,在经济社会发展水平较高的苏州,面向0—3岁婴幼儿赠送"阅读大礼包"的"悦读宝贝计划",可以成为苏州共图书馆的基本服务项目,而在经济社会发展水平还没有那么高的西部地区,类似项目显然还难以纳入基本服务范畴。

作为公共阅读设施而言,在落实免费开放政策时,首先需要立足本地现实,界定清楚自身目前阶段应该并且可以提供的基本服务项目是什么,进而测定免费开放需要多大数量、什么结构的经费保障力度。合理界定基本服务的内容、范围与边界,是落实免费开放政策最核心、最基础、最重要的工作。

6.1.2.2 基本服务保障经费实行中央财政和地方财政分担、以地方 为主的机制

免费开放政策明确了公共文化设施提供基本服务所需要的经费由政府予以保障落实,那么,作为保障落实责任主体的"政府"是哪一级政府? 现行政策是:实行中央财政和地方财政分担、以地方财政为主的机制。这一机制实际上是明确了向公众提供基本公共文化服务的责任主体是地方政府。换言之,提供基本公共文化服务,是地方政府的"事权责任",因此,地方财政要承担主要的"支付责任",中央财

政在这方面起辅助性的援助作用。这一机制也是国际上公共经费保障的通行机制。

目前免费开放政策确定的经费分担原则是:公共文化设施的人员、公用等基本支出经费由同级财政负担,开展基本服务项目的支出由中央和地方财政共同负担。通俗地讲,"养人的钱"由同级财政负担;"办事的钱"由中央财政和地方财政分担。为此,中央财政设立专项资金,重点对中西部地区地市级和县市级公共文化服务机构开展基本服务项目所需经费予以补助,具体标准是按照地市级文化馆和公共图书馆50万元、县市级文化馆和公共图书馆20万元,乡镇综合文化站5万元的标准,中央财政补助西部地区的80%,中部地区的50%,对东部地区则采用"以奖代补"的形式资助①。

中央财政针对公共文化设施免费开放的补助经费,正在逐年增加。如中央财政对全国博物馆和纪念馆免费开放的补助经费,2008年为12亿元,2009年20亿,2010年28亿。2011年中央财政对公共图书馆、文化馆(站)免费开放补助经费为18.22亿。中央财政免费开放补助经费在使用中体现出了如下导向性特点:第一,主要用于补助公共文化设施开展基本服务项目的支出;第二,补助的数量和方式,体现向中西部倾斜、向基层倾斜的原则;第三,补助标准不是"封顶标准",鼓励地方财政根据实际情况提高补助标准。

6.1.2.3 维护好公共文化设施的公益性质,限期收回出租设施

目前,我国公共文化设施还有被出租或挪作他用的现象。造成这种现象的根本原因,是长期以来公共文化设施经费保障不到位。2005年以来,已有多个中央文件反复强调要维护公共文化设施的公益性质,不得以拍卖、租赁等任何形式改变设施用途,已挪作他用的限期收回。

---

① 财政部教科文司副司长王家新在全国美术馆、公共图书馆、文化馆站免费开放工作新闻发布会上的发言[EB/OL]. (2011－02－18)[2013－04－25]. http://www.ccnt.gov.cn/hdjlnew2011/wszb_2869/.

免费开放政策出台，真正落实了公共文化设施基本服务经费的保障问题，为解决长期存在的馆舍出租问题创造了条件，提供了可能。当公共文化设施基本保障经费解决以后，出租或挪作他用的设施就应该无条件收回。限期收回出租设施，是公共资源回归公共的必然要求，也是免费开放政策要解决的突出矛盾和问题之一。

6.1.2.4 增强服务能力，提高服务质量，改善服务效益

免费开放不是"廉价"开放，免费开放不是低水平开放，以免费开放为动力，增强服务能力，提高服务质量，改善服务效益，这是公共文化设施在落实免费开放政策过程中必须着力解决的问题。这方面的主要要求包括：公共文化设施应把主要精力用于开展基本公共文化服务；公共文化设施实现规章制度健全，职责任务清晰，服务内容明确，保障机制完善；与公共文化设施自身职能相适应的服务项目健全，设施利用率明显提高，形成 2 个以上品牌服务项目或活动；逐步增加多样化服务，重点增加对未成年人、老年人、农民工等特殊人群的对象化服务。

6.2 公共阅读服务区域联动的实践与创新

6.2.1 国际典型案例

在美、英等国，除了公共图书馆提供规范的阅读服务、开展丰富的阅读活动以外，还有一些组织，包括公共图书馆在内，通过举办区域联动性质的阅读活动，营造阅读氛围，满足公众阅读需求。

6.2.1.1 美国"一城一书"

"一城一书"（One City，One Book），也称"一书一城"（One Book，One City），是一项区域性阅读活动的名称。活动的主要方式是在一个城市中，选出一本有代表性的书，通过举办读书会、讲座等各种类型活动，让在这个城市中的每个人都来阅读和讨论这本书。通过提倡社区公众共同阅读，让社区公众有共同讨论的话题；借着读书讨论的开展，

聚在同一个地点讨论书的内容,分享每个人的思想,促进相互之间的认识,从而使社区关系更和谐融洽①。

"一城一书"起源于美国西雅图公共图书馆南希·玻尔(Nancy Pearl)于1998年发起的一项阅读活动——"如果全西雅图人同读一本书"(If All Seattle Read the Same Book),活动目的在于通过阅读同一本书来提高公众的阅读兴趣,引起大家共鸣,增加社区认同。那次活动所选择的书是《意外的春天》(The Sweet Hereafter),活动得到了莱拉华勒斯读者文摘基金(Lila Wallace Reader's Digest Fund)及当地几个赞助商资助。同时,在1998年10月邀请到该书的作者罗素·班克斯(Russell Banks)到西雅图三天举办见面会和参与读书讨论会。该活动的举办,动员了西雅图各地图书馆和读书会全力推荐这本书,引起强烈反响,将整个西雅图变成了一个大读书会②。

后来在美国图书馆协会(American Library Association)的倡导下,"一城一书"阅读活动推广到全美各地,并逐渐延伸到加拿大、英国、法国、澳大利亚、荷兰、韩国、新加坡等世界各国的许多城市③。美国国会图书馆负责保存美国"一城一书"活动的开展情况,并建立"一书项目"(One Book Projects)主页,登记有根据州、城市、书的作者和书名来分类的活动记录,并有相关记录的网站链接以便公众查询使用④。

6.2.1.2 美国"大阅读"

美国"大阅读"(The Big Read)由美国国家人文艺术基金会于2006年发起,主要用于资助社区阅读活动。它以社区"共读一书"活

---

① 刘盈盈.阅读一书,共享思想——美国"一城一书"活动及其启示[J].图书馆杂志,2007(6):57-60,80.

② COLE J Y. One Book Projects grow in popularity[EB/OL].[2015-02-20]. http://www.loc.gov/loc/lcib/0601/cfb.html.

③ 吴蜀红."一城一书"阅读推广活动的考察分析[J].大学图书馆学报,2012(4):18-23.

④ One Book Projects[EB/OL].[2015-02-21]. http://www.read.gov/resources/.

动为基础,旨在激发公众对纯文学图书的热情①。

阅读活动举办形式可多种多样,如作者读书会、图书讨论会、艺术展览、演讲、电影观摩、音乐或舞会、戏剧表演、圆桌会等。凡是有意向举办社区阅读活动的非营利性组织、政府相关部门、公共图书馆,均可以向该基金会提交活动方案,申请资金赞助②。

为了保证"大阅读"社区阅读活动的顺利实施,基金会规定如果申办组织不是图书馆,则它须与当地公共图书馆联合举办。基金会提供的是种子资金,获得资助的单位需按照 1∶1 的比率筹措配套经费。按照基金会要求,申办的活动方案要确保阅读活动广泛覆盖当地社区及其合作机构所在地区的全体公众,特别是针对不爱阅读的读者,尤其是 18—24 岁年轻读者设计特别活动以吸引他们的参加。"大阅读"每年遴选具有多元文化吸引力的图书阅读推荐书目,还为申办机构提供官方网站、博客、项目运作培训、项目后期评估、常见问题回答等一系列支持服务③。

自 2007 年以来,"大阅读"一共资助了 1100 多项社区阅读活动,影响卓著④。

6.2.1.3　英国"阅读起跑线"

英国"阅读起跑线",是世界上第一个国家组织的专为学龄前儿童提供阅读指导服务的计划,计划以让每一个英国儿童都能够在早期阅读中受益,并享受阅读的乐趣为基本原则,培养他们对阅读的终身爱好⑤。

---

① 杨祖逵. 回归最本色的阅读[J]. 图书馆杂志,2007(1):17 – 18.

② Application process[EB/OL]. [2015 – 02 – 20]. http://www. neabigread. org/application_process. php.

③ 胡敏. 美国"大阅读计划"及对我国图书馆开展阅读推广的启示[J]. 图书馆, 2013(4):80 – 82.

④ About the Big Read[EB/OL]. [2015 – 02 – 20]. http://www. neabigread. org/about. php.

⑤ 陈永娴. 英国"阅读起跑线"(Bookstart)计划及意义[J]. 深图通讯,2006(4): 65 – 70.

它起源于 1992 年的伯明翰,由图书信托基金(Booktrust)发起,由伯明翰图书馆服务部(Birmingham Library Services)、南伯明翰卫生部门(South Birmingham Health Authority)和伯明翰大学教育学院(Birmingham University School of Education)共同参与①。

"阅读起跑线"的主要做法,是免费为 0—4 岁儿童发放与其年龄对应的阅读包(Bookstart Packs)并开展各种亲子互动的阅读活动,帮助家长掌握培养孩子养成良好阅读习惯的方法和技巧,鼓励家长与他们的孩子一起分享图书、故事和儿歌,鼓励他们到附近的图书馆借阅图书,并利用图书馆的其他资源。起初,该计划只是在小范围内开展一些试验项目,并且只针对国内贫困地区的儿童。1999—2000 年,由于主要赞助商塞恩斯伯里集团(Sainsbury's plc)的资助,计划的服务范围扩大至全英国。"阅读起跑线"赢得了各地方政府、社会团体和企业的关注,并吸引他们积极参与到计划中。至 2000 年 3 月,全英国已有92% 的地方政府加入,扩展为一个全国性的婴幼儿阅读指导计划。从2000 年开始,每年都会获得国家财政资助。与此同时,图书信托基金开始与童书出版商建立合作关系,从而大大地降低了阅读包的成本,能够提供的阅读包的数量出现了质的飞跃。2004 年 7 月,英国财政大臣宣布,"阅读起跑线"开始向全球范围内的适龄婴幼儿童提供免费的阅读包,从而推动该项计划发展成为全球最具有影响力的婴幼儿阅读推广计划②。2014 年 1 月,苏州图书馆"悦读宝贝"计划正式加入"阅读起跑线",成为中国内地第一家"阅读起跑线"成员馆,将得到对方信息引导、物品支持等③。

---

① Bookstart 1992: Piloting Bookstart and early research findings[EB/OL]. [2015 – 02 – 20]. http://www.bookstart.org.uk/about-us/history/.

② 王琳. 婴幼儿阅读推广策略研究——基于英国"阅读起跑线计划"案例[J]. 图书馆建设,2013(3):39 – 42,48.

③ 施晓平. 苏州图书馆迈进英国"阅读起跑线"[N]. 苏州日报,2014 – 01 – 22 (2).

6.2.2 国内实践创新

近些年来,特别是国家示范区创建以来,全国各地公共阅读服务屡有创新,区域联动实践屡有创新,涌现出了一批值得借鉴的新鲜案例,创新了服务,形成了亮点。

6.2.2.1 公共图书馆与公共图书馆的服务联动

同一行政区域内公共图书馆之间的馆际合作、联合咨询等,已经成为当代图书馆服务联动的基本做法。如上海中心图书馆体系、北京市公共图书馆计算机网络服务体系、杭州图书馆一证通等。在国家示范区创建进程中,还出现了不同行政区域内的公共图书馆服务一体化合作的案例。

南京市金陵图书馆是一个集学习阅读、信息交流、文化休闲等功能为一体的信息化、网络化、智能化的图书馆,是南京市知识信息枢纽和精神文明建设的重要设施;马鞍山市图书馆作为安徽省最大的地市级公共图书馆,是安徽省数字图书馆建设最主要的信息资源存储和信息服务中心,也是马鞍山市最大的信息资源中心①。2011 年,在两市文化主管部门积极推动下,马鞍山市图书馆和金陵图书馆开展一体化服务合作。这次合作是以数字化服务为手段,跨省跨行政区域进行文化交流与服务的一次创新。首次尝试的合作内容包括:相互接纳有异地阅读需求的对方读者为本馆的认证读者;相互开放网络资源,供双方研究型读者学习使用;建立南京市公共图书馆和马鞍山市公共图书馆的书刊联合目录查询系统,做到馆藏书目数据资源共知共享等②。

6.2.2.2 公共图书馆与高校图书馆的服务联动

同一区域内的公共图书馆与高校图书馆之间合作,除了最基本的

---

① 南京、马鞍山市图书馆将实现一体化合作[EB/OL].[2015 - 02 - 20]. http://mas. wenming. cn/whzc/whjs/201105/t20110516_177444. htm.

② (马鞍山)市图书馆与南京金陵图书馆签约合作[EB/OL].[2015 - 02 - 20]. http://www. massp. cn/col/1255506887953/2011/10/21/1319156578717. html.

资源共享、馆际互借之外，还可以有进一步的服务联动。

在国家第一批示范区创建中，青岛市开发区公共图书馆，就联合了区域内的6所高校图书馆，采取签订《联盟协议书》的方式，约定开放形式、服务标准、联合形式、资源共享事宜等，结成图书馆联盟，在联合目录、馆际互借、文献传递、参考咨询等方面开展合作和联合服务，延伸了公共图书馆的服务范围，提高了公共图书馆惠民服务水平[1]。常熟市图书馆，与常熟理工学院开展校地合作，成立常熟科技文化信息咨询中心、常熟地方文献阅览研究中心、常熟公共图书流转服务中心，以校地互动方式，推进高校与地方图书馆资源建设、读者服务、文化传承、学术研究等多方面的互联互通[2]。

6.2.2.3 公共图书馆与中小学校图书馆的服务联动

独立建制的少儿图书馆，是中国公共图书馆的重要组成部分。但是由于服务对象和服务时间的特殊性，常常造成课余时间和节假日人满为患、资源供不应求，平时门庭稀落、资源严重闲置的局面。少儿图书馆如何实现全覆盖，也一直是地方实践需要解决的难题。

在国家第一批示范区创建中，大连市针对市域内城乡中小学图书馆服务保障普遍比较薄弱的现状，打破文化系统与教育系统的重重壁垒，2012年市文广局、教育局、财政局联合下发了《大连市少儿图书资源全域共享建设实施方案》，确立以市少儿图书馆为总馆，以城乡学校为分馆，由总馆统一采购图书资源、分类编目，配送至各学校图书馆，并按时流转，实现少儿图书资源全域共享，实现公共图书馆系统和学校图书馆系统的整合，不断满足未成年人日益增长、日趋多元的阅读需求，有效解决了农村特别是偏远地区的少儿读书难问题[3]。截至

---

① 山东省青岛市第一批国家公共文化示范区集中评议汇报材料[EB/OL].[2015－02－25]. http://www.cpcss.org/_d276324053.htm.

② 江苏省苏州市第一批国家公共文化示范区集中评议汇报材料[EB/OL].[2015－02－25]. http://www.cpcss.org/_d276324041.htm.

③ 曲岩红.大连市少儿图书馆总分馆服务体系建设研究[J].图书馆，2014(2)：34－38.

2013年4月,已建成了65个少儿图书馆分馆,其中偏远涉农地区47个;总馆为各分馆送书55.4万册,持证读者3.6万人[1][2]。

6.2.2.4　公共图书馆与农家书屋的服务联动

在公共阅读服务体系中,除了公共图书馆系统之外,还有文化馆(站)、农家书屋、文化共享工程站点、公共电子阅读室等公共阅读设施,也提供图书阅览、数字阅读服务。示范区创建中,有的公共图书馆突破图书馆系统的界限,与其他公共阅读设施跨界合作,共同促进公共阅读服务体系的完善。[3]

宝鸡市实行公共图书馆"点线制"服务模式,以市图书馆为总馆,12个县(市、区)馆为分馆,吸收企事业单位和大专院校图书馆加盟,在社区、军营、学校、监狱等建立了128个外阅点,并将1713个农家书屋纳入体系,建成了以流动服务车为"线",馆点结合、遍及城乡的图书服务网络,实现了西部地区图书有限条件下的服务功能增量[4]。苏州市吴江区整合农村文化资源实行"四位一体"建设,即把乡村图书室、农家书屋、文化共享工程、党员现代远程教育中心整合成"四位一体"的农村公共信息服务中心,配以流动图书车定期服务,用一份成本提供多种信息服务,效果显著。仅图书外借这一项指标,2012年全区年

① 北国网—半岛晨报. 大连少儿图书馆建65所分馆方便全市孩子阅读[EB/OL].[2013 – 09 – 20]. http://ln. sina. com. cn/edu/news/2013 – 04 – 09/10576055. html.

② (马鞍山)市图书馆与南京金陵图书馆签约合作[EB/OL].[2015 – 02 – 20]. http://www. massp. cn/col/1255506887953/2011/10/21/1319156578717. html.

③ 王春燕. 市少儿图书馆建成65个分馆,其中农村47个[N/OL]. 大连晚报. 2013 – 04 – 09. http://dalian. runsky. com/2013-04/09/content_4633108. htm.

④ 陈碧红,等. 西部地区公共图书馆免费开放制度创新的路径选择——以宝鸡市公共图书馆免费开放制度创新探索为例[J]. 图书与情报,2013(3):31 – 35.

均增长幅度达 55%,其中乡村区域的图书外借年均增长幅度达 274%[1]。

6.2.2.5　公共图书馆与新华书店的服务联动

长期以来,公共图书馆已经形成了较为固定的业务模式与业务流程。图书馆把新华书店作为供应商,通过图书采购建立联系,是上下游关系。

2014 年 5 月,内蒙古图书馆开始实施"彩云服务计划",与新华书店合作,通过建立统一服务平台,把新华书店作为图书馆外借服务的延伸,读者在新华书店可以直接借阅新书,归还时作为馆藏图书入藏[2]。

内蒙古图书馆与新华书店的服务联动,颠覆了过去图书馆传统的资源建设与服务流程,打破了已延续百年、适用全球的"采访—分类—编目—典藏—流通—阅读"流程,把读者阅读置于流程最前端,成功实施公共图书馆服务"阅读—采访—分类—编目—典藏—再出借"的业务流程再造,新搭建的信息化服务平台,联通市民阅读、图书馆服务、书店销售、出版生产、作者创作诸多环节,形成以读者需求为导向的平台互通、信息互联、服务共享,实现新增可供借阅图书出借率达到100%,并带动人口读者持证率、读者到馆率等核心指标大幅上升[3]。

6.2.2.6　以"书香城市"建设为核心的公共阅读服务联动

2012 年 11 月,张家港市制定并颁布了《"书香城市"建设指标体系(试行)》[4],这是全国第一个正式出台的"书香城市"建设指标体系。

---

① 林理."四位一体"与"末端创新"——江苏吴江公共信息服务中心建设引人关注[N].中国文化报,2013 – 05 – 24(8).

② 杜洁芳.内蒙古图书馆与新华书店联手:读者选新书,图书馆买单[N].中国文化报,2014 – 05 – 16(8).

③ 巫志南.以科技创新推动现代公共文化服务体系建设[N].中国文化报,2015 – 02 – 06(8).

④ 杨芳,李国新.张家港市"书香城市"建设指标体系(试行)解析[M].南京:凤凰出版社,2013.

该体系包括阅读设施、阅读资源、阅读组织、阅读活动、阅读环境、阅读成效及保障条件7个一级指标，44个二级指标和87个三级指标，以及围绕该指标体系设置的各种相关配套性建设要求，与政府工程指标和公共文化设施建设指标相结合，涵盖广泛、体系完整，是国内首个以公共阅读服务为抓手，覆盖城乡的公共文化综合建设指标。

2014年4月，在充分借鉴张家港市建设实践基础上，苏州市制定并颁布《"书香苏州"建设指标体系》①，旨在进一步推动公共阅读活动体系化、系列化、持续化开展，从内容到形式，全面创新公共阅读服务，实现全民阅读活动的全民参与、常态化、可持续发展。该指标体系由7个一级指标、56个二级指标、82个三级指标构成，涵盖了公共阅读服务建设的硬件和软件，涉及了阅读活动的发起、组织、推广、参与、考核、反馈的全过程，构成了完整的体系结构。该指标体系还与苏州地方特色文化建设全面融合，将评弹书场、书院、书香公园、书香茶苑、特色书店等文化机构，和苏州地方文化精品出版物、"苏州记忆"资源等文化资源全面融入，实现地方文化的承继与公共阅读服务体系建设协调发展。

6.3 贫困地区公共阅读服务提供基本思路

6.3.1 完善公共阅读设施免费开放保障机制

自2011年公共图书馆等公共阅读设施实行免费开放以来，政策在落实过程中显露出一些苗头性问题，如："分而不担"，有的地方在中央财政补助经费到位后，地方财政的分担经费不落实，事实上形成免费开放保障经费"分而不担"的局面；"投入缩水"，有的地方以中央财

---

① 《"书香苏州"建设指标体系》发布 [EB/OL]. [2015 – 02 – 20]. http://www.suzhou. gov. cn/zt/2014reader/2014reader_toutiaolist/201405/t20140513_384779.shtml.

政有经费补助为由,减少或停止了本级财政经费投入,造成公共阅读设施经费投入事实上的"缩水";"降低标准",有的地方把目前设定的经费补助标准当作"封顶标准",有意无意地忽略了鼓励地方政府提高补助标准的导向;"投入梗阻",有的地方的公共阅读设施或者不能及时获得,或者根本没有获得来自中央财政的服务补助经费,中央财政补助经费在下拨过程中遇到了"梗阻",有截留或挪用的现象发生;等等①。贫困地区要研究解决现行的免费开放政策在实施过程中显露的矛盾和问题,使政策进一步完善。

另外,贫困地区公共阅读设施数量本身就很有限,公众享用机会不多,因此需要进一步扩大公共阅读设施免费开放的范围。比如由目前文化行政部门归口管理的博物馆、纪念馆、文化馆、公共图书馆、美术馆、乡镇综合文化站,扩展到其他系统管理的公共文化设施,如工会系统的工人文化宫、共青团系统的青少年宫、科协系统的科技馆、教育部系统的爱国主义教育示范基地等;比如鼓励其他国有文化单位、教育机构开展公益性阅读活动、开放公共阅读场所。让更多的设施和资源投入到公共阅读服务上来,进一步保障贫困地区公众的基本阅读权益。

6.3.2　优先服务留守儿童特殊群体

公众的社会阅读能力是一个国家强盛与稳定的根本,儿童的阅读是社会阅读的重要组成部分。有关的教育心理学研究表明,儿童早年的阅读行为对他们的阅读兴趣与阅读能力有着至关重要的影响;同时,儿童是人的心理和认识能力迅速发展的重要阶段,不仅需要良好的家庭教育和学校教育,也需要良好的社会公共空间。公共图书馆等公共阅读设施是一个没有门槛、紧邻社区的公共阅读空间,提供专业、

---

① 李国新.公共图书馆"免费开放"的内容、范围与边界[J].图书馆,2011(6):59-61.

便捷的阅读服务,将对儿童的全面发展起到重要作用①。

我国第三个"儿童发展纲要"——《中国儿童发展纲要(2011—2020)》,首次将"儿童优先原则"列入纲要,作为中国政府促进儿童发展的基本原则之一。所谓儿童优先原则,指的是在制定法律法规、政策规划和配置公共资源等方面优先考虑儿童的利益和需求②。

在我国,儿童事业发展还不平衡,特别是在集中连片特殊困难地区的4000万儿童,在健康和教育等方面的发展水平明显低于全国平均水平③。"儿童优先原则"是儿童权利的重要体现,包括公共图书馆在内的公共阅读设施,更应在其服务提供中充分体现该原则④。再加上贫困地区大量青壮年外出打工,很多儿童远离父母、留守家乡,家庭教育存在大量空白,对公共服务的需求更加迫切。

6.3.3 组织开展区域性阅读活动

公共图书馆等公共阅读设施提供阅读服务,并不意味着它能自动地对阅读困难人群产生帮助。对于缺乏阅读兴趣与阅读能力的人群,如果像对待普通读者一样,摆出一付平等服务的姿态,不介入读者的阅读行为,被动地等待阅读帮助请求再去服务,那么这些人群将永远无法跨越知识或信息鸿沟,无法通过阅读改变命运⑤。这就需要大力开展阅读推广服务,去引导、训练、帮助他们培养阅读兴趣,增强阅读

---

① 范并思,吕梅,胡海荣.公共图书馆未成年人服务[M].北京:北京师范大学出版社,2012:22-25.

② 中国儿童发展纲要(2011—2020)[EB/OL].[2015-02-20].http://www.gov.cn/gongbao/content/2011/content_1927200.htm.

③ 国务院办公厅关于印发国家贫困地区儿童发展规划(2014—2020年)的通知[EB/OL].[2015-02-20].http://www.gov.cn/zhengce/content/2015-01/15/content_9398.htm.

④ 范并思.图书馆服务中儿童权利原则研究[J].中国图书馆学报,2012(6):38-46.

⑤ 范并思.阅读推广的理论自觉[J].国家图书馆学刊,2014(6):3-8.

能力①。阅读推广服务一般以阅读活动的形态出现,通过生动有趣的阅读活动,引导他们感受阅读的魅力,享受阅读的乐趣,掌握阅读的能力,形成阅读的意愿。

贫困地区有着大量的留守妇女、儿童、老人,因各种因素造成阅读兴趣缺失、阅读能力不足,是典型的阅读困难人群。而在农村基层,又缺乏专业服务人才,阅读推广服务能力有限。因此,在贫困地区,县级图书馆应当组织开展全县域的区域性阅读活动,营造阅读氛围,开展阅读服务。对于暂时没有组织能力的县级图书馆,可以将活动交由专业性阅读组织,或依托地级、省级图书馆组织开展。

区域性阅读活动,应动员区域内各类各级公共阅读设施联动,强调面向区域内所有公众,激发他们参与热情,培育他们阅读兴趣,让阅读成为他们日常生活中的一部分。阅读活动形式也可多种多样,可以是常规的读书看报活动,也可以向讲故事、听讲座、朗诵、摄影、绘画、舞台表演等方面立体化发展。

6.3.4　培育壮大基层服务人才队伍

人才队伍是阅读服务提供的组织者和实施者,人才队伍的素养和能力决定了服务提供的质量和水平。2010 年,中宣部等六部委曾下达《关于加强地方县级和城乡基层文化队伍建设的若干意见》(中宣发〔2010〕14 号),号召各基层文化部门加强公共文化服务人才建设,适应加强新形势下基层宣传思想文化工作需要,进一步增强基层宣传文化队伍的创造力、凝聚力、战斗力。

由于多方面的原因,多年来贫困地区基层文化从业人员的来源复杂,缺乏一种准入机制。上岗之后,也大多缺乏系统、全面的业务工作培训,致使基层文化从业人员普遍存在专业素质不高、知识结构老化、实际工作能力不强等问题。

为了提升公共阅读服务工作人员服务能力和服务水平,贫困地区

---

① 范并思.阅读推广为什么[J].公共图书馆,2013(3):4.

可以县域为基本单位，建立全县公共阅读服务（可包含在公共文化服务之内）从业人员培训制度，实现持证上岗。具体包括几个方面：一是针对培训内容，多方聘请、挖掘培训教师，组合优化师资力量；二是统一培训教材，实现培训课程系统化；三是改进培训考核形式，在常规性的笔试外，可以增加实践操作环节的考核，将考试内容与实际工作内容紧密关联；四是逐步建立持证上岗制度，与人社部门合作，将人员培训记录录入专门数据库，作为人员上岗、晋升、奖励的参考依据，激励公共阅读服务从业人员主动参加、接受业务培训，形成良好的培训上岗制度。

7 组织方式:从多元合作到总分馆制

从本章开始,本书对公共阅读服务体系构建后的组织实施进行实质性研究。本章主要研究了服务体系的组织方式,从国际惯例到国内实践,并探讨了公共图书馆总分馆制在我国的形成历程与发展趋势,在此基础上提出贫困地区公共阅读服务体系总分馆制构建的基本思路。

7.1 国际惯例

公共图书馆是提供公共阅读服务的主要力量。由于服务半径有限,在一定区域内提供全覆盖的、普遍均等的图书馆服务,需要建立起布局合理、设施完善、功能齐全、服务方便的公共图书馆服务体系,才能使文献资源和阅读服务覆盖该区域所有人群,满足不同群体的精神文化需求。

在国际上,总分馆制是构成公共图书馆服务体系的主要模式。通常是由同一个建设主体资助、同一个主管机构管理的图书馆群,其中一个图书馆作为总馆,其他图书馆作为分馆,分馆接受总馆管理。因此,公共图书馆总分馆制是国际通行做法、是满足群众阅读需求的国际惯例。

美国、英国、日本、新加坡等发达国家和香港等地区都普遍实行总分馆制,具备以下基本特征:

(1)统一管理。总馆与分馆的人、财、物均由总馆统一管理,包括总馆和分馆在内的人员安排、资金分配、图书调配等由总馆直接统管,资金实行统一分配,人员则可根据实际需要相互调剂,图书资源可相互流动。

（2）统一采购、统一分编、统一配送。所有的图书资料采、分、编等工作由总馆统一负责,总馆根据分馆的实际需求,统一选购、著录和配送。

（3）统一平台。总分馆之间实行统一的技术平台,确保一卡通用与通借通还,业务上实行一体化管理,图书资料、数字信息资源实行共享互用。

（4）统一服务。总分馆实行统一的管理理念、服务理念、服务规范、服务模式。服务项目基本统一,各分馆可根据自身的条件和特点,有选择地推出自己有特色的服务项目。

7.2　国内模式

国内公共图书馆总分馆制建设,从 2000 年起开始逐步探索,到2006 年确立为国家文化发展政策,再到 2011 年在全国广泛实践,走过了十多个年头。由于中国幅原辽阔,东、中、西部地区的经济社会发展和自然条件差异很大,再加上现行公共图书馆是分级财政基础上的多元建设主体和多层管理体制,这就决定了中国图书馆总分馆制建设,不能照搬照抄欧美经验、不能以一种模式来框定各地因地制宜的创新发展。综合中国各地现有的公共图书馆总分馆制建设实践[1][2],已经初步形成了三种各具特色的建设模式。

---

① 邱冠华,于良芝,许晓霞.覆盖全社会的公共图书馆服务体系:模式、技术支撑与方案[M].北京:北京图书馆出版社,2008:53 - 62.

② 张娟,倪晓建.我国公共图书馆总分馆体系建设模式分析[J].图书与情报,2011(6):17 - 20.

7.2.1 多元投入、协同管理:松散型总分馆模式

"多元投入、协同管理"松散型总分馆模式,是在不改变原有行政隶属及人事、财政关系的情况下,通过行业合作,在不同建设主体保障的资源之间建立共享机制。总馆只在业务上对分馆进行指导和协调,包括文献资源的统一分编、统一服务平台建设和数字资源共享,实现图书的通借通还。分馆作为独立建制的图书馆,保持财产和人员的独立性。

这种模式通常由图书馆行业发起而不是政府主导,总馆只有业务管理权而没有行政管理权。该模式最具代表性的,主要有上海中心图书馆体系、北京市公共图书馆计算机网络服务体系、杭州图书馆一证通等。

7.2.2 多级投入、集中管理:集约型总分馆模式

"多级投入、集中管理"集约型总分馆模式,是在不改变原有行政隶属及人事、财政关系的情况下,总馆负责全区域内文献资源的采购、分编、加工,同时指导和协调读者服务工作;分馆专事各种读者服务工作;总分馆之间实行通借通还。在建设主体方面,一般由政府主导,由上级政府和下级政府共同出资,共同作为建设主体推行总分馆制建设。

这种模式实现了建设主体的部分上移,上级政府参与到分馆的建设中,发布相关文件并提供部分建设经费,总馆掌握部分人事和业务管理权。该模式最具代表性的,主要有东莞集群图书馆、嘉兴市城乡一体化总分馆体系、苏州总分馆模式等。

7.2.3 统一投入、统一管理:统一型总分馆模式

"统一投入、统一管理"统一型总分馆模式,突破了一级政府管理一个图书馆的传统体制,调整改革了原有行政隶属及人事、财政关系。总馆、分馆同属于一个建设主体,统筹投入,分馆是总馆的一个派出机

构，人、财、物由总馆统一规划、统一协调管理，文献资源由总馆统一采购、分编、加工和调配。分馆从事读者服务工作，工作人员由总馆统一派出，总分馆之间实行一卡通用、通借通还、文献检索和数字资源共建共享服务。

这种模式与国际通行做法比较一致，最具代表性的，主要有佛山禅城区联合图书馆、深圳福田区总分馆、信阳平桥区总分馆等。

中国各地总分馆建设模式，因地制宜、各具特色。有的通过行业合作创新，如松散型总分馆模式，绕过体制框架的制约；有的通过建设主体适当上移或统一，如集约型、统一型总分馆模式，解决了村（社区）图书室建设主体悬空、乡镇图书馆建设能力薄弱等问题；有的以地（市）图书馆为中心馆，整合下辖区域内的县（区）域图书馆总分馆体系，构成"中心馆—总分馆体系"，实现区域内文献资源的共建共享和图书馆服务的普遍均等。

7.3　公共图书馆总分馆制在中国的起源与发展

7.3.1　我国现行公共图书馆管理体制的由来

7.3.1.1　政策法规制定出台，明确政府建设并管理图书馆的责任

宪法是治国大纲，中国现行宪法是 1982 年通过颁行的宪法和四个修正案。在 1982 年的宪法条文中，明确写入"国家发展为人民服务、为社会主义服务的文学艺术事业、新闻广播电视事业、出版发行事业、图书馆博物馆文化馆和其他文化事业，开展群众性的文化活动"，并且，在 1988 年、1993 年、1999 年、2004 年四次宪法修正案中，该条文均得以全面保留。在宪法条款中写明国家发展图书馆事业，表明各级政府必须代表国家，有责任、有义务建设好、管理好图书馆。

1949 年以后，中国政府及有关职能部门多次制定和修订发展图书馆事业的专门政策、章程、条例、办法等。如 1955 年文化部发布的《关于加强和改进图书馆工作的指示》，1957 年国务院第 57 次会议批准通

过《全国图书协调方案》等。改革开放以来,内容涉及公共图书馆或专门为公共图书馆制定的各种法规、章程、文件主要有:1978 年五届人大一次会议通过的《政府工作报告》,对发展图书馆事业表述为"发展各类型的图书馆,组成为科学研究和大众服务的图书馆网";1978 年国家文物事业管理局发布《省(直辖市、自治区)图书馆工作条例》(试行草案);1980 年中共中央书记处第 23 次会议通过《图书馆工作汇报提纲》;1981 年国务院办公厅转发文化部、教育部、共青团中央《关于全国少年儿童图书馆工作座谈会的情况报告》;1982 年文化部重新修订颁布《省(自治区、市)图书馆工作条例》;1987 年中共中央宣传部、文化部、国家教委、中国科学院联合发布《关于改进和加强图书馆工作的报告》等。

其中,1982 年文化部重新修订的《省(自治区、市)图书馆工作条例》,是指导省级图书馆的政府规范性文件。它规定了省级图书馆的性质、方针和任务,指出省级图书馆是国家举办的综合性公共图书馆,是社会主义科学、教育、文化事业的重要组成部分,是向社会公众提供图书阅读和知识咨询服务的学术性机构,也是全省的藏书、图书目录、协作和协调及业务研究、交流的中心,负有对本地区公共图书馆的业务辅导任务,其主要对象是地(市)、县(区)图书馆。《省(自治区、市)图书馆工作条例》,原则上也适用于拥有百万册以上藏书的其他大型公共图书馆,也为地(市)、县(区)层级公共图书馆建设,提供了示范和指导。

从宪法到各类政策的相继出台,表明了在中国,图书馆建设是政府的责任。

7.3.1.2 "分灶吃饭"财政体制确立,形成"一级政府建设并管理一个图书馆"基本格局

1980 年 2 月,国务院颁发了《关于实行"划分收支、分级包干"财政体制的暂行规定》(以下简称《暂行规定》),决定从 1980 年起,国家对省、市、自治区实行"划分收支、分级包干"的财政管理体制,对中央政府和省级政府各级财政的权利和责任进行明确划分,实行形式各

异的财政包干体制,即所谓"分灶吃饭"的分级财政体制。

《暂行规定》的主要内容,是对中央和地方的财政收入进行分类,划分为固定收入、分成收入和调剂收入三类。财政支出按照企业事业单位的行政隶属关系进行划分,地方财政在划分的收支范围内多收多支、少收少支,自求平衡。其中,包括图书馆事业建设在内的地方文教卫生科学事业费,自然被列入地方财政开支之内。根据《暂行规定》,省、市、自治区对县、市实行什么财政管理体制,由省、市、自治区根据该规定的精神自行确定。在实际操作中,也就沿袭了中央财政和省级财政的划分原则与方法。由此,各级政府"分灶吃饭"的分级财政体制,得以基本确立。此后,虽然该《暂行规定》在1986年被废除,但"分灶吃饭"的分级财政体制的基本理念与基本做法,被保留并巩固下来。例如,在2003年由国务院颁布的《公共文化体育设施条例》中,就明确规定了由各级政府举办的包括公共图书馆在内的公共文化体育设施的建设、维修、管理资金,应当列入本级政府基本建设投资计划和财政预算之中。

在20世纪80、90年代,中国刚刚实行改革开放,百废待兴,各方面建设都需要大量资金,由于经济实力有限,势必影响到对图书馆事业方面的投入。因此,各级政府一方面履行宪法及相关政策规定的应尽责任,举办图书馆满足公众阅读需求;另一方面,总是想方设法抽调更多资金投入到更迫切需要发展的项目中去。因此,虽然从未有过明文规定,但是一级政府建设并管理一个图书馆的做法,在中国各地成了不约而同的"最佳选择",既履行了职责,又最大限度节约资金投入。因此,经过多年的发展,在中国事实上就逐步造就了"一级政府建设并管理一个图书馆"的基本格局。

7.3.2　图书馆服务联合与合作,催生"总馆""分馆"雏形

随着经济实力提升、政府向服务型转型,满足公众日益增长的阅读需求开始摆上地方政府的议事日程。再加上21世纪前后,恰逢现

代图书馆基本理念在中国完成重建①,唤醒了图书馆人的职业精神,公共图书馆总分馆制建设开始在中国经济发达地区率先崛起。图书馆总分馆制实施之后,带来了服务效益的迅速提升和公众满意度的不断提高,反过来又坚定了地方政府进一步推广总分馆制的决心和力度。地方实践经验,很快被吸收转化为国家文化发展方针政策,又面向全国普及推广。

2000 年 11 月,上海市委、市政府、市委宣传部做出重要指示,要求上海图书馆打破行业壁垒,开展"上海市中心图书馆"工程建设,进一步扩大上海图书馆的服务功能,辐射到全市高校和各区县图书馆。12月,该工程正式启动,在不改变各参与图书馆的行政隶属、人事和财政关系的情况下,"上海市中心图书馆"以上海图书馆为总馆,以其他区县图书馆、高校图书馆以及专业图书馆等为分馆,以全市一卡异地通借通还(简称"一卡通")作为中心图书馆业务发展的着力点,开始实现总馆与分馆之间的文献资源和信息服务的共建共享②。2003 年 3月文化部在上海召开"部分省市城市图书馆资源共建共享工作座谈会",时任文化部副部长周和平对上海市中心图书馆总分馆建设实践给予了肯定。该会议的召开有力地推动了中心图书馆的建设和发展。

2002 年 7 月,北京市通过《北京市图书馆条例》,明确要求"本市各级人民政府投资兴建的公共图书馆,学校图书馆、科学研究机构图书馆应当参加以首都图书馆为信息网络中心的图书馆网络建设",从而为北京市公共图书馆总分馆建设提供了法律依据。此后,北京市启动了"北京市公共图书馆计算机信息服务网络"和"一卡通"工程建设,并在此基础上构建以首都图书馆为中心、以区县为分中心、以街道(乡镇)图书馆为基层馆的公共图书馆服务网络。首都图书馆作为

---

① 金武刚. 试论新世纪以来我国现代图书馆基本理念的重建——基于五大主题领域研究态势的实证分析[J]. 图书与情报,2012(3):40 – 47.

② 王世伟. 上海市中心图书馆的十年发展与未来愿景[J]. 图书馆杂志,2011(1):47 – 52.

服务网络的一级馆,承担网络中心馆的作用;区县馆作为服务网络的二级馆,也是各区县公共图书馆群的总馆;街道(乡镇)图书馆等基层图书馆则只充当服务终端,向公众免费开放①。

7.3.3 图书馆管理体制创新,开启总分馆制建设先河

2002年佛山市行政区划调整之后,禅城区图书馆服务面积扩大到原来的3倍、服务人口增加近5倍,迫切需要扩大图书馆规模和服务面积以满足公众的阅读需要。9月,佛山市禅城区图书馆提出建设"禅城区联合图书馆"的规划和设想,即在禅城区建成1个总馆、6—8个布局合理的分馆,形成小型图书馆群,达到每10万常住人口拥有一座公共图书馆。运行模式采取总分馆制,"多方投资、统一管理"。"多方投资"是指以区、街道、社区财政共同投入,以区财政为主导,引导鼓励社会力量投入。"统一管理"是指所有分馆使用统一的技术平台和资源,提供一致的服务模式;管理人员统一由总馆派出;运作经费由总馆集中控制使用;分馆统一装修风格、统一标识;分馆名称统一命名,即"禅城区联合图书馆——××分馆"。这一规划和设想,立即得到地方政府的支持。2003年5月第一家分馆挂牌成立,2005年6月第二家分馆建成开放②。中国图书馆总分馆制建设,在佛山禅城区率先落地生根。

由于历史原因,深圳福田区图书馆起步较晚,2001年试开馆,2002年正式对公众开放。由于地处区委大院,福田区图书馆的服务辐射能力十分有限。2003年4月,福田区准备创建文化先进区,图书馆达标是必备条件之一。为此,福田区图书馆提出了图书馆建设新思路——总分馆制,即以改革与创新现行的图书馆体制为核心,以区图书馆为

① 倪晓建.面向普遍均等服务的公共图书馆管理体制探析——以北京市公共图书馆为例[J].图书情报工作 2011(1):47-50.

② 屈义华.公共图书馆服务创新——佛山市禅城区"联合图书馆"的实践与思考[J].图书馆论坛,2005(12):305-307.

中心,整合新建街道、社区图书馆(室),使区、街道、社区的图书馆连为一体,形成以区图书馆为总馆,街道、社区图书馆为分馆的公共图书馆网络。总分馆实行"统一拨款、统一采购、统一编目、统一配置、统一管理",即总分馆资金由区财政统一拨付;文献由总馆统一采购、集中分编加工并按需要统一分配至各分馆;分馆业务工作由总馆统一管理;实现总分馆基础设施标准化、文献资源共享化、服务系统网络化。这一"总分馆制"设想得到了区委区政府的充分肯定和大力支持,2003年成为福田区图书馆总分馆制建设启动年,区财政投入540万元,共建成8个街道图书馆和23个社区图书馆,馆藏量达到26万册,成为福田区创建文化先进区的一大亮点。2006年8月,福田区政府颁布《深圳市福田区公共图书馆管理办法》,正式确立总分馆制发展模式,自此福田区公共图书馆事业的发展跳出了多头建设、独立运作、分散服务的传统模式,总分馆管理机制也渐趋成熟①-③。

7.3.4 行业协会积极组织研讨,普及总分馆制建设理念

2005年以来,中国图书学会组织了一系列理论研讨和经验交流,推动总分馆制建设的理念普及和实践进展。2005年8月,中国科协年会在新疆维吾尔自治区乌鲁木齐市举行,中国图书馆学会举办了以基层图书馆生存和发展为研讨主题的分会场,研讨过程中提出的问题引发了《中国青年报》等国内外媒体乃至中央有关领导的关注④。同年10月,中国图书馆学会在河南林州举办首届"百县馆长论坛",通过了

---

① 林蓝.城市区级图书馆发展的创新之路——福田区图书馆总分馆建设的实践[J].深图通讯,2004(2):32-34.

② 林蓝.公共图书馆服务体制机制创新——以深圳市福田区为例[J].人民论坛,2011(20):250-251.

③ 林金华,彭海霞."总分馆制"开图书馆建设模式之先河——深圳市福田区图书馆"总分馆制"建设纪实[N].中国文化报,2012-11-27(12).

④ 卓连营.关注县级图书馆[M]//李国新.中国图书馆年鉴2006.北京:现代出版社,2007:43.

《林州共识》①。应该说,这些工作为日后总分馆的专项研究奠定了良好的理论基础和现实基础。此后,中国图书馆学会在 2006 年和 2007 年两年的"新年峰会"上专门研讨了构建公共文化服务体系及总分馆建设的议题,并且设立了学会的专项资助项目"图书馆服务网络构建研究",后形成专著《覆盖全社会的公共图书馆服务体系:模式、技术支撑与方案》公开出版②。此后,由中国图书馆学会组织召开的"2007 中国图书馆学会年会"及常熟第二届"百县馆长论坛"的主旨报告、2008 年初的"新年峰会"的核心议题,都是构建公共图书馆服务体系和总分馆建设。总分馆制建设理念在研讨中成为热点,并得到有效传播。

特别是 2008 年 4 月,在中国图书馆学会、嘉兴市人民政府共同主办的"构建公共图书馆服务体系嘉兴论坛"上,来自各省、市、区县图书馆的代表,围绕"总分馆模式的实践与思考"这一主题,先后介绍了各自实施总分馆制的经验和做法。同时,业界专家对各个模式逐一进行了精到的分析与点评,旨在通过汇集集体的力量,使中国公共图书馆服务体系步入科学发展轨道③。会后,图书馆总分馆建设的"嘉兴模式""苏州模式""禅城模式"等,在图书馆界得以广泛传播,成为各地学习实践的典型。2009 年 4 月,文化部在嘉兴召开"全国农村图书馆服务网络建设工作经验交流会",来自全国各省市的文化部门负责人及公共图书馆长相聚一堂,就如何解决农村群众看书难的问题进行了深入探讨,公共图书馆总分馆嘉兴模式等,再次得以广泛传播。

中国图书馆学会连续五年实施的"志愿者行动",对总分馆制建设理念的普及推广发挥了重要作用。从 2006 年开始,中国图书馆学会面向全国各省基层图书馆,组织开展了"全国图书馆志愿者行动——

---

① 刘忠平. 中国图书馆学会首届"百县馆长论坛"综述[J]. 图书馆,2006(1):53 – 54.

② 邱冠华,于良芝,许晓霞. 覆盖全社会的公共图书馆服务体系:模式、技术支撑与方案[M]. 北京:北京图书馆出版社,2008.

③ 我国图书馆总分馆模式的实践与思考——来自"构建公共图书馆服务体系嘉兴论坛"的声音[N]. 中国文化报,2008 – 05 – 10(2).

基层图书馆馆长培训"活动。志愿者由著名专家学者及优秀馆长领衔组成,以志愿方式在全国各地轮流开展基层图书馆馆长培训活动,旨在"培养出一批深刻理解和谐社会的内涵、深刻理解现代图书馆理念和实现方式、有一定专业水平和管理能力的职业图书馆馆长"[1]。2006—2010年,"志愿者行动"走遍了全国26个省、市、自治区,培训基层图书馆馆长近3000名,志愿服务时间累计5500小时以上[2]。"志愿者行动"直至2012年7月才正式宣告结束[3],曾先后获得国家图书馆馆长特别奖、文化部"创新奖"、美国图书馆协会主席创新奖。图书馆总分馆制建设理念,作为现代图书馆服务基本理念,在"志愿者行动"基层馆长培训中得以普及推广。"志愿者行动",堪称一次全面、系统的公共图书馆总分馆理念与实务的培训。

7.3.5 国家文化发展规划及相关标准出台,奠定总分馆制建设基础

2006年9月,中共中央办公厅、国务院办公厅印发了《国家"十一五"时期文化发展规划纲要》以下简称《纲要》,这是中国第一个专门部署文化建设的中长期规划。《纲要》从经济社会发展的全局出发,对未来文化发展的指导思想、方针原则、目标任务做出了全面阐述,以浓墨重彩描绘我国文化事业未来发展的壮丽画卷。《纲要》明确提出:"县(市)图书馆逐步实行分馆制,丰富藏书量,形成统一采购、统一编

---

① 杨玉麟.关注基层图书馆建设、提高基层图书馆馆长素质的有效措施——2006中国图书馆学会基层图书馆馆长培训志愿者行动纪实[M]//中国图书馆学会,国家图书馆.中国图书馆年鉴2007.北京:国家图书馆出版社,2009:79-85.

② 李国新在2010年志愿者行动——内蒙古自治区公共图书馆培训班闭幕仪式上的讲话[EB/OL].[2014-02-10].http://www.lsc.org.cn/c/cn/news/2010-08/19/news_4948.html.

③ 胡京波.全国图书馆志愿者行动——基层图书馆馆长培训圆满结束[M]//中国图书馆学会,国家图书馆.中国图书馆年鉴2012.北京:国家图书馆出版社,2013:343.

目的图书配送体系,充分发挥县图书馆对乡镇、村图书室的辐射作用,促进县、乡图书文献共享。"这是首次在国家文化发展大政方针中,明确了图书馆的发展方向,即总分馆制,并要求在全国普及推广。

2008年4月,住房和城乡建设部、国土资源部、文化部发布《公共图书馆建设用地指标》(建标〔2008〕74号),自2008年6月1日起正式施行;8月,住房和城乡建设部、国家发展和改革委员会、文化部发布《公共图书馆建设标准》(建标〔2008〕150号),自2008年11月1日起正式施行。这两大标准不是建筑设计标准,不是工程技术标准,也不是项目施工标准,而是属于政府规范性文件,主要是服务于政府决策,为各级政府审批有关公共图书馆工程项目、确定投资规模提供基本依据,是政府实施宏观调控的手段①。这两大标准突破了以往单纯依据行政级别确定公共图书馆建设规模的做法,建立了主要依据服务人口确定建设规模的原则,首次提出了公共图书馆的网点布局原则和服务半径指标。其意义在于推动了中国公共图书馆的设置由"一级政府建设并管理一个图书馆"向构建"全覆盖"的公共图书馆服务体系转变,推动了中国公共图书馆的设置原则、网点布局与国际通行做法接轨,从而为图书馆总分馆制的建设推广奠定了设施基础。

2011年12月,国家质量监督检验检疫总局、国家标准化管理委员会批准发布了《公共图书馆服务规范》(GB/T 28220—2011),自2012年5月1日起正式实施。该规范作为国家标准,填补了中国图书馆规范体系中服务类标准规范的空白,是文化行政部门推进图书馆事业发展的指南,也是各级公共图书馆立馆的纲领②。在这一国家标准中,明确要求:"公共图书馆应在政府主导、多级投入、集中分层管理、资源共

---

① 李国新.公共图书馆"用地"与"建设"标准的性质、作用和特点[J].中国图书馆学报,2009(1):4-10.

② 王世伟.关于《公共图书馆服务规范》编制的若干问题[J].中国图书馆学报,2011(3):25-36.

享的原则下,建立普遍均等的公共图书馆服务体系,因地制宜地开展形式多样的总分馆服务,形成统一的机构标识,统一的业务规范,建立便捷的通借通还文献分拣传递物流体系,提升同一地区公共图书馆系统的整体形象和服务能力。"自此以后,总分馆制已经成为中国公共图书馆建设与服务的"标准配置"。

7.3.6 国家示范区创建启动,推动总分馆制繁荣发展

2011年年初,文化部、财政部联合启动了"国家公共文化服务体系示范区(项目)创建工作",计划用6年时间分3个创建周期,以地级市为单位,在全国东、中、西部创建90个左右的示范区,覆盖、带动全国1/3以上的市县,以此为抓手,整体推动全国公共文化服务体系建设①。党的十七届六中全会和《国家"十二五"时期文化改革发展规划纲要》要求"推进国家公共文化服务体系示范区创建",表明该项工作已经由部门行为上升至国家战略。

文化部、财政部制定了分东、中、西部的示范区创建标准,获得示范区创建资格的城市在两年的创建周期内应全面达到创建标准设定的指标,以体现公共文化服务体系建设水平的整体提升。在示范区创建标准中,明确包括了图书馆总分馆制建设指标。2011年制定的《第一批国家公共文化服务体系示范区创建标准》的《东部标准》,要求"市、县图书馆建立统一采购、统一编目、统一配送的总分馆制,实现通借通还";《中部标准》,要求"市、县图书馆建立总分馆制等多种模式的服务体系"②。在2013年制定的《第二批国家公共文化服务体系示范区创建标准》中,《东部标准》和《中部标准》统一表述为"市、县图书

---

① 白雪华.国家公共文化服务体系示范区(项目)创建工作概述[R]//于群,李国新.中国公共文化服务发展报告(2012).北京:社会科学文献出版社,2012:203-215.

② 文化部.第一批国家公共文化服务体系示范区创建标准(东部)[EB/OL].[2014-01-25]. http://www. mcprc. gov. cn/preview/special/shifanyuan/zhengce/201307/t20130723_277784. html.

馆以总分馆等多种形式形成服务体系,实现通借通还"①。

总分馆制建设纳入示范区创建标准,极大地推动了创建城市的图书馆总分馆建设实践②。从 2013 年底第一批 31 个示范区创建城市验收评审结果来看,东、中部 20 个城市(如苏州、东莞、宁波鄞州区、厦门、长沙等)以及西部 3 个城市(成都、重庆渝中区、宝鸡)③,均建立起了多种模式的总分馆制。

另外,在第一批确立的示范项目创建中,共有 8 个公共图书馆项目,其中 4 个直接与总分馆制相关。它们分别是"嘉兴市城乡一体化公共图书馆服务体系建设""重庆大渡口区文化馆和图书馆总分馆制""铜川市公共图书馆服务一体化建设""克拉玛依市图书馆联建、共享一体化服务体系"④。

2013 年,文化部又确立了第二批国家公共文化服务体系示范区(项目)创建城市⑤。在示范区创建城市中,按照创建标准必须建设图书馆总分馆制的东、中部又有 20 个城市。在示范项目创建中,直接与图书馆总分馆制相关的,也有 4 个,分别是"信阳市平桥关爱留

---

① 文化部.国家公共文化服务体系示范区(项目)创建工作领导小组办公室关于开展第二批国家公共文化服务体系示范区(项目)创建工作的通知[EB/OL].[2014 - 01 - 25]. http://www. mcprc. gov. cn/sjzz/shwhs_sjzz/shwhs_ggwhf-wtxjs/201303/t20130314_353266. htm.

② 金武刚.示范区创建与公共图书馆进展[J].图书馆,2014(1):1 - 7.

③ 文化部.国家公共文化服务体系示范区(项目)创建工作领导小组关于公布第一批国家公共文化服务体系示范区(项目)名单的通知[EB/OL].[2014 - 01 - 25]. http://www. mcprc. gov. cn/sjzz/shwhs_sjzz/shwhs_ggwhfwtxjs/201311/t20131111_423498. htm.

④ 李国新.示范区(项目)创建与公共图书馆发展[J].中国图书馆学报,2012(3):4 - 11.

⑤ 文化部.国家公共文化服务体系示范区(项目)创建工作领导小组办公室关于公示第二批国家公共文化服务体系示范区(项目)创建资格评审结果的通知[EB/OL].[2014 - 02 - 10]. http://59. 252. 212. 6/auto255/201310/t20131008_30254. html.

守儿童:农村公共图书馆一体化建设""重庆南岸区社区图书馆标准化服务""西藏昌都地区公共图书馆服务拓展与创新""新疆巴音郭楞蒙古自治州'幸福家园·特阅服务'公共图书阅览及文化信息共享工程"。

可见,在公共文化服务体系示范区(项目)创建工作的示范推动下,公共图书馆总分馆制建设在中国全面兴起,开始走向繁荣发展的崭新阶段。

7.4 我国公共图书馆总分馆制建设的未来趋势

认真分析总结十多年来的总分馆制建设实践经验与教训,也可以为未来发展指明方向、提供努力目标。展望未来,中国公共图书馆总分馆制建设,在公共阅读资源整合、流动服务体系构建、乡村分馆队伍管理、少儿馆总分馆制探索、政府主导制度保障等方面,将会得到进一步的拓展和提升。

7.4.1 公共阅读资源整合

随着农村公共文化服务体系建设力度不断加大,公共图书馆服务体系日益健全,在总分馆制建设的指引下,农村公共图书馆建设重心,开始由县级图书馆向乡村延伸。但在中国农村基层还同时存在着农家书屋、文化共享工程基层点等提供公共阅读服务的机构(设施),这就遇到了农村公共图书馆服务体系与农家书屋等并存、重复投入的问题。因此,以总分馆为基础,统筹农村公共阅读服务体系建设,将成为未来发展趋势①。

苏州市吴江区自 2010 年起,在已经建成的图书馆总分馆制服务

---

① 金武刚.农家书屋与农村公共图书馆服务体系融合发展探析[J].中国图书馆学报,2014(1):84-92.

体系基础上,将农家书屋、文化共享工程基层服务点、党员现代远程教育中心和乡村图书室资源整合在一起,设立"四位一体"的"农村公共信息服务中心",以一份成本提供多种服务。原来各渠道下达的资金、资源等,由市政府直接下达到市图书馆(总馆),由市图书馆统一调配[1][2]。2012 年在全市全面铺开后,服务效果显著。仅图书外借这项指标,全市实施后比实施前年均增长幅度达 55% ,其中乡村图书外借年均增长幅度达 274%[3]。

7.4.2 流动服务体系构建

在中国欠发达地区,特别是的中、西部农村地区,受经济实力所限,普遍存在着公共阅读资源购买不足的问题。如果在一定的区域范围内,通过统一或协调分工采购图书资源,然后再在不同的图书馆之间进行流转,这样就可在资源采购的资金总量不变情况下,实现快速提高单一图书馆可利用图书资源总量。因此,依托总分馆体制,建设流动服务体系,实现图书流转的有序化、常态化,从而以资源的流动弥补资源规模和结构的不足,将成为未来发展趋势。

2013 年 7 月,安徽省试行农村公共图书服务一体化建设,建立了以县级公共图书馆为总馆、乡镇综合文化站为分馆、村农家书屋为服务点的县域图书资源建设、流通、服务网络。图书业务管理集中于总馆,由总馆负责全县图书文献的采购、编目、分类、标引、加工,并配送到乡镇分馆,同时指导和协调读者服务;乡镇分馆负责本乡镇各村之间的图书流转、交换,并做好分馆的日常管理维护和读

① 潘丽敏.吴江市整合农村信息服务资源的探索与展望[J].图书与情报,2011(3):91-93.

② 杨阳."四位一体"格局下农村公共文化资源整合初探[J].上海文化,2013(6):39-44.

③ 林理."四位一体"与"末端创新"——江苏吴江公共信息服务中心建设引人关注[N].中国文化报,2013-05-24(8).

者借阅、文献服务；村农家书屋负责做好书屋日常管理维护和读者借阅服务①。

7.4.3　乡村分馆队伍建设

在总分馆制中，基层分馆是基础，直接面向公众提供服务。基层分馆工作人员作为分馆正常运行的基础力量和重要支撑，与公众距离最近，与公众打交道最多。因此，他们专业素质的高低、服务能力的强弱，直接决定了图书馆服务体系整体的服务质量和水平。但是由于基层分馆的岗位、待遇、上升空间有限，难以吸引有能力的专业人员长期坚持，因此基层队伍的稳定常常令人头疼。因此，依托总分馆制，适当提高人员的管理层级，破解基层分馆工作人员的专业性与稳定性问题，将成为未来发展趋势。

浙江省海宁市图书馆在推进公共图书馆城乡一体化发展过程中，建议地方政府发挥统一协调职责，建立整体推进的公共图书馆专业工作系统：图书馆专业人员编制和业务装备由地方政府统一核定，由公共文化开支集中投入配备；乡村分馆的专业人员配置及其所有业务活动由总馆实行专业化集中管理，明确阶段性目标和分馆的日常任务，并以相应的资源保障确保总分馆体系顺利运行②。这种依托总分馆制，可以提升基层分馆工作人的管理层级，纳入总馆统一管理，通过委派至分馆任职的方式，可以有效稳定基层队伍。

---

① 安徽省文化厅. 我省启动农村公共图书服务一体化建设试点工作［EB/OL］.［2013 – 09 – 01］. http://www. ahwh. gov. cn/xwzx/whyw/22992. SHT-ML.

② 王丽霞. 统筹城乡背景下的区域公共图书馆事业协调发展——以海宁市城乡公共图书馆发展情况为例［J］. 图书馆杂志,2010(12):37 – 39.

7.5　贫困地区公共阅读服务总分馆制组织方式构建基本思路

贫困地区多为老少边山库区，基础条件差，地方财政能力弱，特别是在广大农村基层，人员流动分散、地广人稀、交通不便，普遍建立固定的公共阅读设施不适宜、不经济，按目前实际，最适合建立以固定设施和流动设施相结合的公共阅读服务总分馆制组织方式来解决群众"读书看报难"问题，让他们就近获取普遍均等的公共阅读服务。

7.5.1　基本模式

以县域为基本单元合理控制总分馆制规模，以县级图书馆为总馆，以乡镇文化站为分馆，以村级（社区）文化室（农家书屋）为流动服务点，建立图书馆总分馆体系，在县域层面统筹使用农村文化经费专项，让资源与服务流动起来，着重解决乡村公共阅读服务体系问题。

总馆、分馆和流动服务点是一个统一整体，共同构成一个图书馆总分馆制网络，其图书业务管理集中于总馆，由总馆实施统一采购、统一编目、统一配送的管理模式。

7.5.2　职能划分

总馆职能，主要包括：负责全县图书文献的采购、编目、分类、标引、加工；负责图书文献配送到乡镇分馆；负责全县数字资源建设与服务工作；负责指导和协调读者服务工作；负责从业人员的培训指导工作；做好本馆的公共阅读活动、图书馆借阅等阵地服务工作。

乡镇分馆职能，主要包括：负责本分馆的公共阅读活动、图书借阅等阵地服务工作；负责本分馆正常运行的日常管理维护工作；负责本乡镇各村之间的图书流转、交换工作；负责本区域内群众需求反馈、评价工作。

村图书流动服务点职能,主要包括:负责本服务点的按时开放工作;负责本服务点的图书借阅服务等工作;负责本服务点的图书文献的日常管理维护、交换等工作;负责本区域内群众需求反馈、评价工作。

7.5.3　图书文献交换机制

图书文献定期流动交换。县总馆与各乡镇分馆之间图书每3个月流动配送1次,每次不少于5000册。乡镇分馆可将辖区内每4.5个村流动服务点作为一个图书流转交换组,每1个月流转、交换一次,每次不少于500册。图书文献的交换流动工作,由县图书流动车或购买社会力量承担。

7.5.4　基层队伍统筹建设

为适应以县域为基本单元的公共阅读服务总分馆制建设,在服务体系内建立"县聘县管、乡村使用"的乡村公共阅读服务基层队伍,通过适度提高人员管理层级、建立聘用相对分离机制,实现县级文化部门对城乡公共阅读服务队伍建设的统筹,从而保障公共阅读总分馆制的正常运行。

所谓县聘,就是由县级人事部门和文化部门建立从业人员业培训、持证上岗制度,负责基层服务人员的评聘审批。所谓县管,就是由县文化部门对基层服务人员进行"统一培训、统一考核、统一管理"。所谓乡村使用,就是基层服务人员属于县级文化部门派出聘任人员,乡、村只有使用权,没有管理权,从而确保基层服务人员专岗专用。

8 实施单元:以县域为基本单位推进贫困地区公共阅读体系建设

国家针对贫困地区的扶贫开发工作,是以县域为基本单位加以重点支持的。前文多处也提及以县域为基本单位的建设思路。本章在此处详细论述了以县域为基本单位组织实施公共阅读服务体系的理由与依据,以及相关要点。

8.1 时代发展背景

经过多年的发展,我国公共阅读服务体系建设取得了长足进展,公共财政投入大幅度增长,覆盖城乡的公共阅读设施网络初步建立,城乡基层公共阅读资源不断丰富,服务能力不断提高,公共阅读服务体系呈现蓬勃发展的良好态势。

但是,由于我国仍处于社会主义初级阶段的基本国情没有根本改变,社会的基本矛盾仍然是落后的社会生产力与公众日益增长的物质文化需求之间的矛盾没有根本改变,我们的文化建设同经济社会各项事业一样,城乡之间、区域之间的发展很不平衡,统筹城乡均衡发展的任务还相当艰巨。公共阅读服务体系建设总体水平不高,投入总量不足、投入结构不合理,广大农村和中西部地区发展相对滞后,特别是贫困地区县级公共阅读服务体系建设基础薄弱,乡村阅读设施相对落后、财政保障机制不健全、基本供给不足问题十分突出[1]。从现实情况

---

① 蔡武.序言[R].//于群,李国新.中国公共文化服务发展报告(2012).北京:社会科学文献出版社,2012:1-3.

看,文化建设的重点在基层,难点在基层,薄弱环节也在基层①。

2013 年年初,文化部发布《"十二五"时期公共文化服务体系建设实施纲要》,明确提出了包括公共阅读服务体系在内的公共文化服务体系建设"保基本、强基层、建机制、重实效"的基本思路,要求努力实现"广覆盖、高效能"。由此可见,公共阅读服务体系建设重心在基层、着力点在基层,必须深入贯彻落实科学发展观、统筹城乡均衡发展,改善文化民生、推进社会主义新农村建设。

根据中国国情,"县"是农村经济、政治、文化发展的区域性中心,具体管理着全国的农民。县级政府直接面向农村,向广大农民提供基本公共服务,是城乡统筹发展的重要力量,是我国经济发展和社会治理的重要基础。也就是说,中央和省面向全国、全省城乡所做出的宏观决策,都要经由县级政府具体转化为面向农民、农村和农业为主的政策,并通过乡镇的有效领导和监督贯彻下去②。因此,建立在县域基础上的公共阅读服务体系,涵盖县、乡镇、村,"麻雀虽小,五脏俱全",具有系统性和完整性,是我国文化建设的基础和重要组成部分,是实现文化建设面向农村、面向基层的关键环节③。

8.2 县域公共阅读服务体系的内涵

县是我国农村经济、政治、文化生活的区域性枢纽,县级政府是我国行政体制的基层枢纽,是地方政府管理的重要环节。我国的法律赋予县级政府的职权十分宽泛,除国防、外交和宏观经济调控等职能外,

---

① 杨志今.加强公共文化服务体系建设,努力满足人民群众的精神文化需求[N].中国文化报.2012 – 12 – 26:1.

② 朱光磊.当代中国政府过程(第三版)[M].天津:天津人民出版社,2008:293.

③ 文化部蔡武部长在全国地市级公共文化服务体系建设现场经验交流会的讲话[EB/OL].[2013 – 04 – 02]. http://www.ndcnc.gov.cn/yuelanshi/dongtai/201302/t20130221_567171.htm.

县级政府几乎涉及区域内政治、经济、文化和社会管理的所有领域,承担着与省级政府甚至与中央政府相似的区域管理职能,全面而多样,且相对专门化①。目前,全国有县级行政区划 2853 个(其中市辖区 872 个,县级市 368 个,县 1442 个,自治县 117 个)②。

县域是以县级行政区划为地理空间,以县级政权为调控主体,以市场为导向,优化配置资源,具有地域特色和功能完备的区域③。简言之,县域就是县级政府所管辖的行政区域。党的十八大提出"加快形成政府主导、覆盖城乡、可持续的基本公共服务体系"的要求,在县域这一层面,县级政府应当承担起基本公共服务体系建设的主导责任,公共服务体系自然包含公共阅读服务体系。

因此,根据党的十七届六中全会《关于深化文化体制改革,推动社会主义文化大发展大繁荣若干重大问题的决定》、党的十八大报告对于公共文化服务体系建设的部署与要求,以及中共中央办公厅、国务院办公厅印发的《关于加快构建现代公共文化服务体系的意见》,县域公共阅读服务体系可以定义为:以县级行政区划为地理空间,以县级区域经济社会发展为基础,以政府为主导,以公共财政为支撑,以公共文化设施为骨干,以县域内全体公众为服务对象,以保障公众读书看报、参与活动等基本阅读权益为主要内容,完善县域内覆盖城乡、结构合理、功能健全、实用高效的公共阅读服务体系。

具体而言,县域公共阅读服务体系建设,要求县级政府把主要公共阅读产品和服务项目、公益性阅读活动纳入公共财政经常性支出预算;采取政府采购、项目补贴、定向资助、贷款贴息、税收减免等政策措施鼓励各类文化企业参与公共阅读服务;加强县域内图书馆、文化馆

---

① 胡伟. 制度变迁中的县级政府行为[M]. 北京:中国社会科学出版社,2007:3.
② 中华人民共和国文化部. 中国文化文物统计年鉴 2014[M]. 北京:国家图书馆出版社,2014:569.
③ 王潜. 县域生态市治理与建设中的政府行为研究[M]. 沈阳:东北大学出版社,2011:9.

(站)、博物馆、美术馆、科技馆、纪念馆、工人文化宫、青少年宫等公共设施和爱国主义教育示范基地建设并完善向社会免费开放服务,鼓励其他国有文化单位、教育机构等开展公益性活动,各类公共场所要为群众性阅读活动提供便利;统筹规划和建设基层公共阅读设施,坚持项目建设和运行管理并重,实现县域内阅读资源整合、共建共享;加强农村公共阅读设施建设,纳入城乡规划和设计,拓展投资渠道;完善面向妇女、儿童、老年人、残疾人的公共阅读设施;引导和鼓励社会力量通过兴办实体、资助项目、赞助活动、提供设施等形式参与公共阅读服务。

8.3 县域公共阅读服务体系建设的基本特点

县域公共阅读服务体系建设,是县域公共文化服务体系的组成部分,在国家公共文化服务体系的整体结构中,处在联结城乡、沟通条块的重要层面,呈现出承上启下、体系完整、面向基层、城乡一体等基本特点。探索推进县域公共阅读服务体系建设,是提高县级政府管理效能、搞活县域公共文化服务、建设城乡一体发展的国家公共文化服务体系的根本要求。

8.3.1 承上启下

国家公共文化服务体系建设是一个系统工程,需要上下协调,统一配合。我国现有行政架构,是中央—省(直辖市、自治区)—地(市)—县—乡镇。

在国家公共文化服务体系的建设中,县级政府作为具有完整行政管理权限和独立财政收支权限的一级政府,一方面,承担着国家公共文化服务体系(含公共阅读服务体系)建设的重要职能,即按照中央和省级政府的要求,落实国家政策、法规,执行国家工作部署的基本单位,构建基层公共文化服务体系(含公共阅读服务体系)的基本单位。

另一方面,还承担着统筹规划,协调建设全县公共文化服务体系(含公共阅读服务体系)的职能,既要保障落实资金到位,又要积极推进基础设施和设备器材的配套建设工作,还要承担着统一管理各县级公共文化设施职能,同时肩负着建设基层服务人才队伍的重要职能。

因此,县域公共阅读服务体系,是国家公共文化服务体系建设的基础环节和重要支撑,在整个体系中处于承上启下的枢纽地位。

8.3.2 体系完整

我国现有的基层公共文化服务布局,基本上也是以县域为基本单位的。县域是拥有独立建制的专门性公共文化设施的基层区域,如在县城,建有县级图书馆、文化馆、全国文化信息资源共享工程县级支中心等;在乡镇,建有乡镇综合文化站等;在村级,建有农村文化活动室、党员活动室等,内设全国文化信息资源共享工程基层服务点、公共电子阅览室等。

有条件的县,还建有县级博物馆、美术馆、科技馆、纪念馆、工人文化宫、青少年宫等公共文化设施,与县级图书馆、文化馆等一起成为县域内公共阅读资源生产与供给的骨干力量。

因此,县域公共阅读服务体系,基本涵盖了公共阅读产品的生产与供给各个环节,是一个比较完整的服务体系。

8.3.3 面向基层

县域公共阅读服务体系建设,涵盖县城、乡镇(街道)、农村(社区)。目前,在我国县域农村地区居住着约 2.14 亿户家庭、7.08 亿人口,分别占全国家庭总户数的 50.7%、全国总人口数的 52.6%[①]。因此,县域公共阅读服务体系建设,直接面向基层,直接面对千家万户,涉及亿万群众的切身利益。

---

① 中国社会科学院人口与劳动经济研究所. 中国人口年鉴 2011[M]. 北京:《中国人口年鉴》杂志社,2011:319 - 321.

公共阅读服务体系建设与公共文化服务体系建设一样,必须按照公益性、基本性、均等性、便利性的要求,加强文化基础设施建设,完善公共文化服务网络,让群众广泛享有免费或优惠的基本公共文化服务。而所谓均等性,就是不分男女老少、不分富人穷人、不分城市农村、不分东中西部,都平等地享受基本公共文化服务。能否实现均等性,直接关系到民生的改善,关系到社会的公平公正。因此,县域公共阅读服务体系建设,服务重心下移,直接面向基层,不仅是一个重要的文化建设问题,也是重要的民生问题。

8.3.4　城乡一体

城镇化是落后的农业社会向现代工业社会转换的基本条件,也是国民经济中工业化、城市化协调发展的必然要求。通过"以城带乡",推动农村城镇化建设,逐步实现城乡一体化,是消除城乡二元差别,走向城乡融合的基本途径。

在我国多元化的城镇化战略中,小城镇作为县域政治、经济、文化的中心,处于城市之尾、乡村之首,是县域层面上推进城镇化战略的主要载体,同时也是整个国家城市化过程中的重要组成部分和城乡统筹的重要途径①。在城镇化的进程中,农业人口不断转化为非农业人口,农村地域不断转化为城市地域,经济活动从以农业为主转变为以非农业为主,最终导致传统封闭的乡土文明演进为现代开放的城市文明,现代生活方式不断扩散。城乡差距,归根到底,是经济发展和现代化水平的差距,但深究下去,文化上的、人的素质上的传统与现代性的差距,是不容忽视的重大问题②。

因此,在县域层面构建完善覆盖城乡、结构合理、功能健全、实用高效的公共阅读服务体系,是缩小城乡文化发展差距、消除知识鸿沟,

① 杨荫凯.中国县域经济发展论——县域经济发展的思路与出路[M].北京:中国财政经济出版社,2005:113.

② 李君如."文化自觉"与"城乡文化统筹"[J].小康,2012(1):79.

推动城乡一体化发展的重要保障。

8.4　"省直管县"背景下县域公共阅读服务体系建设新特点

　　从 2005 年开始,我国开始进行"省直管县"的改革试点。所谓"省直管县",是指为了缓解县级财政困难,解决政府预算级次过多等问题,在现行行政体制与法律框架内,省级财政直接管理县(市)财政的一种财政管理方式[①]。截至 2011 年年底,全国 27 个省份在 1080 个市县实行了"省直管县"财政管理方式改革,约占全国县级总数的 54%[②]。

　　目前"省直管县"主要有四种类型:其一,以北京、上海、天津、重庆四个直辖市以及海南省为代表的行政管理型,即这些地区行政管理层级就是省直接管理县,没有地级市这一中间环节,财政体制自然是省直管县;其二,以浙江、湖北、安徽、吉林等省为代表的全面管理型,即对财政体制的制定、转移支付和专款的分配、财政结算、收入报解、资金调度、债务管理等财政管理的各个方面,全部实行省对县的直接管理;其三,以山西、辽宁、河南等省为代表的补助资金管理型,主要是对转移支付、专款分配,以及资金调度等涉及省对县补助资金分配的方面实行省直接管理;其四,山东、广西实行的省市共管型,即省级财政在分配转移支付等补助资金时,直接核定到县,但在分配和资金调度时仍以省对市、市对县的方式办理,同时,省级财政加强对县级监管[③]。

　　后三种类型,只是对政府经济管理权限的"省直管县",而在社会

---

① 名词解释:省直管县[EB/OL].[2013 – 04 – 02]. http://www. mof. gov. cn/zhuantihuigu/2007ysbg/mcjs/200805/t20080519_25673. html.

② 省直管县和乡财县管改革情况[EB/OL].[2013 – 04 – 02]. http://www. mof. gov. cn/zhuantihuigu/czjbqk2011/cztz2011/201208/t20120831_679730. html.

③ 张占斌. 加强省直管县改革的顶层设计和规划[M]//张占斌. 中国省直管县改革研究. 北京:国家行政学院出版社,2011:1 – 6.

管理和公共服务等方面,还不是完全的"省直管县"。但是随着改革的深入,预计将有更多地方会借鉴海南模式,将财政上的"省直管县",发展到行政上的"省直管县"①。

推进"省直管县"体制改革,有利于发挥省级财政在省辖区域内对财力差异的调控作用,帮助缓解县级财政困难,减少财政管理级次,降低行政成本,推动城乡共同发展。随着地方探索"省直管县"体制改革的深入,县政府将被赋予更多的经济社会发展自主权,在公共阅读服务体系建设上的地位和作用将更加突出。在"省直管县"背景下的县域公共阅读服务体系建设,更是呈现出政府主导责任更强、文化民生保障任务更重、体系化运行要求更高、城乡文化统筹发展更为迫切等新特点。

8.4.1 政府主导责任更强

"省直管县"是相对于"市管县"体制而言的,"市管县"是 1983 年以来逐渐形成的。从推进计划经济体制向市场经济体制过渡的角度看,"市管县"体制的推行有其合理性一面:它在一定程度上满足了转轨时期增强中心城市作用的同时,客观上推动了市场经济发展。但是进入 20 世纪 90 年代,随着我国市场经济的发展,城市化明显提速,"市管县"体制下,要素和资源配置更多地向城市倾斜,农村被忽略,城乡公共服务差距越拉越大,体制弊端产生的消极因素越来越多。

在"省直管县"背景下,减少了地级市的行政层级,从而改变了资源配置方式,解决了县乡两级财政困难,调动了县级政府的积极性;同时也提高了县级政府的行政效率,改变了县级政府公共服务职能薄弱的窘状。在资源增加的同时,县级政府不能再向地市级政府"等""靠""要",独立承担县域公共阅读服务体系建设的主导责任也更需加强。

---

① 汪玉凯.中国纵向行政管理体制改革研究[M]//张占斌.中国省直管县改革研究.北京:国家行政学院出版社,2011:31-35.

8.4.2 文化民生保障任务更重

所谓文化民生保障,就是要求政府保障公众的基本文化权益,即充分重视公众文化选择的权利、文化消费的权利和文化休闲的权利,从日常生活的层面,从生活方式的角度,疏通文化民生的脉络,提供更多亲民惠民的文化产品、文化设施、文化场所、文化机遇,让公众充分感受到文化生活的便捷和美好,处处浸润在健康的文化氛围和艺术熏陶之中[①]。

公共阅读服务体系建设是公共文化服务体系的重要组成,是公众基本文化权益得到保障的重要途径。公共阅读设施是公共阅读服务体系中的骨干力量。从事业发展的基本规律和普遍的国际经验来看,公共文化服务机构形成和保持良好的服务能力和服务效益,首先以形成规模适宜、结构合理的资源保障体系为前提,基础在于产品、项目和活动等服务资源达到或突破了支撑服务持续发展的"临界点"。

在"省直管县"背景下,县域公共阅读服务体系缺少了地区的核心资源供给,不再理所当然地拥有地级层面共建共享的公共阅读资源供给的支撑。因此,县级政府需要在公共阅读资源供给方面下更大的工夫,确保公共阅读资源供给达到支撑服务持续发展的"临界水平",文化民生保障任务更加繁重。

8.4.3 体系化运行要求更高

一个完善的公共文化服务体系,主要包括五大子系统:一是设施网络体系,包括由单体设施建设到设施形成网络的全过程。单体设施建设需要解决网点布局、建设标准的问题,要提高公共文化服务设施的设置率;设施形成网络,需要建立公共文化服务设施的服务半径、覆盖面积指标,提高公共文化服务设施的覆盖率。二是产品生产供给体系,基本目标是建立群众基本文化需求的反馈机制,以及城乡群众基

---

① 陈光军."文化民生"如何惠泽万民[N].人民日报,2009 - 01 - 06(4).

本文化服务内容及量化指标,明确并落实公共文化资源生产供给主体、方式、渠道。三是人才、技术、资金保障体系。人才保障体系,需要打造高层次的领军人物、高素质的专业人才队伍和规模宏大、结构合理的基层公共文化人才队伍;技术保障体系,基本目标是让所有的公共文化服务机构都具有数字资源提供能力、远程服务能力;资金保障体系,首先是公共文化产品和服务项目、公益性文化活动纳入公共财政经常性支出预算,其次是保证公共财政对文化建设投入的增长幅度高于财政经常性收入增长幅度。四是组织支撑体系,包括公共文化服务体系建设的领导体制、工作机制,以及公共文化服务机构的运行机制。五是评估体系,基本目标是建立公共文化服务指标体系和绩效考核办法。

县域公共阅读服务体系是公共文化服务体系的一部分,是一个"小而全"的体系,同样拥有上述五大子系统。只是由于原有基础较为薄弱,可能会存在这样或那样不配套的情况。在"省直管县"背景下,县域公共阅读服务体系脱离地级政府而独立运行,因而对县级政府主导县域公共阅读服务体系建设的体系化运行要求更高。

8.4.4 城乡文化统筹发展更为迫切

多年来,我国文化建设普遍存在"重城市、轻农村"的现象,农村文化经费投入严重不足,乡镇财政力量不足,文化建设欠账多、问题多,城乡文化发展很不平衡。县域是我国城市和农村在地缘上的天然结合体。城乡文化统筹发展,是加强我国农村现代化建设、实现城乡一体化新发展的重要战略举措,是统筹城乡发展构建和谐社会的重要任务。

目前阶段,城乡文化统筹发展的首要任务是增加农村阅读资源和服务总量:一是以农村基层为重点,加强县级文化馆和图书馆、乡镇综合文化站、村文化室建设,深入实施全国文化信息资源共享工程、农家书屋等重大文化惠民工程,扩大覆盖、消除盲点、提高标准、完善服务、改进管理。二是深入开展全民阅读活动,形成体系化、常态化、日常化。三是引导企业、社区积极开展面向特殊群体的公共阅读活动,把特殊群体纳入公共阅读服务体系。

在"省直管县"背景下,县级政府拥有更多的自主权,可调配更多的资源,用于统筹城乡文化发展,促进城乡的协调发展。与此同时,县级政府直接面向农村基层,对农村的城镇化发展、实现城乡一体化,负有不可推卸的责任,因此,县级政府主导下的县域公共阅读服务体系建设,是城乡文化统筹发展的迫切要求。

8.5　县域公共阅读服务体系建设面临的挑战

目前全国各地实行"省直管县"的探索,既是深化行政管理体制改革、积极推进制度创新的客观需要,也能够为新的行政体制突破和新的区划调整积累经验。在"省直管县"的背景下,党中央、国务院公共文化服务体系建设的战略部署能否落实到基层,关键在县;公共文化服务体系建设能否得到长效开展,关键在县;基层公共文化资源能否得到有效整合,重大文化惠民工程能否取得实效,关键在县;城乡文化差距能否缩小,基本公共文化服务均等化能否落实,关键在县[①]。由县级政府主导的县域公共阅读服务体系建设,也面临着一系列挑战。

8.5.1　县域经济规模较小,投入相对不足

县域是我国财政收支和基本建设独立运作的最基本单位,是功能相对完整的利益主体。县域经济是我国国民经济最基本的运行单元,是国家政策最直接、最主要的操作平台,是建设全面小康的基本载体,

---

①　文化部.全国县级公共文化服务体系建设现场经验交流会在河北霸州召开[EB/OL].(2010 - 12 - 24)[2013 - 04 - 02]. http://www.ccnt. gov. cn/xxfb/xwzx/whxw/201012/t20101224_85847. html.

是真正的地方经济①。

但是由于县域的体量有限,相对于城市经济而言,招商引资、固定资产投资等处于劣势地位,经济规模较小。由于资金不充足,制约着县域经济的发展,造成县域经济产业投入不足、县域中小企业融资困难、产出效益低等许多问题,从而形成县级财税收入总量有限,最终导致可用于县域公共阅读服务体系建设的资金投入相对不足。

8.5.2 县域经济发展速度快,城乡居民阅读需求旺,资源供给相对不足

由于县域资源储备好,生态环境优越,劳动力充足,又没有工资刚性约束,产业进入限制少,企业运作成本低,再加上"省直管县"体制下县级政府的自主权很大,如果县域基础设施能进一步完善,那么会有明显的竞争优势,经济发展速度会加快。

伴随着经济的快速发展,城乡居民可支配收入随之高涨,在物质消费提速的同时,文化消费需求也日趋旺势,不断向大城市居民消费看齐。但是,县域通常远离省会中心城市,城乡居民可直接享用的由中央和省直接投入建设的公共阅读设施及其资源,相对稀少。而由县级财政直接投入的公共阅读设施及其资源供给,无论是数量规模,还是文化品牌,都较大城市相对逊色,可以盘活的资源相对较少。因此,城乡居民阅读需求旺盛,而县域资源供给相对不足,成为当前县域公共阅读服务体系建设中的突出矛盾。

8.5.3 城乡二元结构突出,资源配置不均衡

我国城乡二元结构是传统的工业化发展战略和城乡分离体制的产物。在国家工业化进程中,国家的有关制度安排使城乡之间形成了不平等的交易格局——"以剪刀差"形式从农业取得剩余和积累,通过户籍制度限制农村劳动力的流动。而公共资源的倾斜式分配、在公共产品提供上城乡严重不均衡和改革战略取向,进一步强化了二元结构

---

① 闫恩虎.县域经济论纲[M].广州:暨南大学出版社,2005:16 – 38.

的程度①。由此,城乡二元结构不仅表现为以工业为代表现代部门与农业为代表的传统部门之间的二元经济结构,还表现为城市与农村长期分割的二元社会结构,即传统农业与现代工业并在,落后农村与先进城市分离的双重二元结构②。

我国广袤的县域,是农村、农民、农业的承载区域。城乡二元结构的确立,是以牺牲农村和农民利益为代价的,农民没有获得平等的发展机会,必然导致农民的贫困,农业的窘境,农村的落后。也必然造成文化资源"重城轻乡"倾斜式分配,形成城乡资源配置的不均衡。因此,建立和完善结构合理、发展均衡、网络健全、运行有效、惠及全民的县域公共阅读服务体系,任重而道远。

8.5.4　城镇化建设加快,基层公共阅读设施规划与建设不足

随着县域城镇化建设进程的加快,可以预见,大批农民被吸引进城务工和生活。城镇人口的迅速增多,给城镇供水、供电、供气等资源消耗加重了负担,同时城镇可利用资源也相对减少,城镇经济发展和城镇生态环境容量之间的矛盾相对尖锐③。

与此同时,原有的图书馆、文化馆等基层公共阅读设施,面对越来越多的服务对象,面向越来越多元的文化需求,无论是人力资源还是文化资源,显得捉襟见肘、相形见绌。根据城镇化带来的更多集中居住的人口、更复杂的人口结构、更频繁的人口流动、更多样的文化需求等特点,县域公共阅读服务体系建设,亟须做好基层公共阅读设施规划,加大建设力度,拓展服务内容,创新服务形式和手段,着力解决公共阅读服务的覆盖水平,着力解决公共阅读产品和服务的供给能力,

---

①　刘明慧.城乡二元结构的财政视角研究[M].北京:中国财政经济出版社,2008:47 - 60.

②　陈承明,施镇平.中国特色城乡一体化探索[M].长春:吉林大学出版社,2010:23 - 27.

③　凌耀初.县域经济发展战略[M].上海:学林出版社,2005:155 - 158.

着力解决公共阅读服务的公平性和均衡性。

8.5.5 县域人才结构不够合理,高层次人才缺乏

公共阅读服务体系建设,与公共文化服务体系一样,需要打造三支队伍:一是高层次的领军人物,二高素质的专业人才队伍,三是规模宏大、结构合理的基层公共文化人才队伍。领军人物主要指公共文化设施馆长等一批堪称事业发展中坚的职业化的领军人才。专业人才队伍,是现代公共文化设施提供专业化服务的重要支撑,是公共文化服务可持续发展能力的基本保障。基层公共文化人才队伍,是公共文化服务体系得以正常运行的中坚力量。

由于我国高等院校、科研机构,大多位于京津沪渝及省会城市,难以直接辐射县域地区。县域人才结构不够合理,高层次人才紧缺。县域公共阅读服务体系建设所需要的领军人物严重缺乏,所需要高素质的专业人才比较稀缺。

8.5.6 县域平台有限,吸引力有限,社会力量参与深度和广度不足

公共文化服务体系建设的工作机制,目标是形成党委统一领导、党政齐抓共管、宣传部门统一协调、有关部门分工负责、社会力量积极参与的工作格局。在形成文化建设强大合力的同时,文化领域各部门发挥文化建设主力军作用。

社会力量参与公共文化建设,可以表现在通过兴办实体、资助项目、赞助活动、提供设施等形式;可以表现在参与公共文化绩效评价和监督等,推动公共文化服务的制度化、标准化和规范化。但是县域平台相对有限,可形成的社会影响力不大,从而对社会力量的吸引力相对较弱,造成社会力量参与兴办民间图书馆的积极性相对较差,最终导致社会力量参与县域公共阅读服务体系建设的深度和广度上的不足。

8.6　贫困地区以县域为单位实施推进基本思路

2015年1月,由中共中央办公厅国务院办公厅联合印发的《关于加快构建现代公共文化服务体系的意见》和《国家基本公共文化服务指导标准(2015—2020)》,多次强调公共文化服务体系建设要"以县为基本单位推进落实"。公共阅读服务体系是公共文化服务体系的子域,因此,在贫困地区也要积极落实中央要求,以县域为单位实施推进公共阅读服务体系建设。

一是硬件设施建设方面,在建立健全县、乡、村三级公共阅读设施网络、配备群众文体活动器材设备的基础上,重点是在村级层面统筹建设综合文化服务中心。按照"一县一策"要求,充分利用现有城乡公共设施,制定建设标准,建成集宣传文化、党员教育、科技普及、普法教育、体育健身等多功能于一体的基层公共文化服务中心。

二是服务体系建设方面,重点是以县级图书馆为中心推进总分馆制建设,加强对农家书屋的统筹管理,实现农村、城市社区公共阅读服务资源整合和互联互通。图书馆总分馆制,着重解决乡村公共阅读设施各自建设、相互隔离、资源不流通、图书不更新、使用效率低、专业人员缺乏、服务不规范等问题。

三是供给主体建设方面,在深入推进县、乡、村三级公共阅读设施免费开放、发挥骨干性作用的基础上,重点是面向社会力量购买公共阅读服务,培育和规范文化类社会组织,推广政府和社会资本合作等模式,促进公共阅读服务提供主体和提供方式多元化,丰富公共阅读产品和服务供给。

四是基层文化队伍建设方面,在落实每个乡镇综合文化站编制不少于1至2名要求的基础上,重点是设立城乡基层公共文化服务岗位,为村(社区)综合文化服务中心配置由公共财政补贴的工作人员;培养乡土人才,就地提供服务;扩大文化志愿者队伍,丰富自我服务;

加强基层人才队伍集中培训,提高服务能力。

五是公共数字文化建设方面,重点是在乡村基层,统筹实施全国文化信息资源共享、数字图书馆建设、数字农家书屋、城乡电子阅报屏建设等项目,构建标准统一、互联互通的公共数字文化服务网络,实现共建共享。

六是鉴于贫困地区县域公共阅读服务体系建设资金不足、人才匮乏等现实问题,建立中央和省级财政转移支付机制,集中实施一批文化扶贫项目,精准扶贫,落实对国家在贫困地区安排的公益性文化建设项目取消县级配套资金的政策;促进地区对口帮扶,加大人才交流和项目支援力度,深入实施文化工作者专项支持计划。从而实现贫困地区公共阅读服务体系建设跨越式发展。

9 重点突破:农家书屋与农村公共图书馆服务体系融合发展

农家书屋和农村公共图书馆,是贫困地区公共阅读服务提供的两大主体。农家书屋是国家实施的重点文化惠民工程,目前已经完成全国布点工作,基本覆盖所有行政村,在快速增加农村图书资源总量方面做出了重大贡献。随着农家书屋建设重心转向建立"农村公共阅读服务体系",与农村公共图书馆服务体系功能发生重合,导致建设力度越大,重合度越高、矛盾越突出。由于历史的原因,农家书屋和农村公共图书馆两者分属不同的管理部门,造成了条块分割的局面,影响了资源和服务的共建共享。

本章以两者融合发展为线索,呈现公共阅读服务体系统筹协调建设的基本方向,这也是当前贫困地区公共阅读服务体系建设的重点突破方向。

9.1 农家书屋的建设发展与重心变迁

农家书屋是"十一五"以来国家实施的五大重点文化惠民工程之一,2003 年酝酿推动,2005 年开始试点,2007 年全面推开,2009 年加速推进,2012 年提前完成全国布点工作。

9.1.1 建设初期

进入 21 世纪以来,各级政府一直在研究探索如何破解农民"买书难、借书难、读书难"的问题。2003 年,新闻出版总署倡导和推动"三农"读物的出版发行,在此基础上提出建设农家书屋的设想,2005 年开始在甘肃、贵州等西部省份开展试点建设。2005 年 11 月,中央"两办"(中共中央办公厅、国务办公厅)发布《关于进一步加强农村文化建设的意见》,提出推动"三农"出版物的出版发行,增加农民群众买得起、读得懂、用得上的通俗读物的品种和数量,发展农民书社等农民自助读书组织,为农民群众读书提供方便。2006 年 9 月发布的《国家"十一五"时期文化发展规划纲要》,在部署农村文化建设时提出按照"政府资助建设,鼓励社会捐助,农民自我管理,市场运作发展"的要求,支持农民群众开办农家书屋。这是"农家书屋"在政府重要文件中首次出现。

可见,农家书屋工程立项之初,设计在农村建立出版物发行流通体系,主要解决农民"买书难、看书难"问题,建设重心是图书销售。

9.1.2　全面推开

2007 年 3 月,新闻出版总署、中央文明办、国家发展和改革委员会、科技部、民政部、财政部、农业部、国家人口和计划生育委员会 8 部委联合发布《关于印发〈农家书屋工程实施意见〉的通知》,部署"十一五"时期在全国范围内实施农家书屋工程,政府统一规划、组织实施,成为新农村文化建设的基础工程、民心工程。以此为标志,农家书屋由"农民群众开办"的"农民自助读书组织"演变为政府主导的农村文化建设重大工程。2007 年 6 月中央政治局会议专题研究公共文化服务体系建设,2007 年 8 月中央"两办"发布《关于加强公共文化服务体系建设的若干意见》,农家书屋都是要求重点加强建设的五大文化惠民工程之一。2009 年,中央领导同志又做出批示,要求农家书屋工程建设要加大力度、加快进度。农家书屋建设由此驶入快车道,成为满足农民文化需要、保障农民基本书化权益的公益性文化服务设施。

根据《农家书屋工程实施意见》,农家书屋的阶段性建设目标是着力解决农民"买书难、借书难、看书难"的问题,由立项设计之初重在图书销售,拓展为图书销售与图书借阅并重。受电子商务与数字出版的影响,实体书店单纯售书的经营模式越来越难以为继①。农家书屋的图书代销业务也一直难以红火,事实上被迫转向图书借阅服务,重在解决农民"借书难、看书难"问题。

9.1.3　后续发展

截至 2012 年 8 月,全国共建成统一标准的农家书屋 600 449 家,投入财政资金 120 多亿元,吸引社会资金 60 多亿元,配备图书 9.4 亿册、报刊 5.4 亿份、音像制品和电子出版物 1.2 亿张、影视放映设备和阅读设施 60 多万套②。七年内,农家书屋完成全国布点工作,基本覆盖所有行政村,实现"村村有";农村图书资源总量快速增加,农民人均图书 1.13 册,增加了 10 倍,成就显著。

2012 年 9 月 27 日,全国农家书屋工程建设总结大会在天津举行,宣布经过五年努力,全国农家书屋工程建设的目标任务提前三年完成。在会议上,农家书屋工程建设领导小组组长明确指出,农家书屋下一步要着力做好五项工作:(1)以出版物补充为保障,完善长效机制;(2)以管理员队伍建设为重点,提高农家书屋的使用效率;(3)以开展活动为抓手,带动农家书屋发挥作用;(4)以数字化建设为手段,提高农家书屋传播能力;(5)以农家书屋为基础,逐步完善城乡一体的公共阅读服务体系③。

出版物补充,旨在落实专项购书经费、保障服务能力;管理员队伍建设,旨在提升服务技能、提高服务水平;开展活动,旨在以阅读活动的经常化、普及化、深入化,营造阅读氛围、创设阅读环境、提高书屋利用率;数字化建设,旨在适应时代发展潮流、提供更丰富的阅读资源和

---

① 花培娟.论实体书店的发展与未来[J].神州民俗,2012(1):86-90.

② 农家书屋工程提前三年完成建设任务李长春回良玉刘云山刘延东作出重要批示[EB/OL].[2013-09-01].http://www.zgnjsw.gov.cn/booksnetworks/contents/406/135590.html.

③ 柳斌杰.开创农家书屋工程建设新局面[N].中国新闻出版报,2012-09-28(2).

更便捷的信息服务。可见,农家书屋工程完成全国布点任务之后,基础设施建设工作基本结束,开展全民阅读活动开始成为日常工作,重心落在农村公共阅读服务体系的建设完善。

9.2 农家书屋进一步发展面临的瓶颈

政府主导的农家书屋工程,在丰富农民文化生活、改善农村文化环境等方面,确实取得了一定成绩。然而,随着农家书屋工程重心由基础设施建设转向日常服务管理,一些运营管理问题也开始逐渐显现,成为进一步发展的瓶颈。

9.2.1 设施运行没有保障

农家书屋实现了行政村全覆盖,但建成后的正常开放管理成了大问题。尽管农家书屋中都张贴着各项管理制度与规定,制度详细到具体开放时间、借阅规定等,但仍然有一些书屋在执行过程中流于形式①。有的地方,农家书屋几乎成了摆设,成了装点门面的"道具",在少数地方甚至成为应付上级检查的政绩工程、面子工程②。

再加上农家书屋的管理员多数是义务服务,没有任何报酬,所以工作热情不高,人员不到位,无法保证书屋的开放时间。不少地方管理员由村干部兼任,村干部身兼数职,农家书屋闲时开门,忙时关门,铁将军锁门是常有的事③。甚至在东部发达地区,农家书屋布点建成之后,只有三分之一的农家书屋正常开放,三分之一的开放不正常,还

---

① 龚主杰.湖北省农家书屋可持续发展策略研究[J].图书馆学研究,2013(8):89-92.

② 郑欣.治理困境下的乡村文化建设研究:以农家书屋为例[J].中国地质大学学报(社会科学版),2012(2):131-137.

③ 潘锦亚.公共图书馆参与农家书屋的基层调研——以湖州市图书馆为例[J].图书馆研究与工作,2012(2):11-13.

有三分之一已经不开放①。

9.2.2 图书资源不能满足群众需求

农家书屋的出版物配置是根据《全国农家书屋重点出版物推荐目录》,由各级政府统一配备,统一派送②,缺乏必要的群众需求征询机制,很难充分照顾到不同地域、不同群体的多样化需求,容易造成配送品种单一,针对性不强。千篇一律的图书配置,造成同一批次的农家书屋图书构成完全相同、没有个性特色。再加上不少地区农家书屋建成后,图书更新缓慢,内容陈旧,缺乏吸引力,导致农家书屋的使用率较低,成为"摆设"③-⑤。

一个农家书屋 1500 多册图书,是一个不足以持续吸引读者的资源规模。因此,按阅读服务的规律,资源必须流动起来。但是,"全省图书长得一个样",资源流动无法实现,使农家书屋很难持续吸引利用者。农家书屋"全省图书长得一个样",是一个有利于出版企业卖书的机制,不是一个有利于农民"用书"的机制。

9.2.3 服务形式单一,利用率低

为了帮助农家书屋管理员做好管理服务工作,有关部门组织编写

① 邱冠华. 四位一体,构建农村公共信息服务体系的建议[J]. 图书与情报,2010 (5):93-96.

② 新闻出版总署关于印发《2012 年农家书屋重点出版物推荐目录》的通知[EB/OL]. [2013-09-01]. http://www. zgnjsw. gov. cn/booksnetworks/contents/402/7868. html.

③ 闫瑛,王元. 欠发达地区村级图书室现状调查与"农家书屋"的可持续发展——以辽宁省朝阳地区为例[J]. 农业图书情报学刊,2011(2):31-35.

④ 宦咏梅,杨玉麟. 西部地区农家书屋建设问题的思考——以陕西省安康市为例[J]. 图书馆,2011(2):62-64,77.

⑤ 龚主杰. 湖北省农家书屋可持续发展策略研究[J]. 图书馆学研究,2013(8):89-92.

了《农家书屋管理员实用手册》,并提供网上下载①。但从该手册内容来看,主要是图书分类编码上架借阅等典藏管理工作,而对促进阅读至关重要的读书活动的组织等工作只是列为管理员的额外任务用一句话带过:"此外,有条件的地方,书屋管理员还可以组织村民开展一些读书文化活动,吸引村民多来农家书屋读书学习。"

不少调研表明,虽然管理员培训方面有明确规定,但是缺乏刚性要求和相关配套制度,导致农家书屋管理员大都从未接受过图书管理专业训练,缺乏基本知识和技能,只注重图书收藏而不注重读书活动,服务只限于一般的借还,谈不上开展各种活动,从而导致农家书屋利用率低下②③。

9.2.4 农家书屋与图书馆体系功能重合,重复建设矛盾日益突显

从农家书屋的建设历程来看,最初的设计目标是解决农民"买书难"问题,旨在将出版物发行网络延伸进村,形成农村出版物市场;全面推开以后,阶段性目标是解决农民"买书难、借书难、看书难"问题,重在图书借阅服务;在完成全国布点任务后,下一步重心转向建立农村的"公共阅读服务体系",开展全民阅读活动。

而为农民阅读提供设施、资源、活动和服务保障,营造阅读氛围,激发阅读热情,正是农村公共图书馆的重要使命④。这样一来,农家书屋与农村公共图书馆不可避免地存在着功能上的重合。目前的现状是,各级公共财政同时维持两个并行的体系,解决同一个"读书难"问

---

① 《农家书屋管理员实用手册》pdf 版[EB/OL].[2013 – 09 – 01]. http://www. zgnjsw. gov. cn/booksnetworks/contents/402/7867. html.

② 闫瑛,王元. 欠发达地区村级图书室现状调查与"农家书屋"的可持续发展——以辽宁省朝阳地区为例[J].农业图书情报学刊,2011(2):31 – 35.

③ 白如琼. 调动公共图书馆职能 推动农家书屋进程[J].河南图书馆学刊, 2010(6):49 – 50.

④ 黄体杨,甘友庆,杨勇. 1978—2007 年我国农村图书馆研究状况述评[J].中国图书馆学报,2009(2):72 – 79.

题,导致建设重复、资源浪费,服务效能低下。

　　此外,农家书屋的数字化建设也是当前的一项重点工作,各地已经在探索运用多媒体、互联网、卫星、有线电视网络等技术推进"数字农家书屋"建设①。这与已有的文化共享工程、公共电子阅读室计划以及数字图书馆推广工程等建设,又存在服务功能的重合问题。

9.3　农家书屋与图书馆合作、融合的创新举措

　　国际上,解决人民群众"读书难"问题,一般通过设置公共图书馆及其服务体系来完成。因此,公共图书馆成为"各地通向知识之门,为个人和社会群体的终生学习、独立决策和文化发展提供了基本的条件"②,它"遍及全世界,在不同社会、不同文化、不同发展阶段中普遍存在"③。

　　基于农家书屋面临的发展瓶颈,而且工作重心转移至"公共阅读服务体系"构建,不少地方基层在实践过程中,积极探索农家书屋与图书馆合作与融合的创新举措。

9.3.1　农家书屋管理员培训纳入公共图书馆体系,接受专业辅导

　　农家书屋管理员多为兼职,大都来自非图书馆行业,缺乏必备的图书管理知识与技能,且流动性强。因此,若要充分发挥农家书屋的服务效能,需要实现农家书屋的专业化管理,需要建立可持续性的业务培训体系,定期开展图书采集、分编上架、借阅代售等业务管理方面

---

① 芦山首个卫星数字农家书屋投入使用[EB/OL].[2013 - 09 - 01]. http://www. zgnjsw. gov. cn/booksnetworks/contents/399/154696. html.

② 教科文组织公共图书馆宣言 1994[EB/OL].[2013 - 09 - 01]. http://archive. ifla. org/VII/s8/unesco/chine. pdf.

③ KOONTZ C,GUBBIN B. IFLA public library service guidelines(2nd)[M]. Berlin/ New York: Walter de Gruyter GmbH&Co. ,2010:1.

的辅导,定期开展阅读推广、技能传授、组织学习等拓展服务方面的培训。

不少地方已经开始农家书屋与公共图书馆培训体系对接的试点工作,将农家书屋管理员的培训纳入当地公共图书馆的人员培训体系之中。如鞍山市图书馆专门抽调工作人员,成立农家书屋业务指导部,对管辖范围内农家书屋管理员进行集中培训和实地业务辅导[1][2];湖南省委办公厅、省政府办公厅还联合发布文件,明确要求各市(州)、县(市、区)图书馆,要定期对农家书屋管理员进行业务指导和培训,由省统一为每个农家书屋管理员颁发上岗证[3]。

9.3.2 农家书屋与公共图书馆合作,建立图书流动网络、流动分馆

农家书屋标准配置的 1500 多册书刊,难以满足农民群众日益增长的信息需求,如果从公共图书馆内挑选部分图书发放到各书屋进行流通,即把推进公共图书馆延伸服务与创新农家书屋管理结合起来,建立图书流动网络、流动分馆,让图书"活起来""动起来",以流动方式提高书屋的图书总量、促进图书更新,那么就可以更好地满足农民阅读需求。

南安市积极探索出的"大馆带小屋"新路子,值得借鉴[4]。2011年,南安市的市级图书馆在全市设立了 100 多个农家书屋流动分馆,覆盖全市 27 个乡镇(街道)81 个村(社区),为每个书屋配置图书 500

---

① 辽宁省积极探索构建农家书屋长效机制[EB/OL].[2013 - 09 - 01]. http://www.zgnjsw.gov.cn/booksnetworks/contents/406/8051.html.

② 王玉梅.辽宁鞍山农家书屋发展添"长劲"[N].中国新闻出版报,2010 - 08 - 13(2).

③ 中共湖南省委办公厅湖南省人民政府办公厅关于加强农家书屋管理的意见[EB/OL].[2013 - 09 - 01]. http://www.hunan.gov.cn/zwgk/zjzf/hnzb/2013/201307_41217/swbgtszfbgtwj/201306/t20130618_865292.html.

④ 黄诗南."大馆带小屋"让农家书屋"活"起来——南安市农家书屋建设的实践与思考[J].国家图书馆学刊,2013(1):47 - 51.

册,每季度更换一次,每次更新图书 300 多册。在此基础上,南安市计划在 2013 年将延伸服务点增加到 180 个,2014 年全面推广,将所有农家书屋纳入"大馆带小屋"延伸服务①。

福建省高度重视南安市实践创新经验,由省委宣传部发出《关于在农家书屋建设中学习推广南安市"大馆带小屋"经验做法的通知》(闽委宣〔2012〕36 号)文件,号召全省各地学习南安市的经验与做法。三明市、福安市等地已经加以推广,并取得一定实效②。

9.3.3 农家书屋依托公共图书馆数字网络优势,开展数字化、网络化服务

近些年来连续发布的我国全民阅读调查结果显示,公众的数字阅读接触率逐年上升,如 2012 年全国人均阅读电子书 2.35 本,比 2011 年增长了 0.93 本,增幅达 65.5%③。这表明,数字阅读群体在稳步迅速壮大,数字阅读代表了全民阅读的新趋势。因此,农家书屋顺应时代发展潮流,开展数字阅读服务,势在必行。

有部分省、市的农家书屋,已经尝试依托省、市级公共图书馆丰富的数字资源,开展数字化、网络化服务。贵州省有一部分农家书屋,标准化配备了联网电脑和打印机,引入省图书馆的数字图书资源,面向农民群众提供数字图书的联网阅览和脱机阅览,便捷应用网络学习知

---

① 关于印发《南安市提升"大馆带小屋"经验做法工作方案》的通知[EB/OL].[2013 – 09 – 01]. http://www. nanan. gov. cn/open/zwdetail/category_id/264/news_id/4757528. html.

② "大馆带小屋"——福建省探索农家书屋长效机制[EB/OL].[2013 – 09 – 01]. http://www. fjxwcbj. gov. cn/show. aspx? ctlgid = 213621&Id = 57427.

③ 张贺,徐欷芷.第十次全国国民阅读调查结果显示超半数国民自认读书少[N].人民日报,2013 – 04 – 19(12).

识、获取信息①。截至 2012 年，这样的农家书屋在贵州已建成 700
个②。江苏省镇江市由市一级统筹建设数字图书馆，作为公共资源向
基层开放，农家书屋通过配备电脑、开通网络，免费利用数字图书馆
资源③。

9.3.4 农家书屋纳入公共图书馆服务体系，实行"四位一体"、一体化建设

近些年来，以农家书屋为代表的国家重点文化惠民工程，与农村
公共图书馆等一起，多渠道地面向农民群众地提供阅读服务。但是由
于条块分割、各自为政，上层没有合力共建的顶层设计，基层只能是上
面拨什么钱，下面就建什么项目，难以形成集中承接的"蓄水池"，不能
持续集聚和累积形成真正持久的服务能力。

为了加强基层公共文化服务资源统筹协调，江苏省吴江市（现改
为"吴江区"）在已经建成的公共图书馆服务体系基础上，率先整合农
家书屋、文化共享工程基层服务点、党员现代远程教育中心和乡村图
书室资源，设立"四位一体"的"农村公共信息服务中心"。农家书屋
原有图书交由市图书馆统一著录加工、回溯建库，进入流通体系；此后
市政府将在农家书屋上投入的专项资金或图书，直接下拨到市图书
馆，由市图书馆统一调配④。由此，农家书屋纳入公共图书馆服务体系
之中。吴江市"四位一体"项目全面铺开后，服务效果显著，仅 2012 年

---

① 贵州省数字农家书屋工程建设取得实质性进展［EB/OL］.［2013 - 09 - 01］.
   http://www. zgnjsw. gov. cn/booksnetworks/contents/406/8023. html.
② 周静. 数字图书打造贵州全新阅读生活［N/OL］. 贵州日报，2012 - 02 - 17
   ［2013 - 09 - 01］. http://gzrb. gog. com. cn/system/2012/02/17/011345629.
   shtml.
③ 镇江推广"一馆一站一室"数字阅读新模式［EB/OL］.［2013 - 11 - 20］. ht-
   tp://www. jscnt. gov. cn/whzx/jdxw/201309/t20130902_18771. html.
④ 张海江，薛群菁. 吴江乡镇图书馆发展历程简述［J］. 新世纪图书馆，2011
   (12)：90 - 92.

图书外借这项指标,年均增幅达 55% ,其中乡村图书外借年均增幅达 274%①。

2013 年 7 月,安徽省试行农村公共图书服务一体化建设。以县域为平台,以县图书馆为总馆、乡镇综合文化站为分馆、村农家书屋为服务点,建立县域图书资源建设、流通、服务一体化网络。在这一网络中,农家书屋只须负责做好书屋的日常管理维护和读者借阅服务,而图书业务工作交由县图书馆集中处理,图书流转工作交由乡镇综合文化站负责②。

9.4 农家书屋与农村公共图书馆服务体系的融合发展

农家书屋工程在 2005 年试点建设之际,正是我国基层图书馆事业发展举步维艰之时③。特别是中西部地区很多县图书馆"空壳化""人吃书""书吃人"现象严重,服务水平低下,制约了图书馆事业发展④。农家书屋工程的实施与推进,确实为解决广大农村基层"读书难"问题做出了重大贡献。

农家书屋工程,主要是在村级层面建立公益性文化设施并提供服务。农家书屋工程开展之时,我国农村公共图书馆的建设水平,特别在中西部地区,整体落后,重心尚在维护县级图书馆的生存与发展。因此,在初期,农家书屋与农村公共图书馆,由于建设重心不一样,两

---

① 林理."四位一体"与"末端创新"——江苏吴江公共信息服务中心建设引人关注[N].中国文化报,2013 – 05 – 24(8).

② 我省启动农村公共图书服务一体化建设试点工作[EB/OL].[2013 – 09 – 01].http://www.ahwh.gov.cn/xwzx/whyw/22992.SHTML.

③ 中国图书馆学会.县级图书馆生存发展启示录[M].北京:北京图书馆出版社,2006:1 – 196.

④ 李国新.我国公共图书馆事业进一步发展的突破口——县级图书馆的振兴与乡镇图书馆的模式[J].图书馆,2005(6):1 – 5.

者同时并行,矛盾不突出。

随着农村公共文化服务体系建设力度不断加大,公共图书馆服务体系日益健全,在总分馆制建设的指引下,农村公共图书馆建设重心,开始由县级图书馆向乡村延伸。这就产生了农村公共图书馆服务体系与农家书屋并存、重复投入的问题。与此同时,农家书屋要解决进一步发展所面临的瓶颈,构建农村"公共阅读服务体系",就需要进一步加大人、财、物的投入,提供专业化的阅读活动和阅读服务。而专业化阅读服务提供是图书馆系统的传统优势。可见,越是加强农家书屋的建设,越是与农村公共图书馆服务体系在服务功能上重合。反之亦然。两者分而治之,不如融为一体。

参照国际通行做法,借鉴地方实践创新经验,根据十八大"加强重大公共文化工程和文化项目建设,完善公共文化服务体系,提高服务效能"的要求,应当加强政府主导,打破体制制约,将农家书屋纳入农村公共图书馆服务体系,实现建设主体合一、经费统筹使用、设施统一管理、服务统一规范、人员统一培训,通过农家书屋与农村公共图书馆服务体系的融合发展,提高农村公共文化服务效能。

9.4.1 管理职能转移,实现建设与管理主体合一

建设和管理主体的合一,是农家书屋与农村公共图书馆体系统一规划、统筹发展、提高效能的前提。

在中央政府层面,将农家书屋的建设、管理主体与公共图书馆的主管部门合一,即改变目前农家书屋由新闻出版总署(现合并至"国家新闻出版广电总局")负责建设和管理、公共图书馆由文化部归口管理的局面,统一归并由文化部负责,形成统一的解决农村基层"读书看报"问题的建设和管理体制。省级政府层面,也做相应调整,实现建设和管理主体合一。省以下各级政府层面,文化广电新闻出版等部门已经整合,仅需内部职能调整即可。

9.4.2 经费管理制度改革，实现统筹使用、提高效益

中央财政"十二五"期间安排了农村文化建设专项资金，用于支持农村文化事业发展。根据《中央补助地方农村文化建设专项资金管理暂行办法》(财教〔2013〕25 号) 文件，用于"农家书屋出版物补充及更新每村每年 2000 元"，这为农家书屋的长效发展提供了保障。为了充分发挥好专项资金效益，让农民看到更多的新书，可以将一定地域范围内的所有农家书屋出版物补充经费集中起来统一采购图书资源，然后在书屋之间有序流转。

我国从 2005 年开始就进行了"省直管县"的改革试点，在现行行政体制与法律框架内，实行省级财政直接管理县(市)财政。因此，建议以县域为实施单元，将中央财政拨付的农家书屋出版物补充经费，与地方配套经费统筹使用，集中在县域公共图书馆体系的总馆，统一用于图书资源的采购，然后统一配送，在农家书屋之间按时流转。

9.4.3 运行机制创新，实现统一管理、统一服务、统一规范

县域公共文化服务体系建设，是我国文化建设的基础和重要组成部分，是农村文化建设的关键环节，具有承上启下、体系完整、面向基层、城乡一体等特点。以县域为实施单元，实施公共文化服务体系建设，是比较符合当前中国实际的管理模式。

因此，将农家书屋纳入农村公共图书馆服务体系，比较理想的模式是以县域为实施单元，以县图书馆为总馆，以乡镇文化站为分馆，以农家书屋为流通服务点，健全农村公共图书馆服务体系，完善农村公共阅读服务体系。由总馆负责建立群众阅读需求征询机制，整合全县图书资源建设，实行图书统一采购、统一编目、分级配送、按时流转。总馆负责县与乡镇之间，分馆负责各村农家书屋之间的图书配送与按时流转。以图书馆行业的专业化管理，实行农家书屋的统一管理、统一服务、统一规范。

9.4.4　人员队伍建设,实现统一培训、持证上岗

党的十七届六中全会指出,"推动社会主义文化大发展大繁荣,队伍是基础,人才是关键"。基层文化人才队伍是文化改革发展的基础力量,因此要"制定实施基层文化人才队伍建设规划,完善机构编制、学习培训、待遇保障等方面的政策措施,吸引优秀文化人才服务基层"。

农家书屋目前已经拥有一支规模庞大的专兼职管理员队伍,是开展农村公共阅读服务的重要力量。建议将现有人员全部纳入公共图书馆体系,由县图书馆进行专业指导和业务培训。并根据农村公共阅读服务的特点和需求,进一步优化培训师资,完善教材编写,实现培训课程体系化;进一步改进考核形式,建立培训质量控制制度,实施持证上岗制度。

10　保障机制：从经费投入到专业能力

保障机制是公共阅读服务体系科学构建与成功运行的重要支撑。但是，从政府管理的角度来讲，公共阅读服务体系是公共文化服务体系的一部分，纯粹、单一地为公共阅读服务体系提供一套完整的保障机制，不具有可操作性。因此，笔者认为，应结合《关于加快构建现代公共文化服务体系的意见》和《国家基本公共文化服务指导标准（2015—2020 年）》的贯彻落实，以贫困县为基本单元，建立公共文化服务体系构建的相应保障机制和援助机制，从而惠及公共阅读服务体系构建。本章主要从经费投入、领导组织、专业能力三个不同视角，较为系统地提出科学构建贫困地区公共阅读服务体系保障机制的基本思路与对策。

10.1　经费投入保障机制

国家支持贫困地区改善文化民生，主要采用中央财政转移支付、地方财政按比例分担的方式。中央财政对地方农村文化建设资金补助标准，一般按中部地区 50%、西部地区 80% 安排资金，其余部分由地方统筹安排；地方可以根据实际情况提高补助标准，所需经费由地方自行负担。

2015 年 1 月，由中共中央办公厅、国务院办公厅颁布的《关于加快构建现代公共文化服务体系的意见》明确提出，力争在较短时间内使贫困地区公共文化服务能力和水平有明显改善，任务艰巨。如果还是"萧规曹随"，按照传统方式的投入保障，虽然会让贫困地区文化民生有所改善，但在短期内有重大突破，几乎不可能。因为贫困地区地方财政乏力,注定了很多投入保障实际上不可能"到位"。与其让地方财政"拆东墙,补西墙",疲于奔命,整天"应付",还不如创新中央财政投入方式,让地方政府尽心尽去抓建设、抓服务,而不是整天谋划资金,做太多的无用功。

10.1.1　经费投入保障基本原则

根据中央"两办"颁布的《关于加快构建现代公共文化服务体系的意见》,以贫困县为基本单元,根据《国家基本公共文化服务指导标准(2015—2020年)》,明确该县的服务和资源缺口,由中央财政保基本、省级财政促提升,取消县级财政配套,按扶贫项目予以精准投入。

10.1.2　建立扶贫项目专项资金类目

10.1.2.1　公共文化设施建设专项经费

(1)县级公共文化设施建设专项经费

投入原则:查漏补缺,提档升级。对于还没有建立的,予以新建;对已有公共文化设施,按照国家相关标准改造升级。由中央财政专项投入。

(2)乡镇综合文化站建设专项经费

投入原则:查漏补缺,提档升级。对于还没有建立的,予以新建;对已有公共文化设施,按照《乡镇综合文化站建设标准》改造升级。由中央财政专项投入。

(3)村级综合文化服务中心建设专项经费

投入原则:每个行政村(社区)建立一个。因地制宜,新建、改扩建。由中央财政专项投入。

10.1.2.2　公共文化设施运营专项经费

(1)公共文化设施的人员、公用等基本经费

投入原则:中央财政与地方财政分担;中央保基本,地方促提升。

分担方式:设立公共文化设施人员、公用等基本经费保障底线标准和提升标准,中央财政设立专项负责保障底线标准,省级财政设立

专项负责底线标准至提升标准之间的经费缺口部分。

标准制定：底线标准，以全国平均投入水平为基准；提升标准，以东部省份平均投入水平为基准。

（2）公共文化设施免费开放服务经费

投入原则：按照目前公共文化设施开展基本服务项目支出的免费开放经费，由中央财政设立专项足额拨付；免除地方财政的原有配套投入。对服务效益有明显改善的贫困县，每年按20%增幅提高免费开放经费。

10.1.2.3 公共文化服务补充专项经费

投入原则：包括常规服务保障经费缺口专项和流动文化服务经费专项。由省级财政和中央财政分别设立专项投入。

（1）常规服务保障经费缺口专项

测算标准：按照服务人口，按县计算公共文化服务保障经费缺口，由省级财政设立专项投入。

计算公式：经费缺口 = 东部省份人均文化事业费 × 本县常住人口 − 本县公共文化设施免费开放服务经费总额。

（2）流动文化服务经费专项

设立原则：贫困地区中的不少贫困县，地广人稀，县、乡、村三级公共文化设施由于服务半径的制约，难以覆盖所有人群。普遍设立固定文化设施不适宜、不经济，应大力开展流动文化服务。

按照国家公共文化服务指导标准，为每个县配备用于图书借阅、文艺演出、电影放映等服务的流动文化车。这已在县级公共文化设施建设专项经费中予以列支。但是，在西藏、青海、内蒙古、四川等省（自治区）藏区的贫困县，县域面积广阔、人群居住极为分散、交通条件恶劣，一辆流动文化车难以满足全县域的流动文化服务所需。因此，根据实际服务内容和交通条件，按需配备多辆流动文化车，满足群众基本文化需求。流动文化车增量的配备及维护费用，列入中央财政专项经费。

案例借鉴：内蒙古鄂尔多斯在第一批国家公共文化服务体系示范

区创建中,针对辖区内地广人稀、农牧户居住分散、部分偏远地区农牧民难以享受到集中文化服务的实际,自 2011 年以来投入 8000 多万元,购置 111 辆流动文化服务车和 74 台流动电影放映车,配备到全市图书馆及文化馆(站)等,常年深入农村牧区开展流动文化服务,成为大草原上一道靓丽的风景线①。

10.1.3 经费投入与使用方式

10.1.3.1 投入方式

贫困地区以县为单位,按建设项目和服务事项,详细制定年度公共文化经费支出预算。中央财政根据专项资金类目,设立相应专项,保障底线标准,足额拨付至省级财政,由省级财政直接下达到各县级财政,专款专用。省级财政根据专项资金类目,设立相应专项,保障提升标准,拨付相应的提升部分保障经费,下达到各县级财政,专款专用。县级经费预算超出专项资金保障标准的,由县级财政自行统筹。经费预算低于专项经费保障标准的,由中央财政、省级财政分别收回。加强公共文化经费专款专用的督查力度,确定财政资金发挥最大效益。

10.1.3.2 使用方式

以贫困县的县域为基本单位,专款专用。

(1)公共文化设施建设专项经费,按设施建设专项,专款专用。

(2)公共文化设施运营专项经费和公共文化服务补充专项经费,根据总分馆制建设原则,以县为基本单位,在全县域统筹使用,提高资金使用效益。

---

① 内蒙古自治区鄂尔多斯市第一批国家公共文化示范区集中评议汇报材料 [EB/OL].[2015–02–25].http://www.cpcss.org/_d276333503.htm.

10.2 领导组织保障机制

10.2.1 建立完善省级、县级公共文化服务体系建设统筹协调机制

十八届三中全会在部署构建现代公共文化服务体系时，首先提出了建立公共文化服务体系建设协调机制的任务，体现了以全面深化体制机制改革为突破口推动现代公共文化服务体系建设的思想。

2014年3月，国家公共文化服务体系建设协调组成立，协调组由中宣部、中央编办、中央文明办、发展改革委、教育部、科技部、财政部、人社部、国家质检总局、新闻出版广电总局、体育总局、国家文物局、国务院扶贫办、全国总工会、共青团中央、全国妇联、中国残联、中国科协、国家标准委和文化部组成，协调组办公室设在文化部，主要任务是负责全国公共文化服务体系建设重大事项的协商和部署。

建立协调机制，从本质上说是对现有公共文化管理体制的改革，重点解决相关部门职能交叉、多头管理、重复建设、资源利用率和服务效能不高的问题，目标是形成公共文化服务的全社会共建共享机制。

长期以来，贫困县所在的中西部各省市，公共文化服务体系建设存在着条块分割、交叉管理、系统壁垒、部门割据的问题，导致有限的公共文化服务资金和资源投入分散，形不成合力，严重制约了服务效能的提升。各省市可以仿照国家公共文化服务体系建设协调组建立的思路和任务，由省级政府牵头，建立省级公共文化服务体系建设协调组，成立专家指导委员会，将协调组办公室设在省级文化厅，从整体上谋篇布局，把全面深化文化体制改革的各环节协同起来，聚合各方面力量，推进公共文化服务体系建设。贫困县也可以依此建立县级公共文化服务体系建设协调组，成立专家指导委员会。

省级、县级公共文化服务体系建设协调组建立后的重点任务，是在协调机制框架内整合资源、统筹发展。

（1）统筹公共文化服务设施网络建设。目前的公共文化服务体系

建设,主要是"小文化"服务体系建设。公共文化服务体系建设协调组的建立,首要的重点是把工会、共青团、妇联、科协、教育系统等设施纳入公共文化设施网络体系,盘活存量资源,优化设施网点布局,完善设施网络体系。

(2)建立村级综合性文化服务中心。在村(社区)层面,整合推进基层公共文化服务资源和服务建设。根据"两办"意见,将宣传文化、党员教育、科学普及、体育健身等设施建设和服务供给统筹协调、集中资源、融合发展,建设村级综合性文化服务中心。

(3)协调推进重大文化惠民工程。在进一步实施国家层面的广播电视村村通、文化共享工程、边疆万里数字文化长廊等已有重大文化惠民工程的过程中,加强资源整合,推动项目之间融合发展,促进与群众需求有效对接。在省级层面新设立的重大文化惠民工程,也需要更加突出地强调突破部门界限,从完善社会化发展的公共文化服务体系着眼做好顶层设计。

(4)统筹基层公共文化服务队伍建设。在推进以县级文化馆、公共图书馆为中心的总分馆制建设进程中,在服务体系内部通过适度提高人员管理层级、建立聘用相对分离机制,实现县级政府对城乡公共文化服务队伍建设的统筹。

(5)统筹协调对口扶贫文化资金、项目、人才建设。对口扶贫机制是国家扶贫开发建设的重大举措。但是在文化援助建设方面,从基础设施到文化资源,从人才队伍到服务开展,目前大多处于自发、自觉状态,亟须根据本县人民群众的文化需求,对文化对口援助建设加以统筹规划、协调组织,提高援建效能,避免浪费和无效建设。

10.2.2 建立、完善对口扶贫文化专项援助机制

对口扶贫国家制定的重大扶贫战略。在贫困地区公共文化服务体系建设中,应充分发挥对口扶贫政策优势,建立对口扶贫文化专项援助机制,帮助促进贫困地区公共文化服务体系的建设。在对口扶贫工作中突出文化建设的重要性,实现对口扶贫与公共文化服务体系建

设的有效结合,将极大地促进贫困地区文化民生事业发展。文化援助内容可以包括文化设施的建设、文化资源的提供、文化人才的交流与培训以及资金、技术、设备方面的支持。

(1)进一步拓宽对口扶贫省市、中央和国家机关部委、央企的文化援助的途径和范围,将公共文化服务内容建设与质量提升纳入对口援建范畴。

(2)建立联合创作工作机制。依托东部省份、中央和国家机关部委、央企的高水平创作力量,深入挖掘贫困地区地方特色文化资源,创作出高水平的文化精品,服务于广大人民群众,提升文化艺术修养。同时,贫困地区的文化精品也可以源源不断供给到东部地区,为东部地区群众提供了独具特色的公共文化服务资源。

(3)建立文化艺术人才援助与培训机制。扶贫人才文化工作者专项支持计划,可以拓宽到公共文化服务的艺术人才和管理人才,指导、培训贫困地区公共文化从业人员队伍。

(4)建立公共文化服务项目、活动的资金援助机制。对口扶贫经费中,单列公共文化服务项目、活动专项资金,专门用于公共文化服务体系建设。

10.2.3 形成扶持群众自办文化的组织机制

开展公共文化服务,首先要切实保护好地方特色民族文化资源。贫困地区民间文化资源丰富,将民族民间文化保护与公共文化服务体系建设结合的方式之一就是扶持群众自办文化。建立扶持群众自办文化的机制,一方面要建立鼓励群众自办文化的激励政策,另一方面要为群众自办文化提供展示平台,还要为群众自办文化提供专业的指导和培训。

(1)鼓励群众文艺创作。设立基金、培训、表彰制度等,扶助和鼓励群众文艺创作,促进更多文艺人才和文艺精品的出现。扶持和奖励的文艺作品应涵盖文学、戏剧、广播影视剧、音乐、舞蹈、美术、摄影、书法、曲艺、杂技、民间艺术等门类。

（2）建立群众自发文化文艺社团、活动的扶持机制。为群众自发文化文艺社团提供资金资助、专业培训、活动空间等便利条件。将优秀的群众自发文化文艺活动纳入政府采购的范围，通过流动舞台车项目等方式，对其进行宣传，促进其发展。

10.2.4　推进文化资源共建共享的组织机制

以县级文化馆、图书馆为中心推进总分馆制建设，加强对农家书屋的统筹管理，实现农村、城市社区公共文化服务资源整合和互联互通。

（1）依托总分馆制，实现各类公共文化设施之间文化资源的共建与共享。

（2）依托重大文化惠民工程的建设成果和发展平台，实现贫困地区与全国其他地区公共文化数字资源的共建与共享。

（3）充分利用全国各地、党政机关和企事业单位的对口扶贫支持，构建文化资源建设的跨区域联动机制，共享发达地区的文化资源。

10.2.5　建立公共文化服务体系建设考核评估机制

与现代公共文化服务体系相适应的评估体系，需要从两个维度加以建设。一是以需求为导向，建立群众评价和反馈机制，目的在于促进公共文化服务和群众需求有效对接；二是以效益为导向，完善绩效考核机制，目的在于促进公共文化服务提高效能。评价方式、手段的多样化，特别是引入第三方独立评估，建立健全能有效支撑评估体系的指标统计体系，是建立现代评估体系的重要任务。

公共文化服务的绩效考核与评价是公共文化服务体系建设的重要内容。科学建立公共文化服务体系建设的考核评估体系对提高公共文化服务体系建设工作的工作绩效，提高公共文化服务水平和效能来说至关重要。科学的公共文化服务体系建设考核评估体系应全面考核政府和领导干部的工作绩效和履职情况，考核公共文化服务机构的服务水平。考核的依据是公共文化服务与群众文化需求的契合度，以及群众的评价与反馈。评价主体应实现多元化，引入第三方评价制度。评价方式应具备科学性，力争实现定量评价。

（1）完善政府和领导干部绩效考核机制。政府在公共文化服务体系建设中的工作绩效，以及领导干部在公共文化服务体系建设中的工作业绩和履职情况应纳入地方和干部科学发展考核评价体系之中，提高分数所占比例。将公共文化服务体系建设与政府和领导干部的考核评价体系挂钩。

（2）完善公共文化服务机构效能考核机制。公共文化服务机构是直接向公众提供公共文化产品和服务的机构，对公共文化服务机构进行考核应以其服务效能为导向。公共文化服务机构类型主要包括县级图书馆、文化馆，乡镇综合文化站、村（社区）综合文化服务中心。

（3）建立公众文化需求征询制度。广大人民群众是文化建设的最终受益者，是对公共文化服务体系建设成果最有话语权的评判者。对公共文化服务体系建设情况的考核与评价应以公众为主体。高效的公共文化服务体系应保障公共文化产品与公众文化需求的有效对接，为此，应以县为基本单位，建立公众文化需求征询制度。

（4）评价主体多元化，评价方式科学化。在政府评价和群众评价之外，引入第三方评价制度。运用科学化的评价方式，进行动态评价、量化评价指标和全面评价。建议建立常态化评价平台，让评价结果对公共文化服务体系建设可持续发展真正起到相应作用。

10.3 专业能力保障机制

10.3.1 因势利导获取多方专业力量支持

贫困地区在以县域为单元构建公共阅读服务体系时，往往面临着专业人才、阅读资源、服务规范、活动创新等诸多专业方面的挑战。因此，应当妥善处理好上下、左右、内外各方面的关系，善于利用外部专业资源与条件,营造构建有利发展的支撑体系,为公共阅读服务体系有效运行保驾护航。

10.3.1.1 获取省级图书馆的帮助指导

省级与县级公共阅读服务体系之间,虽然不存在直接的上下级领导关系,但在业务上负有辅导责任。1982 年由文化部颁布的《省(自治区、市)图书馆工作条例》就明确规定,"省馆是全省的藏书、图书目录和图书馆间协作、协调及业务研究、交流的中心","省馆负有对本地区公共图书馆的业务辅导任务,其主要对象是地(市)、县(区)图书馆"。

事实上,有不少省级图书馆对县级公共阅读服务体系的帮助指导,已经远超业务辅导范畴。上海图书馆(省馆)建立城市中心馆向社区基层延伸,以"一卡通"的方式,实现省馆与县级图书馆、乃到乡镇(街道)图书馆之间图书资源的通借通还①。广东省立中山图书馆(省馆)建立了"广东流动图书馆",由省馆在粤东、粤西、粤北等欠发达地区的县级图书馆设立分馆,由省馆集中购置一定数量适合基层民众阅读的图书,配送到各县;图书资源在各个分馆之间每半年流动交换一次②。重庆图书馆(省馆)牵头各县级图书馆整合服务资源、统一服务标准,联合打造"重庆市公共图书馆统一服务电话",为公众提供相关服务③。

那么,在县域公共阅读服务体系的构建与实现的新形势下,省级图书馆为此应该发挥出什么样的新作用呢? 有专家学者经过认真研究后,建议省级图书馆应承担以下功能:(1)协助制定本省(地区)公共图书馆发展规划和图书馆标准;(2)承担县域总分馆体系不能有效承担的职能,如满足对研究的需要,支持那些没有自己的图书馆或信

---

① 王世伟.城市中心图书馆向社区基层延伸的理论思考与实践探索[J].图书情报工作,2006(3):6-9.

② 莫少强.艰难而成功的抉择——广东省流动图书馆自动化系统的选择与应用[J].图书馆建设,2007(3):1-2,7.

③ 侯文斌,崔月婷.重庆开通公共图书馆统一服务热线[N].中国文化报,2015-02-18(2).

息中心的组织的研发活动;(3)组织和协调省内各图书馆间协作和资源共享,建立全省资源保障体系,形成省内数据库资源的集团购买和共享机制;(4)为全省公共图书馆提供资源后备支持,通过馆际互借等形式满足县域总分馆体系和区域性网络都不能满足的需求;(5)建立全省联合咨询平台,帮助中小型图书馆完成读者咨询任务;(6)补充特种资源;(7)以邮寄或流动分馆的形式,向那些尚未设立公共图书馆的区域提供直接服务①。

10.3.1.2 获取地市级图书馆的业务支持

地市级与县级公共阅读服务体系之间,虽然一般也不存在直接的上下级领导关系,但较省馆而言,由于地缘相近,且同处在一个地级市内,业务上的合作更多、联系更为紧密。

那么,随着县域公共阅读服务体系建设的推进,地市级图书馆应当为此发挥出什么样的新作用呢?从嘉兴②、苏州③、杭州④、深圳⑤、长沙⑥等地总分馆制建设实践来看,地市级图书馆在各县域公共阅读服务体系中担任"中心馆"职能,负责全市域内图书馆业务的协调指导和业务支持。

2014年下半年,笔者参与了嘉兴市公共图书馆中心馆—总分馆服

---

① 邱冠华,于良芝,许晓霞.覆盖全社会的公共图书馆服务体系:模式、技术支撑与方案[M].北京:北京图书馆出版社,2008:207.
② 李超平.嘉兴模式的延伸与深化:从总分馆体系到图书馆服务体系[J].中国图书馆学报,2012(3):12-19.
③ 邱冠华.苏州总分馆制度设计的背景、思路与成效[J].图书馆,2014(2):27-30.
④ 梁亮,冯继强.城乡统筹的中心馆—总分馆模式研究——以杭州图书馆服务体系建设为例[J].图书馆理论与实践,2013(9):12-14.
⑤ 深圳市公共图书馆总分馆体系建设指导意见[EB/OL].[2015-03-20].http://www.sz.gov.cn/czj/qt/tzgg/201209/t20120929_2024673_11965.htm.
⑥ 王自洋.以示范区创建为契机,推进图书馆总分馆建设——长沙图书馆总分馆制的实践与思考[J].图书馆,2014(1):16-19.

务体系标准的研究与制定工作。嘉兴市图书馆作为地市级图书馆,在全市域辖区内的 5 个县域(海宁市、平湖市、桐乡市、嘉善县、海盐县)及 1 个市本级的图书馆总分馆体系中,处于"中心馆"地位。经过认真研究、多次讨论及征求意见后,嘉兴市图书馆的"中心馆"职能被确定下来,主要包括:(1)指导与协调全市公共图书馆事业建设和发展,如制定全市公共图书馆服务规范,编制全市公共图书馆资源、项目、服务提供的指导目录,策划、组织全市性全民阅读活动,培育、打造全市性全民阅读品牌等;(2)指导与支持全市公共图书馆业务建设和运行,如对全市公共图书馆业务活动提供指导,对全市公共图书馆开展业务活动所需要的资源、技术、服务提供支持;(3)组织与协调全市公共图书馆人员培训和队伍建设,如重点组织开展县域总馆馆长及业务骨干、乡镇(街道)分馆馆长、师资及业务骨干的示范性培训,建立和实施全市公共图书馆从业人员培训的考核、管理制度等;(4)指导与统筹全市公共图书馆服务创新实践和研究,如对全市公共图书馆创新实践与服务品牌建设进行指导、总结与推广,统筹规划和指导全市公共图书馆开展群众阅读需求调研与服务创新研究等;(5)统筹全市图书馆数字资源建设与服务,统筹使用全市有关部门数字资源采购经费,实施全市图书馆数字资源联合采购,建设统一的全民阅读数字化服务平台等。

10.3.1.3 获取县级文化馆总分馆制的协同推进

以县级文化馆为中心,推进县域文化馆总分馆制建设,是我国现代公共文化服务体系建设中的新生事物,也是《加快构建现代公共文化服务体系的意见》的重点要求,与县域图书馆总分馆制一起,共同促进城乡公共文化服务均衡发展。公共图书馆总分馆制着重解决基层公共阅读服务问题,文化馆总分馆制着重解决基层群众文化艺术活动培训指导与服务问题。

2003 年开始，由吴江创立的"区域文化联动"①②和浙江各区县兴起的"文化走亲"③④，初步实现了一定区域范围内的群众文化活动资源的共建共享，可以视作文化馆总分馆制建设的早期萌芽。目前国内文化馆总分馆制建设较为成熟的有重庆市大渡口区、浙江省嘉兴市、江苏省张家港市。重庆市大渡口区按照"一个总馆＋多个分馆＋若干服务点"的模式，以大渡口区文化馆作为总馆，以乡镇（街道）综合文化站作为分馆，把若干基层服务点作为分馆的延伸或补充，实现全覆盖⑤⑥。浙江省嘉兴市以市文化馆为中心馆，各县（市、区）分别建立总分馆制：以县（市、区）域为基本单元，县级文化馆为总馆，乡镇（街道）综合文化站为分馆，村（社区）综合文化服务中心（文化礼堂）为支馆，形成"人员互通、设施成网、资源共享、服务联动"的服务体系⑦-⑨。江苏省张家港市在"文化网格"⑩的基础上建立文化馆总分馆制：以县级文化馆作为总馆，各乡镇（街道）综合文化站作为分馆，文化网格作为服务点，形成"三级节点、一体运行"，推动文化馆服务城乡一体，公

① 陈彬斌. 吴江联动长三角[N]. 中国文化报，2009－03－22（1）.

② 吴文. 解读江苏吴江区域文化联动[N]. 中国文化报，2009－12－04（2）.

③ 冯成，王惠明. "文化走亲"比"高下"[N]. 嘉兴日报，2005－12－01（10）.

④ 叶辉，俞海萍. 文化走亲，走出文化大繁荣[N]. 光明日报，2014－04－08（11）.

⑤ 孙道进. 重庆大渡口实施文化馆总分馆制[N]. 中国文化报，2013－04－24（7）.

⑥ 彭泽明，等. 重庆市大渡口区文化馆总分馆制探索[J]. 上海文化，2013（2）：24－32.

⑦ 王学思. 嘉兴着力构建文化馆总分馆服务体系[N]. 中国文化报，2014－12－12（8）.

⑧ 巫志南. 文化馆"完善体系，提高效能"在嘉兴破题[N]. 中国文化报，2014－12－12（8）.

⑨ 顾金孚，王显成，刘靖. 嘉兴市文化馆总分馆服务体系研究[J]. 上海文化，2014（8）：46－51.

⑩ 杨芳，陈世海. 小网格，大服务[J]. 群众，2012（9）：46－47.

共文化共建共享①②。

从上述实践可以看到,在县域内,虽然文化馆总分馆制与图书馆总分馆制分别以县级文化馆、图书馆为中心加以推进,但在乡镇(街道)、村(社区)层面,两大总分馆制的"分馆"及服务点,有很多交集,共享了基层的文化设施、人才队伍。由于两者都是公共文化服务体系建设的组成部分,因此,图书馆与文化馆之间应协同建设、共谋发展。

10.3.2 重点突破,提升公共阅读服务专业水平

拥有专业能力,提供职业化服务,是公共阅读服务有别于其他的基本特征。在县域公共阅读服务体系内,无论是总馆、还是分馆,专业化水平相对有限,专业化品质亟待提高,这也是基层图书馆事业可持续发展的战略导向③。公共阅读服务亟须以图书馆行业的专业化管理来提升服务质量,满足公众阅读需求,实现服务效益最大化。

10.3.2.1 加强县级图书馆的服务能力建设

我国的县级图书馆建设,特别是在贫困地区,十年前还处在生死存亡的"悲壮"境地④,十年后已经焕然一新,生机勃勃(参见表10-1),已然成为县域公共阅读服务提供的典范和表率。时至今日,县级图书馆又被推至公共阅读服务体系建设的中心地位,责任在肩,被赋予统筹、整合全县公共阅读资源建设和服务提供的职能,去实现全县域范围内的图书统一采编,资源统一调配,设施统一管理,人员统一培训,服务统一规范。

---

① 孙建忠,严小娟.江苏张家港探索实施文化馆总分馆制——网格化整合城乡公共文化资源[N].中国文化报,2014-10-1(2).

② 陈世海.文化馆总分馆服务的张家港样板[N].中国文化报,2015-03-28(8).

③ 于良芝.我国基层图书馆的专业化改造——从全覆盖到可持续的战略转向[J].图书馆建设,2011(10):7-11.

④ 中国图书馆学会.县级图书馆生存发展启示录[M].北京:北京图书馆出版社,2006.

表 10 − 1　县级公共图书馆 10 年发展基本情况比较①②

主要指标	2004 年	2013 年	增长比例
机构数(个)	2262	2712	19.89%
从业人员(人)	25 481	32 497	27.53%
总藏量(万册)	16 408.68	34 046.29	107.49%
本年新增藏量(万册)	588.03	2533.61	330.86%
总流通人次(万人次)	10 767.66	26 442.46	145.57%
书刊文献外借册次(万册次)	9086.20	20 725.25	128.10%
有效借书证数(万个)	451.64	1232.56	172.91%
财政拨款(万元)	68 974.0	416 909.2	504.44%
阅览室面积(万平方米)	66.29	175.06	164.08%
阅览室座席数(万个)	29.56	53.82	82.07%

为了更好地发挥县级图书馆在贫困地区县域公共阅读服务体系中的龙头作用,应当从以下各方面加强其服务能力建设:(1)人员方面:增加人员编制和公益文化岗位数量,加强队伍专业化建设,提高从业人员的职业精神、业务素质和服务意识;(2)经费方面:根据全县域公共阅读需求,增加书刊购买、活动开展、免费开放等经费,建立经费全县域统筹使用机制;(3)活动方面:建立阅读活动培育、孵化机制,组织开展全县域联动性质的阅读活动;(4)流动服务方面:按需配备流动文化车,加强资源、活动、服务的流动配送;(5)数字服务方面:有条件、有能力的县级图书馆,可自建数字平台,向全县域提供数字图书馆服务;能力不足的,可依托地市级图书馆、省级图书馆乃至国家图书馆,建立并提供面向本县域的数字图书馆服务。

---

① 文化部计划财务司.2005 中国文化文物统计年鉴 2005[M].北京:北京图书馆出版社,2005:100 − 101.

② 文化部.中国文化文物统计年鉴 2014[M].北京:国家图书馆出版社,2014:70 − 73.

10.3.2.2　完善基层从业人员的业务培训制度

人才队伍是公共阅读服务提供的组织者和实施者,人才队伍的素养和能力决定了服务提供的质量和水平。2010 年中宣部等六部委曾下达了《关于加强地方县级和城乡基层宣传文化队伍建设的若干意见》(中宣发〔2010〕14 号)文件,号召各基层文化部门加强公共文化服务人才建设,适应加强新形势下基层工作需要,进一步增强基层宣传文化队伍的创造力、凝聚力、战斗力。

在贫困地区县域公共阅读服务体系的框架下,专业化业务一般由总馆负责,分馆、服务点只充当专业化决策后的执行场所,基层服务人才队伍不必都由专业人员来承担。但是,从提高服务质量、保障服务水平的角度来看,加强基层队伍的业务能力培训不可或缺,需要建立完善制度予以保障。(1)结合《国家基本公共文化服务指导标准(2015—2020 年)》,为基层从业人员提供每年 5 天以上的集中培训时间;(2)针对培训内容,多方聘请培训讲师,组合优化,形成高质量的师资队伍;(3)统一培训教材,实现培训课程系统化,提供远程学习平台;(4)改进培训考核形式,在常规性的笔试外,可以增加实践操作环节的考核,将考试内容与实际工作内容紧密关联;(5)逐步建立持证上岗制度,将人员培训记录录入专门数据库,作为人员上岗、晋升、奖励的参考依据,激励基层从业人员主动参加、接受业务培训,形成良好的培训上岗制度。

10.3.2.3　引入专业化社会组织参与运营管理

建立社会力量参与的鼓励和引导机制,促进贫困地区县域公共阅读服务体系建设。有条件的县域,通过委托或招投标等方式吸引有实力的专业化社会组织参与公共阅读设施的运营管理,可以探索总馆或者分馆的社会化运营试点。

专业社会组织参与公共图书馆运营管理,在国内已经有多个成功案例。如县级的无锡市新区图书馆①②、乡镇（街道）级的北京市朝阳区朝外街道图书馆③、村（社区）级的北京市东城区体育馆路街道驹章胡同的皮卡体育馆路少儿中英文图书馆④，等等。这些社会组织，因其专业的新技术、专业的新理念或专业的新服务，受到青睐，因为这些专业化的知识、技能正是组织开展公共阅读服务所迫切需要的。

从已有的实践探索来看，引入专业化社会组织运营管理，不仅给试点单位带来服务能力的提升，产生较好社会效益，而且还可以在一定程度上节约公共财政开支，为县域公共阅读服务体系的可持续发展提供了借鉴与参考。

① 孙军."永不关闭"的无锡新区图书馆[N].中国文化报,2014-12-05(7).
② 孙军.无锡新区公共文化服务社会化实践分析[J].文化艺术研究,2014(4)：10-15.
③ 李雪.北京朝阳尝试社会力量运营图书馆[N].中国文化报,2014-01-27(2).
④ 张慧."私人定制"社区图书馆诞生[N].中国文化报,2014-07-29(4).

11　结论和建议

贫困地区公共阅读服务体系建设,涉及部门多、地域跨度大,情况千差万别,任务重、难度大。应在全面摸清底数、广泛征求意见的基础上,按照"统一规划、分类指导,先行试点、逐步推开,统筹推进、分工负责"的原则,精心组织实施,加强政策配套,进一步推动公共阅读资源向贫困地区倾斜,力争取得实实在在的进展和成效。

在国家层面的实施和推进上,建议在现有的国家公共文化服务体系建设协调机制基础上,由文化部与国家扶贫办会同有关部委研究制定《关于加快贫困地区公共阅读服务体系建设的实施意见》等文件,作为贫困地区公共阅读服务体系构建与实现的指导纲领;适时召开贫困地区公共阅读服务体系建设专项工作会议,进行动员部署,分批推进贫困地区公共阅读服务体系建设工程。首批可在充分征求各地各有关部门意见基础上,选择民族特色带、革命老区带、边疆维稳带、劳务输出带等不同类型的 50—100 个贫困县先行试点,待试点成功后进一步扩大范围。到 2020 年,贫困地区所有县域应当普遍建立公共阅读服务体系,并且有效运行。

关于贫困地区公共阅读服务体系构成的基本途径与思路,综合本书前述研究内容来看,笔者认为应当以县域为基本单元,在贫困地区因地制宜、因势利导,以县级图书馆为中心建立总分馆制,带动县域公共阅读服务体系的建立与实现。

11.1　公共阅读设施统筹："无中生有"，从单体到网络、互联互通

在贫困地区，特别是县级以下的乡镇级政府辖区，普遍建有独立建制的公共图书馆或分馆作为公共阅读设施，不适宜、不经济。因为举办一个图书馆，至少需要有懂专业知识的工作人员，需要正常而稳定的购书经费，需要一定面积的馆舍，需要保障工作人员的基本工资，需要保障图书馆正常开门必要的公用经费。这对财政支付能力普遍羸弱的贫困地区地方财政来说，不是小数目，谋求县级以下图书馆的建制独立化、运行规范化、人员专门化，并且有持续稳定的来自同级政府的经费保障，目前条件还不成熟。

因此，在贫困地区县域内公共阅读设施建设，应放眼全县域，突破"图书馆"固有思维习惯，切换到总分馆制的服务功能视角，去统筹、整合利用现有各类阅读设施，共建共享。

（1）统筹利用城乡公共文化设施。除了县级图书馆之外，县级文化馆、乡镇综合文化站、村（社区）综合文化服务中心（村文化室、农家书屋）等公共文化设施，都有提供阅读服务的场所或空间。

在《文化馆建设标准》（建标136—2010）的"群众活动用房"建设项目中，明确要求包括"图书阅览"，并且提出使用面积控制要求"以100—150m^{2}为宜"。在《乡镇综合文化站建设标准》（建标160—2012）的"房屋建筑"中，也明确要求建有"书刊阅览用房"，包括"书刊阅览室、少年儿童图书阅览室、电子阅览室等"。村（社区）综合文化服务中心的统筹建设，已经被列入《国家基本公共文化服务指导标准（2015—2020）》中的文化设施设置基本要求。在先行先试的浙江"农

村文化礼堂"①、安徽"农民文化乐园"②、甘肃"乡村舞台"③等村级综合文化服务中心的设施建设中,也都包括"图书阅览室"。而在那些还没有建立综合文化服务中心的农村基层,在国家重大文化惠民工程的建设推进下,提供公共阅读服务的农家书屋、提供数字阅读服务的文化信息资源共享工程基层服务点,已经遍及每一个行政村,实现了"村村通""村村有"目标。

(2)统筹利用城乡公共设施。在城乡,除了公共文化设施外,还有很多由公共财政支撑的其他公共设施,可资利用。一是整合利用闲置中小学校、城乡社区综合服务中心等设施,开设公共阅览场所或空间;二是鼓励科技馆、工人文化宫、妇女儿童活动中心以及青少年校外活动场所免费提供公共阅读服务项目;三是鼓励党政机关、国有企事业单位和学校的各类文体设施向社会错时开放、提供公共阅读服务。

(3)统筹利用城乡社会设施。建章立制,引导和鼓励社会力量提供各类设施,参与图书馆服务提供。例如,在上海市嘉定区,区图书馆在那些喜爱读书、愿意提供场地并能进行日常开放管理的农村居民家中设立"百姓书社",为周边居民提供公共阅读服务④。在北京市朝阳区,区图书馆为愿意免费提供借阅空间的民办图书馆统一配送图书、联合开展活动⑤。在江苏省江阴市,市图书馆整合利用咖啡馆、茶馆等

① 葛慧君.打造弘扬核心价值观新阵地——关于浙江省农村文化礼堂建设的实践与思考[J].今日浙江,2014(15):8-10.
② 李跃波.农民文化乐园探索公共文化服务标准化新路径[N].安徽日报,2014-04-23(1).
③ 顾善忠,苟晓飞."乡村舞台":甘肃农村公共文化服务新模式[N].中国文化报,2014-09-10(3).
④ 金燕,范并思.城市化进程中的郊区新农村图书馆建设——嘉定区基层公共图书馆调查与建议[J].图书馆杂志.2007(3):26-28,42.
⑤ 北京市朝阳区第一批国家公共文化示范区集中评议汇报材料[EB/OL].[2015-03-25].http://www.cpcss.org/_d276324043.htm.

商业设施建立分馆,面向公众免费提供阅读服务[①]。这些利用社会力量的做法,不需要新建设施就可以开展公共阅读服务,同样适用于贫困地区借鉴推广,花钱少、易推行,而且可以动态适应城乡人口结构变化,根据需求布点建立"分馆",有助于形成阅读设施城乡全覆盖。

设施是图书馆服务提供的物理空间,是公众利用阅读资源、享受阅读服务的必要条件。但是由于服务半径问题的存在,单体设施只能覆盖有限人群。这就需要在全县域统筹规划、科学布局,合理地新建或统筹利用各类设施,互通互联,形成设施网络。这也是县域公共阅读服务体系构建的"硬件"基础。

我国颁布实施的《公共图书馆建设用地指标》(建标〔2008〕74号),认为大型图书馆服务半径不超过9公里,中型图书馆服务半径不超过6.5公里,小型图书馆服务半径不超过2.5公里。这其实为县域内公共阅读设施网络建设,提供了参考依据与基本要求。

另外,除了固定设施,还可以通过配备流动设施来实现公共阅读资源下移、服务下送。特别是在人口稀少、山高路远的贫困地区农村基层,在新建阅读设施不经济、其他设施又无法统筹利用的情形下,可以通过配备流动文化车来提供公共阅读服务。

11.2 公共阅读资源保障:突破"临界",从滞架到流转、共建共享

公共阅读设施为公众提供阅读服务,是建立在丰富的图书、报刊等阅读资源基础之上的。如果没有足够的资源支撑,设施就有可能闲置,导致公共财政资金使用效益低下。因此,贫困地区公共阅读服务体系建设,在解决了设施的配置后,还需要制定科学机制,统筹使用财

[①] 王学思.江苏江阴探索社会力量参与阅读建设——当咖啡馆遇见图书馆[N].中国文化报,2014 – 11 – 12(3).

政资金,用于购买阅读资源、提高保障水平,推动全县域阅读资源共建共享,丰富种类和数量。

11.2.1 以县级图书馆为中心,统筹使用农家书屋出版物补充经费

在贫困地区农村基层,农家书屋基本实现"村村有"。按照《农家书屋工程建设管理暂行办法》(新出发〔2008〕865 号)要求,最低资源配备标准是 1500 册图书、30 种报刊以及 100 种电子音像制品。但是,农家书屋目前普遍存在的问题是,由于资金不足导致阅读资源更新困难,甚至长期不更新。时间一长,农家书屋没有新书可看,公众阅读需求无法保障。

从现有国家政策来看,《中央补助地方农村文化建设专项资金管理暂行办法》(财教〔2013〕25 号)为每一个农家书屋每年提供 2000 元用于"出版物补充及更新",这为农家书屋的长效发展提供了基本保障。但是从现有图书购买平均一本 30 元左右的行情来看,扣除一些必要开支后,农家书屋每年最多可购新书 60 册左右,更新率低,显然还是难以满足农村居民日益增长的阅读需求。更为困难的是,当前农家书屋阅读资源是由政府统一配备,虽然兼顾到了当地民众的阅读需求,但县域内,甚至省域内的农家书屋图书配备内容基本是一样的,造成相互之间无法共享。

因此,可以以县域为基本单元,将中央财政拨付的农家书屋出版物补充经费及地方配套经费,交由县级图书馆统筹使用,用于图书资源的统一采购,然后配送至各村农家书屋,并且按时流转。假设某一乡镇有 6 个邻近的农家书屋,相互之间每两个月轮流交换一次图书,每次 200 册左右,那么,每个农家书屋在图书资源拥有总量不变的情况下,通过交换每年实际拥有不断更新的"新书"可达到 1200 册左右,从而在经费投入总量不变的情况下,盘活了图书资源,成倍提高了资金使用效益。

11.2.2 建立图书流转机制,丰富农村基层可用阅读资源数量

城乡二元的长期发展,普遍导致优质阅读资源集中在城市图书馆,而农村基层阅读资源数量少、质量差,这在贫困地区更为明显。

建立合理的图书流转机制,推动城市图书馆的优质阅读资源向下延伸,可以丰富基层阅读资源的品种和数量。例如,四川省成都市出台了《在全市深入开展公共图书流转工作的通知》(成文发〔2011〕号)文件,按照"市调控、县组织、乡流转、村管理"的原则,建立县域公共图书总分馆流转运行机制。由县图书馆为本区域公共图书流转总馆,负责每季度组织乡镇(街道)综合文化站公共图书流转一次(每次不低于5000册),乡镇(街道)综合文化站负责组织村(社区)综合文化室每月更换一次流转公共图书(每次不低于500册),从而实现全市公共图书资源合理配置和有效利用①。浙江省衢州市建立"流动文化加油站"制度,由衢州市图书馆与各类单位共建,在偏远地区或不便于使用图书馆的人群所在区域,设立馆外流通点,由衢州市图书馆提供图书,并定时更换新书,为公众提供阅读服务②。这些成熟的做法,都可供贫困地区借鉴。

11.2.3 跨界整合图书资源,实现区域内共建共享

突破文化系统限制,与界外拥有丰富阅读资源的相关机构合作,鼓励其向周边居民免费开放、共享阅读资源。例如,在江苏省常熟市,市图书馆与辖区内的常熟理工学院开展校地合作,成立常熟公共图书

---

① 成都市文化局关于在全市范围深入开展公共图书流转工作的通知[EB/OL].[2015 – 02 – 25]. http://www. chengdu. gov. cn/GovInfoOpens2/detail _ruleOf-Law. jsp? id = Nz374Wi4MpgJggVb8tnB.

② 衢州图书馆馆外流通点办理须知(附申请表)[EB/OL].[2015 – 02 – 20]. htp://www. qzldwh. gov. cn/NewsDetail. aspx? kid = 910.

流转服务中心等机构,以地校互动方式,推进两者的图书资源整合共享①。在山东省青岛市,开发区公共图书馆与辖区内的6所高校图书馆,签订《联盟协议书》,约定图书资源共享等事宜,丰富了公众阅读资源②。这些做法值得那些拥有高校等机构的贫困地区借鉴。

11.2.4 引导和鼓励社会力量参与,整合民间图书资源

建立激励机制,倡导企业、民办非企业组织、个人等社会力量参与图书馆总分馆制建设,面向公众提图书读资源③。例如,在海南省澄迈县,建立《澄迈县公共文化服务体系建设支持政策》(澄府办〔2013〕58号),鼓励和扶持建立"家庭图书馆",对拥有文史哲社科类图书300种以上且愿意为周边居民免费提供阅读服务的家庭,一次性给予奖励补贴5000元④;在湖南省长沙市,对藏书在2000册以上、愿意加入公共图书馆总分馆系统、按照公共图书馆要求向社会免费开放的私人民办图书馆,按不低于社区分馆50%的标准给予财政补助⑤。

在贫困地区,可以依托公共阅读服务体系,可以将这些里里外外、条条块块的公共的、民间的图书等阅读资源,以图书馆行业的专业化组织与管理,实现县、乡、村不同层面上的资源共享,从而节约财政成本、提升社会效益。

---

① 文化部公共文化司.江苏省苏州市第一批国家公共文化示范区集中评议汇报材料[EB/OL].[2015 – 04 – 25].http://www.cpcss.org/_d276324041.htm.
② 文化部公共文化司.山东省青岛市第一批国家公共文化示范区集中评议汇报材料[EB/OL].[2015 – 04 – 25].http://www.cpcss.org/_d276324053.htm.
③ 王子舟,尹培丽,吴汉华.中国民间图书馆的多样化特征、信息化水平与其公共空间效用[J].中国图书馆学报,2013(3):77 – 78.
④ 文化部公共文化司.海南省澄迈县第一批国家公共文化示范区集中评议汇材料[EB/OL].[2015 – 04 – 25].http://www.cpcss.org/_d276333282.htm.
⑤ 凭"一卡通"长沙市公共图书馆有望通借通还[EB/OL].[2015 – 04 – 25].http://www.changsha.gov.cn/xxgk/szfgbmxxgkml/szfgzbmxxgkml/swgxj/gzdt/201303/t20130318_439039.html.

11.3　公共阅读服务提供：免费开放，从活动到联动、城乡一体

随着 2011 年《文化部财政部关于推进全国美术馆公共图书馆文化馆（站）免费开放工作的意见》（文财务发〔2011〕5 号）的出台，免费开放已经成为我国公共阅读服务的基本原则。

但是，免费开放并不意味着它能自动地产生对阅读困难人群的帮助。对于缺乏阅读兴趣与阅读能力的人群，如果像对待普通读者一样，摆出一付平等服务的姿态，不介入读者的阅读行为，被动地等待请求阅读帮助再去服务，那么这些人群将永远无法跨越知识或信息鸿沟，无法通过阅读改变命运①。这就需要大力开展阅读推广服务，去引导、训练、帮助他们培养阅读兴趣，增强阅读能力②。阅读推广服务一般以阅读活动的形态出现，通过生动有趣的活动，引导他们感受阅读魅力，享受阅读乐趣，掌握阅读能力，形成阅读意愿。

在贫困地区的广大农村区域，有着大量的留守妇女、儿童、老人，由于各种因素造成他们阅读兴趣不大、阅读能力不足，是典型的阅读困难人群。而在农村基层又缺乏专业人才，阅读推广服务能力有限。因此，县级图书馆应当依托公共阅读服务体系，在免费开放的基础上，积极组织开展全县域联动性质的阅读活动，营造阅读氛围，开展阅读服务。

例如，在江苏省苏州市吴江区（原江苏省吴江市），由吴江图书馆（总馆）负责"培育""孵化"各类阅读活动，经过加工、优化后，由总馆推广至乡镇分馆、农村基层的村级综合文化服务中心，面向当地公众提供。这些年来，吴江图书馆打造出"故事妈妈""悦读彩虹堂""经典

---

① 范并思.阅读推广的理论自觉[J].国家图书馆学刊,2014(6):3-8.
② 范并思.阅读推广为什么?[J].公共图书馆,2013(3):4.

诵读馆"等品牌阅读活动,而且善用现代传播媒体,借助吴江电台、吴江电视台、吴越在线网站等把阅读活动很好地宣传推广了出去①。2014 年,吴江图书馆以"伴子成长"讲故事大赛为主题,在全区域内举办亲子共读活动,旨在依托区域内图书馆总分馆体系这个优质平台,吸引更多的家长和孩子参与到亲子阅读中来,从小培育幼儿良好阅读兴趣和习惯。此次活动历经两个多月,吸引了来自城乡 485 名选手参与,取得了很好效果②。这一做法,同样可以在贫困地区加以推广。

11.4　服务体系运营管理:分工明确,从总馆到分馆、各司其职

在贫困地区,以县域为基本单元的公共阅读服务体系建设基本模式,一般以县级图书馆为总馆,以乡镇(街道)综合文化站为乡镇(街道)分馆,以村(社区)综合文化服务中心(村文化室、农家书屋等)为村(社区)分馆或流动服务点,跨越条块障碍,建立公共阅读服务体系,在县域层面经费统筹使用,让资源与服务流动起来,着重解决农村基层公共阅读资源不足、服务能力不足问题,推进城乡均衡发展。村(社区)建立分馆或流动服务点,取决于当地服务人口规模和居民意愿倾向。乡镇(街道)分馆、村(社区)分馆或流动服务点的功能,也可由其他公共设施、社会设施承担。

总馆、分馆和流动服务点是一个统一整体,共同构成一个县域公共阅读服务体系。

(1)总馆职能。主要包括:负责全县图书文献的采购、编目、分类、标引、加工;负责图书文献配送到乡镇(街道)分馆;负责全县数字资源

---

① 杨阳. 媒体参与公共阅读推广策略研究[J]. 上海文化,2014(6):18 – 22.

② 吴江图书馆成功举办"伴子成长"讲故事大赛[EB/OL]. [2015 – 03 – 20]. http://www.wjlib.com/show_news.asp? id = 2207&Page = 1.

建设与服务工作;负责指导和协调读者服务工作;负责从业人员的培训指导工作;做好本馆的公共阅读活动、图书馆借阅等阵地服务工作。县级图书馆是县域公共图书馆总分馆制的领导者和发动者,一般由其承担总馆职能。

(2)乡镇(街道)分馆功能。主要包括:负责本分馆的阅读活动、图书借阅等阵地服务工作;负责本分馆正常运行的日常管理维护工作;负责本乡镇(街道)各村(社区)之间的图书流转、交换工作;负责本区域内群众需求反馈、评价工作。一般由乡镇(街道)综合文化站承担乡镇(街道)分馆职能。

(3)村(社区)分馆或流动服务点功能。主要包括:负责本分馆或服务点的按时开放工作;负责本分馆或服务点的图书借阅服务等工作;负责本分馆或服务点的图书文献的日常管理维护、交换等工作;负责本区域内群众需求反馈、评价工作。根据服务人口分布和设施网络布局要求,可以由村(社区)综合文化服务中心、其他公共设施、社会设施承担相应职能。

县域公共阅读服务体系的运营管理,需要一支懂专业、会服务的工作人员队伍。可以尝试在打通县、乡、村三级人才管理模式,建立"县聘县管、乡村使用"新型机制,通过适度提高人员管理层级、建立聘用相对分离制度,实现县级文化部门对城乡公共阅读服务队伍建设的统筹,保障公共阅读服务体系的有效运营。所谓"县聘",就是由县级人事部门和文化部门建立从业人员业培训、持证上岗制度,负责基层服务人员的评聘审批;所谓"县管",就是由县级文化部门对基层服务人员进行"统一培训、统一考核、统一管理";所谓"乡村使用",就是基层服务人员属于县级文化部门派出聘任人员,乡、村只有使用权,没有管理权,从而确保基层图书馆服务人员专岗专用。

附录 国家扶贫开发工作重点县基本情况

全国14个集中连片特殊困难地区和片区外国家扶贫开发工作重点县基本情况

序号	集中连片地区名称	所属省份	所属地市	县名	合计	街道	镇	乡	人口（万人）
1	六盘山区	陕西	宝鸡市	扶风县	8		8		44
2	六盘山区	陕西	宝鸡市	陇县	12		12		26
3	六盘山区	陕西	宝鸡市	千阳县	8		8		13
4	六盘山区	陕西	宝鸡市	麟游县	7		7		9
5	六盘山区	陕西	咸阳市	永寿县	11		11		21
6	六盘山区	陕西	咸阳市	长武县	9		9		18
7	六盘山区	陕西	咸阳市	淳化县	12		12		20
8	六盘山区	甘肃	兰州市	永登县	18		13	5	52
9	六盘山区	甘肃	兰州市	皋兰县	7		5	2	18
10	六盘山区	甘肃	兰州市	榆中县	20		8	12	43

续表

序号	集中连片地区名称	所属省份	所属地市	县名	合计	街道	镇	乡	人口(万人)
11	六盘山区	甘肃	白银市	靖远县	18		3	15	48
12	六盘山区	甘肃	白银市	会宁县	28		6	22	58
13	六盘山区	甘肃	白银市	景泰县	11		6	5	24
14	六盘山区	甘肃	天水市	清水县	18		6	12	32
15	六盘山区	甘肃	天水市	秦安县	17		5	12	62
16	六盘山区	甘肃	天水市	甘谷县	15		5	10	63
17	六盘山区	甘肃	天水市	武山县	15		6	9	46
18	六盘山区	甘肃	天水市	张家川回族自治县	15		3	12	35
19	六盘山区	甘肃	天水市	麦积区	20	3	12	5	62
20	六盘山区	甘肃	武威市	古浪县	19		9	10	40
21	六盘山区	甘肃	平凉市	崆峒区	20	3	4	13	51
22	六盘山区	甘肃	平凉市	泾川县	14		6	8	35
23	六盘山区	甘肃	平凉市	灵台县	13		5	8	23
24	六盘山区	甘肃	平凉市	庄浪县	18		5	13	44
25	六盘山区	甘肃	平凉市	静宁县	24		5	19	49

续表

序号	集中连片地区名称	所属省份	所属地市	县名	合计	街道	镇	乡	人口（万人）
26	六盘山区	甘肃	庆阳市	庆城县	15		5	10	29
27	六盘山区	甘肃	庆阳市	环县	20		4	16	35
28	六盘山区	甘肃	庆阳市	华池县	15		3	12	13
29	六盘山区	甘肃	庆阳市	合水县	12		3	9	17
30	六盘山区	甘肃	庆阳市	正宁县	10		4	6	24
31	六盘山区	甘肃	庆阳市	宁县	18		8	10	55
32	六盘山区	甘肃	庆阳市	镇原县	19		7	12	52
33	六盘山区	甘肃	定西市	安定区	21	2	12	7	47
34	六盘山区	甘肃	定西市	通渭县	18		6	12	45
35	六盘山区	甘肃	定西市	陇西县	17		9	8	51
36	六盘山区	甘肃	定西市	渭源县	16		8	8	35
37	六盘山区	甘肃	定西市	临洮县	18		12	6	54
38	六盘山区	甘肃	定西市	漳县	13		4	9	21
39	六盘山区	甘肃	定西市	岷县	18		9	9	48
40	六盘山区	甘肃	临夏回族自治州	临夏市	10	6	4		23

续表

序号	集中连片地区名称	所属省份	所属地市	县名	合计	街道	镇	乡	人口（万人）
41	六盘山区	甘肃	临夏回族自治州	临夏县	25		6	19	39
42	六盘山区	甘肃	临夏回族自治州	康乐县	15		5	10	27
43	六盘山区	甘肃	临夏回族自治州	永靖县	17		10	7	20
44	六盘山区	甘肃	临夏回族自治州	广河县	9		6	3	24
45	六盘山区	甘肃	临夏回族自治州	和政县	13		6	7	20
46	六盘山区	甘肃	临夏回族自治州	东乡族自治县	23		5	18	31
47	六盘山区	甘肃	临夏回族自治州	积石山自治县	17		4	13	25
48	六盘山区	青海	西宁市	湟中县	15		10	5	47
49	六盘山区	青海	西宁市	湟源县	9		2	7	14
50	六盘山区	青海	海东地区	民和回族土族自治县	22		8	14	41
51	六盘山区	青海	海东地区	乐都县	19		7	12	28
52	六盘山区	青海	海东地区	互助土族自治县	19		8	11	38
53	六盘山区	青海	海东地区	化隆回族自治县	17		6	11	28
54	六盘山区	青海	海东地区	循化撒拉族自治县	9		3	6	14
55	六盘山区	宁夏	吴忠市	同心县	11		7	4	40

续表

序号	集中连片地区名称	所属省份	所属地市	县名	合计	街道	镇	乡	人口（万人）
56	六盘山山区	宁夏	固原市	原州区	14	3	7	4	45
57	六盘山山区	宁夏	固原市	西吉县	19		3	16	51
58	六盘山山区	宁夏	固原市	隆德县	13		3	10	18
59	六盘山山区	宁夏	固原市	泾源县	7		3	4	13
60	六盘山山区	宁夏	固原市	彭阳县	12		3	9	26
61	六盘山山区	宁夏	中卫市	海原县	17		5	12	46
62	秦巴山山区	河南	洛阳市	嵩县	16		9	7	59
63	秦巴山山区	河南	洛阳市	汝阳县	13		7	6	48
64	秦巴山山区	河南	洛阳市	洛宁县	18		10	8	52
65	秦巴山山区	河南	洛阳市	栾川县	14		12	2	34
66	秦巴山山区	河南	平顶山市	鲁山县	24	4	5	15	92
67	秦巴山山区	河南	三门峡市	卢氏县	19		9	10	38
68	秦巴山山区	河南	南阳市	南召县	16		8	8	65
69	秦巴山山区	河南	南阳市	内乡县	16		10	6	70
70	秦巴山山区	河南	南阳市	镇平县	22	3	14	5	105

续表

序号	集中连片地区名称	所属省份	所属地市	县名	合计	街道	镇	乡	人口（万人）
71	秦巴山区	河南	南阳市	淅川县	17	2	11	4	81
72	秦巴山区	湖北	十堰市	郧县	19		16	3	64
73	秦巴山区	湖北	十堰市	郧西县	16		9	7	51
74	秦巴山区	湖北	十堰市	竹山县	17		9	8	47
75	秦巴山区	湖北	十堰市	竹溪县	15		8	7	37
76	秦巴山区	湖北	十堰市	房县	19		11	8	49
77	秦巴山区	湖北	十堰市	丹江口市	17	5	11	1	46
78	秦巴山区	湖北	襄樊市【襄阳市】	保康县	11		10	1	28
79	秦巴山区	重庆	重庆市	城口县	25	2	6	17	25
80	秦巴山区	重庆	重庆市	云阳县	42	4	26	12	134
81	秦巴山区	重庆	重庆市	奉节县	30		19	11	105
82	秦巴山区	重庆	重庆市	巫山县	26	2	11	13	63
83	秦巴山区	重庆	重庆市	巫溪县	32	2	15	15	53
84	秦巴山区	四川	绵阳市	北川羌族自治县	23		6	17	24
85	秦巴山区	四川	绵阳市	平武县	25		9	16	19

续表

序号	集中连片地区名称	所属省份	所属地市	县名	合计	街道	镇	乡	人口（万人）
86	秦巴山区	四川	广元市	元坝区	29	1	9	19	24
87	秦巴山区	四川	广元市	朝天区	25		6	19	21
88	秦巴山区	四川	广元市	旺苍县	35		15	20	46
89	秦巴山区	四川	广元市	青川县	36		9	27	24
90	秦巴山区	四川	广元市	剑阁县	57		23	24	69
91	秦巴山区	四川	广元市	苍溪县	39		22	17	79
92	秦巴山区	四川	南充市	仪陇县	57		29	28	111
93	秦巴山区	四川	达州市	宣汉县	54		21	33	130
94	秦巴山区	四川	达州市	万源市	52	6	12	40	59
95	秦巴山区	四川	巴中市	巴州区	54		23	25	138
96	秦巴山区	四川	巴中市	通江县	49		14	35	77
97	秦巴山区	四川	南江市	南江县	48		11	37	68
98	秦巴山区	四川	巴中市	平昌县	43		17	26	105
99	秦巴山区	陕西	西安市	周至县	22		22		67
100	秦巴山区	陕西	宝鸡市	太白县	7		7		5

续表

序号	集中连片地区名称	所属省份	所属地市	县名	合计	街道	镇	乡	人口（万人）
101	秦巴山区	陕西	汉中市	南郑县	22		22		55
102	秦巴山区	陕西	汉中市	城固县	18		18		53
103	秦巴山区	陕西	汉中市	洋县	20		20		44
104	秦巴山区	陕西	汉中市	西乡县	18		18		41
105	秦巴山区	陕西	汉中市	勉县	19		19		42
106	秦巴山区	陕西	汉中市	宁强县	21		21		33
107	秦巴山区	陕西	汉中市	略阳县	18		18		20
108	秦巴山区	陕西	汉中市	镇巴县	21		21		29
109	秦巴山区	陕西	汉中市	留坝县	8		8		4
110	秦巴山区	陕西	汉中市	佛坪县	8	4	8		3
111	秦巴山区	陕西	安康市	汉滨区	34		30		101
112	秦巴山区	陕西	安康市	汉阴县	14		14		31
113	秦巴山区	陕西	安康市	石泉县	11		11		8
114	秦巴山区	陕西	安康市	宁陕县	12		12		7
115	秦巴山区	陕西	安康市	紫阳县	21		21		34

续表

序号	集中连片地区名称	所属省份	所属地市	县名	合计	街道	镇	乡	人口（万人）
116	秦巴山区	陕西	安康市	岚皋县	15		15		17
117	秦巴山区	陕西	安康市	平利县	11		11		24
118	秦巴山区	陕西	安康市	镇坪县	9		9		6
119	秦巴山区	陕西	安康市	旬阳县	22		22		45
120	秦巴山区	陕西	安康市	白河县	12		12		21
121	秦巴山区	陕西	商洛市	商州区	23	4	19		55
122	秦巴山区	陕西	商洛市	洛南县	19		19		45
123	秦巴山区	陕西	商洛市	丹凤县	16		16		30
124	秦巴山区	陕西	商洛市	商南县	13		13		24
125	秦巴山区	陕西	商洛市	山阳县	23		23		45
126	秦巴山区	陕西	商洛市	镇安县	19		19		30
127	秦巴山区	陕西	商洛市	柞水县	13		13		16
128	秦巴山区	甘肃	陇南市	武都区	36		12	24	58
129	秦巴山区	甘肃	陇南市	成县	17		12	5	26
130	秦巴山区	甘肃	陇南市	文县	20		4	16	25

续表

序号	集中连片地区名称	所属省份	所属地市	县名	合计	街道	镇	乡	人口（万人）
131	秦巴山区	甘肃	陇南市	宕昌县	25		6	19	30
132	秦巴山区	甘肃	陇南市	康县	21		8	13	20
133	秦巴山区	甘肃	陇南市	西和县	20		6	14	43
134	秦巴山区	甘肃	陇南市	礼县	29		4	25	52
135	秦巴山区	甘肃	陇南市	徽县	15		7	8	22
136	秦巴山区	甘肃	陇南市	两当县	12		3	9	5
137	武陵山区	湖北	宜昌市	秭归县	12		8	4	38
138	武陵山区	湖北	宜昌市	长阳土家族自治县	11		8	3	41
139	武陵山区	湖北	宜昌市	五峰土家族自治县	8		5	3	21
140	武陵山区	湖北	恩施土家族苗族自治州	恩施市	16	3	3	10	80
141	武陵山区	湖北	恩施土家族苗族自治州	利川市	14	2	6	6	90
142	武陵山区	湖北	恩施土家族苗族自治州	建始县	10		6	4	51

续表

序号	集中连片地区名称	所属省份	所属地市	县名	合计	街道	镇	乡	人口（万人）
143	武陵山区	湖北	恩施土家族苗族自治州	巴东县	12		10	2	49
144	武陵山区	湖北	恩施土家族苗族自治州	宣恩县	9		3	6	36
145	武陵山区	湖北	恩施土家族苗族自治州	咸丰县	10		5	5	38
146	武陵山区	湖北	恩施土家族苗族自治州	来凤县	8		4	4	32
147	武陵山区	湖北	恩施土家族苗族自治州	鹤峰县	9		2	7	22
148	武陵山区	湖南	邵阳市	新邵县	15		11	4	80
149	武陵山区	湖南	邵阳市	邵阳县	22		12	10	102
150	武陵山区	湖南	邵阳市	隆回县	26		16	10	119
151	武陵山区	湖南	邵阳市	洞口县	22		10	12	85
152	武陵山区	湖南	邵阳市	绥宁县	25		6	19	37

续表

序号	集中连片地区名称	所属省份	所属地市	县名	合计	街道	镇	乡	人口（万人）
153	武陵山区	湖南	邵阳市	新宁县	18		9	9	61
154	武陵山区	湖南	邵阳市	城步苗族自治县	12		6	6	27
155	武陵山区	湖南	邵阳市	武冈市	21	4	8	9	81
156	武陵山区	湖南	常德市	石门县	19		11	8	68
157	武陵山区	湖南	张家界市	慈利县	31		13	18	70
158	武陵山区	湖南	张家界市	桑植县	38		9	29	46
159	武陵山区	湖南	益阳市	安化县	23		18	5	100
160	武陵山区	湖南	怀化市	中方县	22		9	13	28
161	武陵山区	湖南	怀化市	沅陵县	23		8	15	66
162	武陵山区	湖南	怀化市	辰溪县	30		8	22	52
163	武陵山区	湖南	怀化市	溆浦县	43		14	29	90
164	武陵山区	湖南	怀化市	会同县	25		8	7	36
165	武陵山区	湖南	怀化市	麻阳苗族自治县	23		6	17	40
166	武陵山区	湖南	怀化市	新晃侗族自治县	23		7	16	27
167	武陵山区	湖南	怀化市	芷江侗族自治县	28		5	23	39

续表

序号	集中连片地区名称	所属省份	所属地市	县名	合计	街道	镇	乡	人口（万人）
168	武陵山区	湖南	怀化市	靖州苗族侗族自治县	13		6	7	27
169	武陵山区	湖南	怀化市	通道侗族自治县	21		8	13	23
170	武陵山区	湖南	娄底市	新化县	26		19	7	139
171	武陵山区	湖南	娄底市	涟源市	20	1	17	2	116
172	武陵山区	湖南	湘西土家族苗族自治州	泸溪县	15		8	7	31
173	武陵山区	湖南	湘西土家族苗族自治州	凤凰县	24		9	15	42
174	武陵山区	湖南	湘西土家族苗族自治州	保靖县	16		10	6	30
175	武陵山区	湖南	湘西土家族苗族自治州	古丈县	12		5	7	14
176	武陵山区	湖南	湘西土家族苗族自治州	永顺县	30		12	18	53

续表

序号	集中连片地区名称	所属省份	所属地市	县名	合计	街道	镇	乡	人口（万人）
177	武陵山区	湖南	湘西土家族苗族自治州	龙山县	34	3	11	20	58
178	武陵山区	湖南	湘西土家族苗族自治州	花垣县	18		8	10	30
179	武陵山区	重庆	重庆市	丰都县	30	2	21	7	84
180	武陵山区	重庆	重庆市	石柱土家族自治县	32		17	15	54
181	武陵山区	重庆	重庆市	秀山土家族苗族自治县	27	3	18	6	65
182	武陵山区	重庆	重庆市	酉阳土家族苗族自治县	38		15	23	84
183	武陵山区	重庆	重庆市	彭水苗族土家族自治县	39	3	14	22	68
184	武陵山区	重庆	重庆市	黔江区	30	6	12	12	54
185	武陵山区	重庆	重庆市	武隆县	26		12	14	41
186	武陵山区	贵州	遵义市	正安县	19		11	8	64

续表

序号	集中连片地区名称	所属省份	所属地市	县名	合计	街道	镇	乡	人口（万人）
187	武陵山区	贵州	遵义市	道真仡佬族苗族自治县	14		10	4	34
188	武陵山区	贵州	遵义市	务川仡佬族苗族自治县	15		10	5	45
189	武陵山区	贵州	遵义市	凤冈县	14		9	5	43
190	武陵山区	贵州	遵义市	湄潭县	15		9	6	49
191	武陵山区	贵州	铜仁地区[铜仁市]	铜仁市[碧江区]	13	4	4	5	29
192	武陵山区	贵州	铜仁地区[铜仁市]	江口县	9		2	7	24
193	武陵山区	贵州	铜仁地区[铜仁市]	玉屏侗族自治县	6		4	2	15
194	武陵山区	贵州	铜仁地区[铜仁市]	石阡县	18		7	11	41
195	武陵山区	贵州	铜仁地区[铜仁市]	思南县	27		13	14	67
196	武陵山区	贵州	铜仁地区[铜仁市]	印江土家族苗族自治县	17		9	8	43
197	武陵山区	贵州	铜仁地区[铜仁市]	德江县	20		7	13	52
198	武陵山区	贵州	铜仁地区[铜仁市]	沿河土家族自治县	22		10	12	65

续表

序号	集中连片地区名称	所属省份	所属地市	县名	合计	街道	镇	乡	人口（万人）
199	武陵山区	贵州	铜仁地区【铜仁市】	松桃苗族自治县	28		13	15	70
200	武陵山区	贵州	铜仁地区【铜仁市】	万山区	9	1	2	6	15
201	乌蒙山区	四川	泸州市	叙永县	25		11	14	72
202	乌蒙山区	四川	泸州市	古蔺县	26		12	14	85
203	乌蒙山区	四川	乐山市	沐川县	19		7	12	26
204	乌蒙山区	四川	乐山市	马边彝族自治县	20		2	18	20
205	乌蒙山区	四川	宜宾市	屏山县	15		8	7	31
206	乌蒙山区	四川	凉山彝族自治州	普格县	34		3	31	17
207	乌蒙山区	四川	凉山彝族自治州	布拖县	30		3	27	17
208	乌蒙山区	四川	凉山彝族自治州	金阳县	34		4	30	18
209	乌蒙山区	四川	凉山彝族自治州	昭觉县	47		1	46	28
210	乌蒙山区	四川	凉山彝族自治州	喜德县	24		7	17	21
211	乌蒙山区	四川	凉山彝族自治州	越西县	41		5	36	32
212	乌蒙山区	四川	凉山彝族自治州	美姑县	36		1	35	24
213	乌蒙山区	四川	凉山彝族自治州	雷波县	49		4	45	25

续表

序号	集中连片地区名称	所属省份	所属地市	县名	合计	街道	镇	乡	人口（万人）
214	乌蒙山区	贵州	遵义市	桐梓县	24		16	8	70
215	乌蒙山区	贵州	遵义市	习水县	23		14	9	71
216	乌蒙山区	贵州	遵义市	赤水市	17	3	9	5	31
217	乌蒙山区	贵州	毕节地区〔毕节市〕	毕节市〔七星关区〕	41	6	27	8	148
218	乌蒙山区	贵州	毕节地区〔毕节市〕	大方县	36		10	26	108
219	乌蒙山区	贵州	毕节地区〔毕节市〕	黔西县	31	4	12	15	91
220	乌蒙山区	贵州	毕节地区〔毕节市〕	织金县	32		11	21	109
221	乌蒙山区	贵州	毕节地区〔毕节市〕	纳雍县	25		9	16	94
222	乌蒙山区	贵州	毕节地区〔毕节市〕	威宁彝族回族苗族自治县	35		19	16	139
223	乌蒙山区	贵州	毕节地区〔毕节市〕	赫章县	27		6	21	77
224	乌蒙山区	云南	昆明市	禄劝彝族苗族自治县	16	1	9	6	47
225	乌蒙山区	云南	昆明市	寻甸回族彝族自治县	14	1	9	4	54
226	乌蒙山区	云南	曲靖市	会泽县	21		8	13	101
227	乌蒙山区	云南	曲靖市	宣威市	26	4	14	8	148

续表

序号	集中连片地区名称	所属省份	所属地市	县名	合计	街道	镇	乡	人口（万人）
228	乌蒙山区	云南	昭通市	昭阳区	20	3	3	14	83
229	乌蒙山区	云南	昭通市	鲁甸县	12		3	9	43
230	乌蒙山区	云南	昭通市	巧家县	16		6	10	57
231	乌蒙山区	云南	昭通市	盐津县	10		6	4	39
232	乌蒙山区	云南	昭通市	大关县	9		6	3	28
233	乌蒙山区	云南	昭通市	永善县	15		6	9	45
234	乌蒙山区	云南	昭通市	绥江县	5		4	1	17
235	乌蒙山区	云南	昭通市	镇雄县	28		16	12	150
236	乌蒙山区	云南	昭通市	彝良县	15		3	12	58
237	乌蒙山区	云南	昭通市	威信县	10		5	5	42
238	乌蒙山区	云南	楚雄彝族自治州	武定县	11		3	8	27
239	滇桂黔石漠化区	广西	柳州市	融安县	12		6	6	33
240	滇桂黔石漠化区	广西	柳州市	融水苗族自治县	20		4	16	51
241	滇桂黔石漠化区	广西	柳州市	三江侗族自治县	15		3	12	38
242	滇桂黔石漠化区	广西	桂林市	龙胜各族自治县	10		3	7	18

续表

序号	集中连片地区名称	所属省份	所属地市	县名	合计	街道	镇	乡	人口（万人）
243	滇桂黔石漠化区	广西	桂林市	资源县	7		1	3	17
244	滇桂黔石漠化区	广西	南宁市	隆安县	10		6	4	40
245	滇桂黔石漠化区	广西	南宁市	马山县	11		7	4	54
246	滇桂黔石漠化区	广西	南宁市	上林县	11		7	4	49
247	滇桂黔石漠化区	广西	百色市	田阳县	10		7	3	35
248	滇桂黔石漠化区	广西	百色市	德保县	12		5	7	37
249	滇桂黔石漠化区	广西	百色市	靖西县	19		8	11	64
250	滇桂黔石漠化区	广西	百色市	那坡县	9		2	7	21
251	滇桂黔石漠化区	广西	百色市	凌云县	8		3	5	21
252	滇桂黔石漠化区	广西	百色市	乐业县	8		4	4	17
253	滇桂黔石漠化区	广西	百色市	田林县	14		4	10	25
254	滇桂黔石漠化区	广西	百色市	西林县	8		2	6	15
255	滇桂黔石漠化区	广西	百色市	隆林各族自治县	16		4	12	41
256	滇桂黔石漠化区	广西	河池市	凤山县	9		1	8	21
257	滇桂黔石漠化区	广西	河池市	东兰县	14		5	9	30

续表

序号	集中连片地区名称	所属省份	所属地市	县名	合计	街道	镇	乡	人口（万人）
258	滇桂黔石漠化区	广西	河池市	罗城仫佬族自治县	11		7	4	38
259	滇桂黔石漠化区	广西	河池市	环江毛南族自治县	12		6	6	38
260	滇桂黔石漠化区	广西	河池市	巴马瑶族自治县	10		1	9	28
261	滇桂黔石漠化区	广西	河池市	都安瑶族自治县	19		2	17	70
262	滇桂黔石漠化区	广西	河池市	大化瑶族自治县	16		3	13	46
263	滇桂黔石漠化区	广西	来宾市	忻城县	12		5	7	42
264	滇桂黔石漠化区	广西	崇左市	宁明县	13		4	9	43
265	滇桂黔石漠化区	广西	崇左市	龙州县	12		5	7	27
266	滇桂黔石漠化区	广西	崇左市	大新县	14		5	9	37
267	滇桂黔石漠化区	广西	崇左市	天等县	13		4	9	44
268	滇桂黔石漠化区	贵州	六盘水市	六枝特区	19		5	14	69
269	滇桂黔石漠化区	贵州	六盘水市	水城县	33		1	32	83
270	滇桂黔石漠化区	贵州	安顺市	西秀区	24	7	10	7	87
271	滇桂黔石漠化区	贵州	安顺市	平坝县	10		6	4	35
272	滇桂黔石漠化区	贵州	安顺市	普定县	11		5	6	46

续表

序号	集中连片地区名称	所属省份	所属地市	县名	合计	街道	镇	乡	人口（万人）
273	滇桂黔石漠化区	贵州	安顺市	镇宁布依族苗族自治县	16		4	12	38
274	滇桂黔石漠化区	贵州	安顺市	关岭布依族苗族自治县	14		8	6	37
275	滇桂黔石漠化区	贵州	安顺市	紫云苗族布依族自治县	12		5	7	37
276	滇桂黔石漠化区	贵州	黔西南布依族苗族自治州	兴仁县	18	4	8	6	51
277	滇桂黔石漠化区	贵州	黔西南布依族苗族自治州	普安县	14		8	6	33
278	滇桂黔石漠化区	贵州	黔西南布依族苗族自治州	晴隆县	14		8	6	33
279	滇桂黔石漠化区	贵州	黔西南布依族苗族自治州	贞丰县	13		6	7	40

续表

序号	集中连片地区名称	所属省份	所属地市	县名	合计	街道	镇	乡	人口（万人）
280	滇桂黔石漠化区	贵州	黔西南布依族苗族自治州	望谟县	17		8	9	32
281	滇桂黔石漠化区	贵州	黔西南布依族苗族自治州	册亨县	14		9	5	24
282	滇桂黔石漠化区	贵州	黔西南布依族苗族自治州	安龙县	16		11	5	46
283	滇桂黔石漠化区	贵州	黔东南苗族侗族自治州	黄平县	14		5	9	38
284	滇桂黔石漠化区	贵州	黔东南苗族侗族自治州	施秉县	8		4	4	17
285	滇桂黔石漠化区	贵州	黔东南苗族侗族自治州	三穗县	9		5	4	22
286	滇桂黔石漠化区	贵州	黔东南苗族侗族自治州	镇远县	12		6	6	27

续表

序号	集中连片地区名称	所属省份	所属地市	县名	合计	街道	镇	乡	人口（万人）
287	滇桂黔石漠化区	贵州	黔东南苗族侗族自治州	岑巩县	11		4	7	23
288	滇桂黔石漠化区	贵州	黔东南苗族侗族自治州	天柱县	16		10	6	40
289	滇桂黔石漠化区	贵州	黔东南苗族侗族自治州	锦屏县	15		7	8	23
290	滇桂黔石漠化区	贵州	黔东南苗族侗族自治州	剑河县	12		5	7	25
291	滇桂黔石漠化区	贵州	黔东南苗族侗族自治州	台江县	8		2	6	16
292	滇桂黔石漠化区	贵州	黔东南苗族侗族自治州	黎平县	25		10	15	52
293	滇桂黔石漠化区	贵州	黔东南苗族侗族自治州	榕江县	19		6	13	35

续表

序号	集中连片地区名称	所属省份	所属地市	县名	合计	街道	镇	乡	人口（万人）
294	滇桂黔石漠化区	贵州	黔东南苗族侗族自治州	从江县	21		7	14	34
295	滇桂黔石漠化区	贵州	黔东南苗族侗族自治州	雷山县	9		4	5	15
296	滇桂黔石漠化区	贵州	黔东南苗族侗族自治州	麻江县	9		4	5	21
297	滇桂黔石漠化区	贵州	黔东南苗族侗族自治州	丹寨县	7		3	4	16
298	滇桂黔石漠化区	贵州	黔南布依族苗族自治州	荔波县	17		6	11	17
299	滇桂黔石漠化区	贵州	黔南布依族苗族自治州	贵定县	20		8	12	29
300	滇桂黔石漠化区	贵州	黔南布依族苗族自治州	独山县	18		8	10	35

续表

序号	集中连片地区名称	所属省份	所属地市	县名	合计	街道	镇	乡	人口（万人）
301	滇桂黔石漠化区	贵州	黔南布依族苗族自治州	平塘县	19		9	10	32
302	滇桂黔石漠化区	贵州	黔南布依族苗族自治州	罗甸县	26		7	19	34
303	滇桂黔石漠化区	贵州	黔南布依族苗族自治州	长顺县	17		7	10	26
304	滇桂黔石漠化区	贵州	黔南布依族苗族自治州	龙里县	14		6	8	22
305	滇桂黔石漠化区	贵州	黔南布依族苗族自治州	惠水县	25		8	17	45
306	滇桂黔石漠化区	贵州	黔南布依族苗族自治州	三都水族自治县	21		10	11	36
307	滇桂黔石漠化区	贵州	黔南布依族苗族自治州	瓮安县	23		9	14	47
308	滇桂黔石漠化区	云南	曲靖市	师宗县	8		5	3	41

续表

序号	集中连片地区名称	所属省份	所属地市	县名	合计	街道	镇	乡	人口（万人）
309	滇桂黔石漠化区	云南	曲靖市	罗平县	12		6	6	61
310	滇桂黔石漠化区	云南	红河哈尼族彝族自治州	屏边苗族自治县	7		1	6	16
311	滇桂黔石漠化区	云南	红河哈尼族彝族自治州	泸西县	8		5	3	42
312	滇桂黔石漠化区	云南	文山壮族苗族自治州	砚山县	11		4	7	49
313	滇桂黔石漠化区	云南	文山壮族苗族自治州	西畴县	9		2	7	26
314	滇桂黔石漠化区	云南	文山壮族苗族自治州	麻栗坡县	11		4	7	29
315	滇桂黔石漠化区	云南	文山壮族苗族自治州	马关县	13		9	4	38
316	滇桂黔石漠化区	云南	文山壮族苗族自治州	丘北县	12		3	9	52
317	滇桂黔石漠化区	云南	文山壮族苗族自治州	广南县	18		7	11	84
318	滇桂黔石漠化区	云南	文山壮族苗族自治州	富宁县	13		6	7	44
319	滇西边境山区	云南	保山市	隆阳区	18	2	6	10	90
320	滇西边境山区	云南	保山市	施甸县	13		5	8	34
321	滇西边境山区	云南	保山市	龙陵县	10		3	7	29

续表

序号	集中连片地区名称	所属省份	所属地市	县名	合计	街道	镇	乡	人口（万人）
322	滇西边境山区	云南	保山市	昌宁县	13		5	8	35
323	滇西边境山区	云南	丽江市	玉龙纳西族自治县	16		3	13	22
324	滇西边境山区	云南	丽江市	永胜县	15		6	9	40
325	滇西边境山区	云南	丽江市	宁蒗彝族自治县	15		1	14	27
326	滇西边境山区	云南	普洱市	宁洱哈尼族彝族自治县	9		2	7	19
327	滇西边境山区	云南	普洱市	墨江哈尼族自治县	15		2	13	37
328	滇西边境山区	云南	普洱市	景东彝族自治县	13		4	9	36
329	滇西边境山区	云南	普洱市	景谷傣族彝族自治县	10		4	6	31
330	滇西边境山区	云南	普洱市	镇沅彝族哈尼族拉祜族自治县	9		5	4	21
331	滇西边境山区	云南	普洱市	江城哈尼族彝族自治县	7		2	5	11
332	滇西边境山区	云南	普洱市	孟连傣族拉祜族佤族自治县	6		3	3	13

续表

序号	集中连片地区名称	所属省份	所属地市	县名	合计	街道	镇	乡	人口（万人）
333	滇西边境山区	云南	普洱市	澜沧拉祜族自治县	20		3	17	49
334	滇西边境山区	云南	普洱市	西盟佤族自治县	7		2	5	9
335	滇西边境山区	云南	临沧市	临翔区	10	2	1	7	31
336	滇西边境山区	云南	临沧市	凤庆县	13		8	5	44
337	滇西边境山区	云南	临沧市	云县	12		7	5	44
338	滇西边境山区	云南	临沧市	永德县	10		3	7	35
339	滇西边境山区	云南	临沧市	镇康县	7		3	4	18
340	滇西边境山区	云南	临沧市	双江拉祜族佤族布朗族傣族自治县	6		2	4	17
341	滇西边境山区	云南	临沧市	耿马傣族佤族自治县	9		4	5	28
342	滇西边境山区	云南	临沧市	沧源佤族自治县	10		4	6	17
343	滇西边境山区	云南	楚雄彝族自治州	双柏县	8		5	3	16
344	滇西边境山区	云南	楚雄彝族自治州	牟定县	7		4	3	20
345	滇西边境山区	云南	楚雄彝族自治州	南华县	10		6	4	24
346	滇西边境山区	云南	楚雄彝族自治州	姚安县	9		5	4	21

续表

序号	集中连片地区名称	所属省份	所属地市	县名	合计	街道	镇	乡	人口（万人）
347	滇西边境山区	云南	楚雄彝族自治州	大姚县	12		3	9	28
348	滇西边境山区	云南	楚雄彝族自治州	永仁县	7		3	4	11
349	滇西边境山区	云南	红河哈尼族彝族自治州	石屏县	9		7	2	31
350	滇西边境山区	云南	红河哈尼族彝族自治州	元阳县	14		2	12	42
351	滇西边境山区	云南	红河哈尼族彝族自治州	红河县	13		1	12	32
352	滇西边境山区	云南	红河哈尼族彝族自治州	金平苗族瑶族傣族自治县	13		2	11	38
353	滇西边境山区	云南	红河哈尼族彝族自治州	绿春县	9		1	8	23
354	滇西边境山区	云南	西双版纳傣族自治州	勐海县	11		6	5	32
355	滇西边境山区	云南	西双版纳傣族自治州	勐腊县	10		7	3	22
356	滇西边境山区	云南	大理白族自治州	漾濞彝族自治县	9		3	6	10

续表

序号	集中连片地区名称	所属省份	所属地区市	县名	合计	街道	镇	乡	人口（万人）
357	滇西边境山区	云南	大理白族自治州	祥云县	10		8	2	47
358	滇西边境山区	云南	大理白族自治州	宾川县	10		8	2	35
359	滇西边境山区	云南	大理白族自治州	弥渡县	8		5	3	33
360	滇西边境山区	云南	大理白族自治州	南涧彝族自治县	8		5	3	23
361	滇西边境山区	云南	大理白族自治州	巍山彝族回族自治县	10		4	6	31
362	滇西边境山区	云南	大理白族自治州	永平县	7		3	4	18
363	滇西边境山区	云南	大理白族自治州	云龙县	11		4	7	21
364	滇西边境山区	云南	大理白族自治州	洱源县	9		6	3	29
365	滇西边境山区	云南	大理白族自治州	剑川县	8		5	3	18
366	滇西边境山区	云南	大理白族自治州	鹤庆县	9		7	2	27
367	滇西边境山区	云南	德宏傣族景颇族自治州	潞西市［芒市］	12	1	5	6	37
368	滇西边境山区	云南	德宏傣族景颇族自治州	梁河县	9		3	6	17

续表

序号	集中连片地区名称	所属省份	所属地市	县名	合计	街道	镇	乡	人口（万人）
369	滇西边境山区	云南	德宏傣族景颇族自治州	盈江县	15		8	7	29
370	滇西边境山区	云南	德宏傣族景颇族自治州	陇川县	9		4	5	18
371	滇西边境山区	云南	怒江傈僳族自治州	泸水县	9		6	3	17
372	滇西边境山区	云南	怒江傈僳族自治州	福贡县	7		1	6	10
373	滇西边境山区	云南	怒江傈僳族自治州	贡山独龙族怒族自治县	5		2	3	4
374	滇西边境山区	云南	怒江傈僳族自治州	兰坪白族普米族自治县	8		4	4	21
375	大兴安岭南麓山区	内蒙古	兴安盟	阿尔山市	6	3	3		5
376	大兴安岭南麓山区	内蒙古	兴安盟	科尔沁右翼前旗	11		8	3	34
377	大兴安岭南麓山区	内蒙古	兴安盟	科尔沁右翼中旗	8		6	2	26
378	大兴安岭南麓山区	内蒙古	兴安盟	扎赉特旗	9		7	2	40
379	大兴安岭南麓山区	内蒙古	兴安盟	突泉县	6		6		31

续表

序号	集中连片地区名称	所属省份	所属地市	县名	合计	街道	镇	乡	人口（万人）
380	大兴安岭南麓山区	吉林	白城市	镇赉县	11		7	4	29
381	大兴安岭南麓山区	吉林	白城市	通榆县	16		8	8	37
382	大兴安岭南麓山区	吉林	白城市	大安市	23	5	10	8	42
383	大兴安岭南麓山区	黑龙江	齐齐哈尔市	龙江县	14		5	9	61
384	大兴安岭南麓山区	黑龙江	齐齐哈尔市	泰来县	10		8	2	33
385	大兴安岭南麓山区	黑龙江	齐齐哈尔市	甘南县	10		5	5	40
386	大兴安岭南麓山区	黑龙江	齐齐哈尔市	富裕县	10		5	5	30
388	大兴安岭南麓山区	黑龙江	齐齐哈尔市	克东县	7		4	3	30
389	大兴安岭南麓山区	黑龙江	齐齐哈尔市	拜泉县	16		7	9	60
387	大兴安岭南麓山区	黑龙江	大庆市	林甸县	8		4	4	27
390	大兴安岭南麓山区	黑龙江	绥化市	明水县	12		5	7	37
391	大兴安岭南麓山区	黑龙江	绥化市	青冈县	15		6	9	48
392	大兴安岭南麓山区	黑龙江	绥化市	望奎县	15		7	8	49
393	大兴安岭南麓山区	黑龙江	绥化市	兰西县	15		4	11	54
394	燕山—太行山区	河北	保定市	涞水县	15		7	8	28

续表

序号	集中连片地区名称	所属省份	所属地市	县名	合计	街道	镇	乡	人口（万人）
395	燕山—太行山区	河北	保定市	阜平县	13		5	8	32
396	燕山—太行山区	河北	保定市	唐县	20		7	13	34
397	燕山—太行山区	河北	保定市	涞源县	17		7	10	59
398	燕山—太行山区	河北	保定市	望都县	8		2	6	27
399	燕山—太行山区	河北	保定市	易县	27		9	18	35
400	燕山—太行山区	河北	保定市	曲阳县	18		5	13	53
401	燕山—太行山区	河北	保定市	顺平县	10		5	5	59
402	燕山—太行山区	河北	张家口市	宣化县	13		8	5	31
403	燕山—太行山区	河北	张家口市	张北县	20		5	15	38
404	燕山—太行山区	河北	张家口市	康保县	15		7	8	28
405	燕山—太行山区	河北	张家口市	沽源县	15	1	4	10	23
406	燕山—太行山区	河北	张家口市	尚义县	14		7	7	19
407	燕山—太行山区	河北	张家口市	蔚县	22		11	11	49
408	燕山—太行山区	河北	张家口市	阳原县	14		5	9	28
409	燕山—太行山区	河北	张家口市	怀安县	11		4	7	25

续表

序号	集中连片地区名称	所属省份	所属地市	县名	合计	街道	镇	乡	人口（万人）
410	燕山—太行山区	河北	张家口市	万全县	11		4	7	23
411	燕山—太行山区	河北	承德市	承德县	23		6	17	42
412	燕山—太行山区	河北	承德市	平泉县	19		10	9	47
413	燕山—太行山区	河北	承德市	隆化县	25		10	15	44
414	燕山—太行山区	河北	承德市	丰宁满族自治县	26		9	17	40
415	燕山—太行山区	河北	承德市	围场满族蒙古族自治县	37		7	30	53
416	燕山—太行山区	山西	大同市	阳高县	13		7	6	29
417	燕山—太行山区	山西	大同市	天镇县	11		5	6	22
418	燕山—太行山区	山西	大同市	广灵县	9		2	7	18
419	燕山—太行山区	山西	大同市	灵丘县	12		3	9	24
420	燕山—太行山区	山西	大同市	浑源县	18		6	12	36
421	燕山—太行山区	山西	大同市	大同县	10		3	7	18
422	燕山—太行山区	山西	忻州市	五台县	19		6	13	32
423	燕山—太行山区	山西	忻州市	繁峙县	13		3	10	27

续表

序号	集中连片地区名称	所属省份	所属地区市	县名	合计	街道	镇	乡	人口（万人）
424	燕山—太行山区	内蒙古	乌兰察布市	化德县	5		3	2	18
425	燕山—太行山区	内蒙古	乌兰察布市	商都县	9		6	3	35
426	燕山—太行山区	内蒙古	乌兰察布市	兴和县	7		5	2	33
427	吕梁山区	山西	忻州市	静乐县	14		4	10	16
428	吕梁山区	山西	忻州市	神池县	10		3	7	10
429	吕梁山区	山西	忻州市	五寨县	12		3	9	12
430	吕梁山区	山西	忻州市	岢岚县	12		2	10	8
431	吕梁山区	山西	临汾市	吉县	7		4	3	9
432	吕梁山区	山西	临汾市	大宁县	6		2	4	7
433	吕梁山区	山西	临汾市	隰县	8		3	5	11
434	吕梁山区	山西	临汾市	永和县	7		2	5	7
435	吕梁山区	山西	临汾市	汾西县	8		5	3	15
436	吕梁山区	山西	吕梁市	兴县	17		7	10	31
437	吕梁山区	山西	吕梁市	临县	23		13	10	63
438	吕梁山区	山西	吕梁市	石楼县	9		4	5	12

续表

序号	集中连片地区名称	所属省份	所属地市	县名	合计	街道	镇	乡	人口（万人）
439	吕梁山区	山西	吕梁市	岚县	12		4	8	19
440	吕梁山区	陕西	榆林市	横山县	14		12	2	36
441	吕梁山区	陕西	榆林市	绥德县	16		12	4	36
442	吕梁山区	陕西	榆林市	米脂县	10		8	2	22
443	吕梁山区	陕西	榆林市	佳县	16		11	5	26
444	吕梁山区	陕西	榆林市	吴堡县	6		6		9
445	吕梁山区	陕西	榆林市	清涧县	12		8	4	22
446	吕梁山区	陕西	榆林市	子洲县	14		11	3	31
447	大别山区	安徽	安庆市	潜山县	16		11	5	58
448	大别山区	安徽	安庆市	太湖县	15		10	5	56
449	大别山区	安徽	安庆市	宿松县	22		9	13	83
450	大别山区	安徽	安庆市	望江县	10		8	2	63
451	大别山区	安徽	安庆市	岳西县	24		13	11	40
452	大别山区	安徽	阜阳市	临泉县	31		21	10	220
453	大别山区	安徽	阜阳市	阜南县	29		20	9	166

续表

序号	集中连片地区名称	所属省份	所属地市	县名	合计	街道	镇	乡	人口（万人）
454	大别山区	安徽	阜阳市	颍上县	30		22	8	169
455	大别山区	安徽	六安市	寿县	25		21	4	137
456	大别山区	安徽	六安市	霍邱市	35		22	13	179
457	大别山区	安徽	六安市	金寨县	26		11	15	66
458	大别山区	安徽	亳州市	利辛县	23		19	4	158
459	大别山区	河南	信阳市	光山县	19	2	7	10	91
460	大别山区	河南	信阳市	新县	15		5	10	39
461	大别山区	河南	信阳市	固始县	33	3	15	15	172
462	大别山区	河南	信阳市	淮滨县	17		7	10	74
463	大别山区	河南	信阳市	商城县	19		8	11	76
464	大别山区	河南	信阳市	潢川县	21	4	9	8	86
465	大别山区	河南	驻马店市	新蔡县	22	2	11	9	110
466	大别山区	河南	开封市	兰考县	16		5	11	89
467	大别山区	河南	商丘市	民权县	18		8	10	97
468	大别山区	河南	商丘市	宁陵县	14		5	9	67

续表

序号	集中连片地区名称	所属省份	所属地市	县名	合计	街道	镇	乡	人口（万人）
469	大别山区	河南	商丘市	柘城县	21		8	13	101
470	大别山区	河南	周口市	商水县	23	3	9	11	126
471	大别山区	河南	周口市	沈丘县	22	2	10	10	136
472	大别山区	河南	周口市	郸城县	22	3	8	11	155
473	大别山区	河南	周口市	淮阳县	18		7	11	155
474	大别山区	河南	周口市	大康县	23		13	10	156
475	大别山区	湖北	孝感市	孝昌县	12		8	4	67
476	大别山区	湖北	孝感市	大悟县	17		14	3	65
477	大别山区	湖北	黄冈市	团风县	10		8	2	38
478	大别山区	湖北	黄冈市	红安县	11		10	1	66
479	大别山区	湖北	黄冈市	罗田县	12		7	5	61
480	大别山区	湖北	黄冈市	英山县	11		8	3	40
481	大别山区	湖北	黄冈市	蕲春县	14		13	1	102
482	大别山区	湖北	黄冈市	麻城市	19	3	15	1	115
483	罗霄山区	江西	萍乡市	莲花县	13		5	8	26

续表

序号	集中连片地区名称	所属省份	所属地市	县名	合计	街道	镇	乡	人口（万人）
484	罗霄山区	江西	赣州市	赣县	19		11	8	62
485	罗霄山区	江西	赣州市	上犹县	14		5	9	31
486	罗霄山区	江西	赣州市	安远县	18		8	10	37
487	罗霄山区	江西	赣州市	宁都县	24		12	12	78
488	罗霄山区	江西	赣州市	于都县	23		9	14	102
489	罗霄山区	江西	赣州市	兴国县	25		7	18	78
490	罗霄山区	江西	赣州市	会昌县	19		6	13	50
491	罗霄山区	江西	赣州市	寻乌县	15		7	8	32
492	罗霄山区	江西	赣州市	石城县	10		5	5	31
493	罗霄山区	江西	赣州市	瑞金市	17		7	10	66
494	罗霄山区	江西	赣州市	南康市	22	2	8	12	80
495	罗霄山区	江西	吉安市	遂川县	23		11	12	56
496	罗霄山区	江西	吉安市	万安县	16		9	7	30
497	罗霄山区	江西	吉安市	永新县	23		10	13	50
498	罗霄山区	江西	吉安市	井冈山市	19	2	5	12	16

续表

序号	集中连片地区名称	所属省份	所属地市	县名	合计	街道	镇	乡	人口（万人）
499	罗霄山区	江西	抚州市	乐安县	15		9	6	36
500	罗霄山区	湖南	株洲市	茶陵县	20		14	6	60
501	罗霄山区	湖南	株洲市	炎陵县	15		6	9	19
502	罗霄山区	湖南	郴州市	宜章县	27		11	16	60
503	罗霄山区	湖南	郴州市	汝城县	23		8	15	38
504	罗霄山区	湖南	郴州市	桂东县	18		5	13	21
505	罗霄山区	湖南	郴州市	安仁县	21		6	15	44
506	西藏区	西藏	拉萨市	城关区	12	8		7	18
507	西藏区	西藏	拉萨市	林周县	10		1	9	6
508	西藏区	西藏	拉萨市	当雄县	8		2	6	5
509	西藏区	西藏	拉萨市	尼木县	8		1	7	3
510	西藏区	西藏	拉萨市	曲水县	6		1	5	4
511	西藏区	西藏	拉萨市	堆龙德庆县	7		2	5	5
512	西藏区	西藏	拉萨市	达孜县	6		1	5	3
513	西藏区	西藏	拉萨市	墨竹工卡县	8		1	7	5

续表

序号	集中连片地区名称	所属省份	所属地市	县名	合计	街道	镇	乡	人口（万人）
514	西藏区	西藏	昌都地区	昌都县	15		3	12	10
515	西藏区	西藏	昌都地区	江达县	13		2	11	9
516	西藏区	西藏	昌都地区	贡觉县	12		1	11	4
517	西藏区	西藏	昌都地区	类乌齐县	10		2	8	5
518	西藏区	西藏	昌都地区	丁青县	13		2	11	6
519	西藏区	西藏	昌都地区	察雅县	13		3	10	6
520	西藏区	西藏	昌都地区	八宿县	14		4	10	4
521	西藏区	西藏	昌都地区	左贡县	10		3	7	5
522	西藏区	西藏	昌都地区	芒康县	16		2	14	9
523	西藏区	西藏	昌都地区	洛隆县	11		4	7	4
524	西藏区	西藏	昌都地区	边坝县	11		2	9	4
525	西藏区	西藏	山南地区	乃东县	7		2	5	6
526	西藏区	西藏	山南地区	扎囊县	5		2	3	4
527	西藏区	西藏	山南地区	贡嘎县	8		5	3	5
528	西藏区	西藏	山南地区	桑日县	4		1	3	2

续表

序号	集中连片地区名称	所属省份	所属地市	县名	合计	街道	镇	乡	人口(万人)
529	西藏区	西藏	山南地区	琼结县	4		1	3	2
530	西藏区	西藏	山南地区	曲松县	5		2	3	2
531	西藏区	西藏	山南地区	措美县	4		2	2	1
532	西藏区	西藏	山南地区	洛扎县	7		2	5	2
533	西藏区	西藏	山南地区	加查县	7		2	5	2
534	西藏区	西藏	山南地区	隆子县	11		2	9	3
535	西藏区	西藏	山南地区	错那县	10		1	9	1
536	西藏区	西藏	山南地区	浪卡子县	10		2	8	4
537	西藏区	西藏	日喀则地区	日喀则市	12	2		10	11
538	西藏区	西藏	日喀则地区	南木林县	17		1	16	8
539	西藏区	西藏	日喀则地区	江孜县	19		1	18	7
540	西藏区	西藏	日喀则地区	定日县	13		2	11	5
541	西藏区	西藏	日喀则地区	萨迦县	11		2	9	5
542	西藏区	西藏	日喀则地区	拉孜县	11		2	9	5
543	西藏区	西藏	日喀则地区	昂仁县	17		2	15	5

续表

序号	集中连片地区名称	所属省份	所属地市	县名	合计	街道	镇	乡	人口（万人）
544	西藏区	西藏	日喀则地区	谢通门县	19		1	18	5
545	西藏区	西藏	日喀则地区	白朗县	11		2	9	5
546	西藏区	西藏	日喀则地区	仁布县	9		1	8	3
547	西藏区	西藏	日喀则地区	康马县	9		1	8	2
548	西藏区	西藏	日喀则地区	定结县	10		3	7	2
549	西藏区	西藏	日喀则地区	仲巴县	13		1	12	2
550	西藏区	西藏	日喀则地区	亚东县	7		2	5	1
551	西藏区	西藏	日喀则地区	吉隆县	5		2	3	1
552	西藏区	西藏	日喀则地区	聂拉木县	7		2	5	2
553	西藏区	西藏	日喀则地区	萨嘎县	8		1	7	1
554	西藏区	西藏	日喀则地区	岗巴县	5		1	4	1
555	西藏区	西藏	那曲地区	那曲县	12		3	9	10
556	西藏区	西藏	那曲地区	嘉黎县	10		2	8	3
557	西藏区	西藏	那曲地区	比如县	10		2	8	6
558	西藏区	西藏	那曲地区	聂荣县	10		1	9	3

续表

序号	集中连片地区名称	所属省份	所属地市	县名	合计	街道	镇	乡	人口（万人）
559	西藏区	西藏	那曲地区	安多县	13		4	9	4
560	西藏区	西藏	那曲地区	申扎县	8		2	6	2
561	西藏区	西藏	那曲地区	索县	10		2	8	4
562	西藏区	西藏	那曲地区	班戈县	10		4	6	4
563	西藏区	西藏	那曲地区	巴青县	10		3	7	5
564	西藏区	西藏	那曲地区	尼玛县	21		2	19	4
565	西藏区	西藏	那曲地区	双湖办事处【双湖县】					
566	西藏区	西藏	阿里地区	普兰县	3		1	2	2
567	西藏区	西藏	阿里地区	札达县	6		1	5	1
568	西藏区	西藏	阿里地区	噶尔县	5		1	4	1
569	西藏区	西藏	阿里地区	日土县	5		1	4	1
570	西藏区	西藏	阿里地区	革吉县	5		1	4	1
571	西藏区	西藏	阿里地区	改则县	7		1	6	2
572	西藏区	西藏	阿里地区	措勤县	5		1	4	1
573	西藏区	西藏	林芝地区	林芝县	7		4	3	4

续表

序号	集中连片地区名称	所属省份	所属地市	县名	合计	街道	镇	乡	人口（万人）
574	西藏区	西藏	林芝地区	工布江达县	9		3	6	3
575	西藏区	西藏	林芝地区	米林县	8		3	5	2
576	西藏区	西藏	林芝地区	墨脱县	8		1	7	1
577	西藏区	西藏	林芝地区	波密县	10		3	7	3
578	西藏区	西藏	林芝地区	察隅县	6		3	3	3
579	西藏区	西藏	林芝地区	朗县	6		3	3	2
580	四省藏区	云南	迪庆藏族自治州	香格里拉县	11		4	7	14
581	四省藏区	云南	迪庆藏族自治州	德钦县	8		2	6	6
582	四省藏区	云南	迪庆藏族自治州	维西傈僳族自治县	10		3	7	15
583	四省藏区	四川	阿坝藏族羌族自治州	汶川县	13		6	7	10
584	四省藏区	四川	阿坝藏族羌族自治州	理县	13		4	9	5
585	四省藏区	四川	阿坝藏族羌族自治州	茂县	21		3	18	11
586	四省藏区	四川	阿坝藏族羌族自治州	松潘县	25		2	23	7
587	四省藏区	四川	阿坝藏族羌族自治州	九寨沟县	17		2	15	7
588	四省藏区	四川	阿坝藏族羌族自治州	金川县	23		2	21	7

续表

序号	集中连片地区名称	所属省份	所属地市	县名	合计	街道	镇	乡	人口（万人）
589	四省藏区	四川	阿坝藏族羌族自治州	小金县	21		2	19	8
590	四省藏区	四川	阿坝藏族羌族自治州	黑水县	17		2	15	6
591	四省藏区	四川	阿坝藏族羌族自治州	马尔康县	14		3	11	6
592	四省藏区	四川	阿坝藏族羌族自治州	壤塘县	12		1	11	4
593	四省藏区	四川	阿坝藏族羌族自治州	阿坝县	19		1	18	7
594	四省藏区	四川	阿坝藏族羌族自治州	若尔盖县	17		2	15	8
595	四省藏区	四川	阿坝藏族羌族自治州	红原县	11		2	9	4
596	四省藏区	四川	甘孜藏族自治州	康定县	21		3	18	11
597	四省藏区	四川	甘孜藏族自治州	泸定县	12		4	8	9
598	四省藏区	四川	甘孜藏族自治州	丹巴县	15		1	14	6
599	四省藏区	四川	甘孜藏族自治州	九龙县	18		1	17	6
600	四省藏区	四川	甘孜藏族自治州	雅江县	17		1	16	5
601	四省藏区	四川	甘孜藏族自治州	道孚县	22		2	20	6
602	四省藏区	四川	甘孜藏族自治州	炉霍县	16		1	15	5
603	四省藏区	四川	甘孜藏族自治州	甘孜县	22		1	21	7

续表

序号	集中连片地区名称	所属省份	所属地市	县名	合计	街道	镇	乡	人口（万人）
604	四省藏区	四川	甘孜藏族自治州	新龙县	19		1	18	5
605	四省藏区	四川	甘孜藏族自治州	德格县	26		1	25	8
606	四省藏区	四川	甘孜藏族自治州	白玉县	17		1	16	5
607	四省藏区	四川	甘孜藏族自治州	石渠县	22		2	20	9
608	四省藏区	四川	甘孜藏族自治州	色达县	17		2	15	5
609	四省藏区	四川	甘孜藏族自治州	理塘县	24		1	23	6
610	四省藏区	四川	甘孜藏族自治州	巴塘县	19		1	18	5
611	四省藏区	四川	甘孜藏族自治州	乡城县	12		1	11	3
612	四省藏区	四川	甘孜藏族自治州	稻城县	14		2	12	3
613	四省藏区	四川	甘孜藏族自治州	得荣县	12		1	11	3
614	四省藏区	四川	凉山彝族自治州	木里藏族自治县	29		1	28	13
615	四省藏区	甘肃	武威市	天祝藏族自治县	19		9	10	21
616	四省藏区	甘肃	甘南藏族自治州	合作市	10	4		6	9
617	四省藏区	甘肃	甘南藏族自治州	临潭县	16		3	13	16
618	四省藏区	甘肃	甘南藏族自治州	卓尼县	15		3	12	11

续表

序号	集中连片地区名称	所属省份	所属地市	县名	合计	街道	镇	乡	人口（万人）
619	四省藏区	甘肃	甘南藏族自治州	舟曲县	19		2	17	14
620	四省藏区	甘肃	甘南藏族自治州	迭部县	11		1	10	6
621	四省藏区	甘肃	甘南藏族自治州	玛曲县	8		1	7	5
622	四省藏区	甘肃	甘南藏族自治州	碌曲县	7		2	5	3
623	四省藏区	甘肃	甘南藏族自治州	夏河县	13		3	10	9
624	四省藏区	青海	海北藏族自治州	门源回族自治县	12		4	8	16
625	四省藏区	青海	海北藏族自治州	祁连县	7		3	4	5
626	四省藏区	青海	海北藏族自治州	海晏县	6		2	4	4
627	四省藏区	青海	海北藏族自治州	刚察县	5		2	3	4
628	四省藏区	青海	黄南藏族自治州	同仁县	11		2	9	9
629	四省藏区	青海	黄南藏族自治州	尖扎县	9		3	6	6
630	四省藏区	青海	黄南藏族自治州	泽库县	7		2	5	7
631	四省藏区	青海	黄南藏族自治州	河南蒙古族自治县	5		1	4	4
632	四省藏区	青海	海南藏族自治州	共和县	11		4	7	13
633	四省藏区	青海	海南藏族自治州	同德县	5		2	3	6

续表

序号	集中连片地区名称	所属省份	所属地市	县名	合计	街道	镇	乡	人口（万人）
634	四省藏区	青海	海南藏族自治州	贵德县	7		4	3	11
635	四省藏区	青海	海南藏族自治州	兴海县	7		3	4	7
636	四省藏区	青海	海南藏族自治州	贵南县	6		2	4	8
637	四省藏区	青海	果洛藏族自治州	玛沁县	8		2	6	5
638	四省藏区	青海	果洛藏族自治州	班玛县	9		1	8	3
639	四省藏区	青海	果洛藏族自治州	甘德县	7		1	6	3
640	四省藏区	青海	果洛藏族自治州	达日县	10		1	9	3
641	四省藏区	青海	果洛藏族自治州	久治县	6		1	5	2
642	四省藏区	青海	果洛藏族自治州	玛多县	4		2	2	1
643	四省藏区	青海	玉树藏族自治州	玉树县	8		3	5	10
644	四省藏区	青海	玉树藏族自治州	杂多县	8		1	7	6
645	四省藏区	青海	玉树藏族自治州	称多县	7		5	2	6
646	四省藏区	青海	玉树藏族自治州	治多县	6		1	5	3
647	四省藏区	青海	玉树藏族自治州	囊谦县	10		1	9	10
648	四省藏区	青海	玉树藏族自治州	曲麻莱县	6		1	5	3

续表

序号	集中连片地区名称	所属省份	所属地市	县名	合计	街道	镇	乡	人口（万人）
649	四省藏区	青海	海西蒙古族藏族自治州	格尔木市	9	5	2	2	12
650	四省藏区	青海	海西蒙古族藏族自治州	德令哈市	7	3	3	1	7
651	四省藏区	青海	海西蒙古族藏族自治州	乌兰县	4		4		10
652	四省藏区	青海	海西蒙古族藏族自治州	都兰县	8		4	4	7
653	四省藏区	青海	海西蒙古族藏族自治州	天峻县	15		8	7	2
654	四省藏区	青海	海西蒙古族藏族自治州	冷湖行委	1		1		0.243
655	四省藏区	青海	海西蒙古族藏族自治州	大柴旦行委	2		2		1.367

续表

序号	集中连片地区名称	所属省份	所属地市	县名	合计	街道	镇	乡	人口（万人）
656	四省藏区	青海	海西蒙古族藏族自治州	茫崖行委	2		2		3.102
657	新疆南疆三地州	新疆	克孜勒苏柯尔克孜自治州	阿图什市	9	2	1	6	24
658	新疆南疆三地州	新疆	克孜勒苏柯尔克孜自治州	阿克陶县	13		2	11	20
659	新疆南疆三地州	新疆	克孜勒苏柯尔克孜自治州	阿合奇县	6		1	5	4
660	新疆南疆三地州	新疆	克孜勒苏柯尔克孜自治州	乌恰县	11		2	9	6
661	新疆南疆三地州	新疆	喀什地区	喀什市	12	4	2	6	47
662	新疆南疆三地州	新疆	喀什地区	疏附县	13		1	12	33
663	新疆南疆三地州	新疆	喀什地区	疏勒县	15		3	12	34
664	新疆南疆三地州	新疆	喀什地区	英吉沙县	14		1	13	27
665	新疆南疆三地州	新疆	喀什地区	泽普县	12		2	10	20

续表

序号	集中连片地区名称	所属省份	所属地市	县名	合计	街道	镇	乡	人口（万人）
666	新疆南疆三地州	新疆	喀什地区	莎车县	29		7	22	80
667	新疆南疆三地州	新疆	喀什地区	叶城县	20		3	17	45
668	新疆南疆三地州	新疆	喀什地区	麦盖提县	10		1	9	25
669	新疆南疆三地州	新疆	喀什地区	岳普湖县	9		2	7	16
670	新疆南疆三地州	新疆	喀什地区	伽师县	13		2	11	39
671	新疆南疆三地州	新疆	喀什地区	巴楚县	12		4	8	33
672	新疆南疆三地州	新疆	喀什地区	塔什库尔干塔吉克自治县	13		2	11	4
673	新疆南疆三地州	新疆	和田地区	和田市	12	4	2	6	32
674	新疆南疆三地州	新疆	和田地区	和田县	11		1	10	27
675	新疆南疆三地州	新疆	和田地区	墨玉县	16		1	15	52
676	新疆南疆三地州	新疆	和田地区	皮山县	16		3	13	26
677	新疆南疆三地州	新疆	和田地区	洛浦县	9		1	8	24
678	新疆南疆三地州	新疆	和田地区	策勒县	8		1	7	15
679	新疆南疆三地州	新疆	和田地区	于田县	15		2	13	25

续表

序号	集中连片地区名称	所属省份	所属地市	县名	合计	街道	镇	乡	人口（万人）
680	新疆南疆三地州	新疆	和田地区	民丰县	6		1	5	4
681	片区外国贫县	河北	石家庄市	行唐县	15		4	11	44
682	片区外国贫县	河北	石家庄市	灵寿县	15		6	9	33
683	片区外国贫县	河北	石家庄市	赞皇县	11		2	9	26
684	片区外国贫县	河北	石家庄市	平山县	23		12	11	48
685	片区外国贫县	河北	秦皇岛市	青龙满族自治县	25		11	14	55
686	片区外国贫县	河北	邯郸市	大名县	20		6	14	85
687	片区外国贫县	河北	邯郸市	魏县	21		8	13	93
688	片区外国贫县	河北	邢台市	临城县	8		4	4	21
689	片区外国贫县	河北	邢台市	巨鹿县	10		6	4	39
690	片区外国贫县	河北	邢台市	新河县	6		2	4	17
691	片区外国贫县	河北	邢台市	广宗县	8		1	7	31
692	片区外国贫县	河北	邢台市	平乡县	7		3	4	33
693	片区外国贫县	河北	邢台市	威县	16		5	11	58
694	片区外国贫县	河北	张家口市	赤城县	18		9	9	29

续表

序号	集中连片地区名称	所属省份	所属地市	县名	合计	街道	镇	乡	人口（万人）
695	片区外国贫县	河北	张家口市	崇礼县	10		2	8	13
696	片区外国贫县	河北	承德市	滦平县	21	1	7	13	31
697	片区外国贫县	河北	沧州市	海兴县	7		3	4	23
698	片区外国贫县	河北	沧州市	盐山县	12		6	6	46
699	片区外国贫县	河北	沧州市	南皮县	9		6	3	38
700	片区外国贫县	河北	衡水市	武邑县	9		6	3	33
701	片区外国贫县	河北	衡水市	武强县	6		3	3	22
702	片区外国贫县	河北	衡水市	饶阳县	7		4	3	29
703	片区外国贫县	河北	衡水市	阜城县（涿鹿县赵家蓬区）	10		5	5	36
704	片区外国贫县	山西	太原市	娄烦县	8		3	5	13
705	片区外国贫县	山西	长治市	平顺县	12		5	7	16
706	片区外国贫县	山西	长治市	壶关县	12		5	7	29
707	片区外国贫县	山西	长治市	武乡县	14		5	9	21
708	片区外国贫县	山西	朔州市	右玉县	10		4	6	11

续表

序号	集中连片地区名称	所属省份	所属地市	县名	合计	街道	镇	乡	人口（万人）
709	片区外国贫县	山西	晋中市	左权县	10		5	5	16
710	片区外国贫县	山西	晋中市	和顺县	10		5	5	14
711	片区外国贫县	山西	运城市	平陆县	10		6	4	25
712	片区外国贫县	山西	忻州市	代县	11		6	5	21
713	片区外国贫县	山西	忻州市	宁武县	14		4	10	17
714	片区外国贫县	山西	忻州市	河曲县	13		4	9	15
715	片区外国贫县	山西	忻州市	保德县	13		4	9	16
716	片区外国贫县	山西	忻州市	偏关县	10		4	6	11
717	片区外国贫县	山西	吕梁市	方山县	7		5	2	15
718	片区外国贫县	山西	吕梁市	中阳县	7		5	2	15
719	片区外国贫县	内蒙古	呼和浩特市	武川县	8	1	3	5	15
720	片区外国贫县	内蒙古	赤峰市	阿鲁科尔沁旗	12		6	5	30
721	片区外国贫县	内蒙古	赤峰市	巴林左旗	9		7	2	36
722	片区外国贫县	内蒙古	赤峰市	巴林右旗	8		5	3	18
723	片区外国贫县	内蒙古	赤峰市	林西县	8		7	1	24

续表

序号	集中连片地区名称	所属省份	所属地市	县名	合计	街道	镇	乡	人口（万人）
724	片区外国贫县	内蒙古	赤峰市	翁牛特旗	12		8	4	48
725	片区外国贫县	内蒙古	赤峰市	喀喇沁旗	8		7	1	35
726	片区外国贫县	内蒙古	赤峰市	宁城县	13		11	2	60
727	片区外国贫县	内蒙古	赤峰市	敖汉旗	15		7	8	60
728	片区外国贫县	内蒙古	通辽市	科尔沁左翼中旗	15		11	4	54
729	片区外国贫县	内蒙古	通辽市	科尔沁左翼后旗	12		10	2	41
730	片区外国贫县	内蒙古	通辽市	库伦旗	6		5	1	18
731	片区外国贫县	内蒙古	通辽市	奈曼旗	12		8	4	44
732	片区外国贫县	内蒙古	呼伦贝尔市	莫力达瓦达斡尔族自治旗	13		10	3	34
733	片区外国贫县	内蒙古	呼伦贝尔市	鄂伦春自治旗	10		8	2	28
734	片区外国贫县	内蒙古	乌兰察布市	卓资县	7		5	2	22
735	片区外国贫县	内蒙古	乌兰察布市	察哈尔右翼前旗	7		4	3	25
736	片区外国贫县	内蒙古	乌兰察布市	察哈尔右翼中旗	11		6	5	22
737	片区外国贫县	内蒙古	乌兰察布市	察哈尔右翼后旗	7		4	3	22

续表

序号	集中连片地区名称	所属省份	所属地市	县名	合计	街道	镇	乡	人口（万人）
738	片区外国贫县	内蒙古	乌兰察布市	四子王旗	11		5	6	22
739	片区外国贫县	内蒙古	锡林郭勒盟	苏尼特右旗	6		3	3	7
740	片区外国贫县	内蒙古	锡林郭勒盟	太仆寺旗	6		4	2	21
741	片区外国贫县	内蒙古	锡林郭勒盟	正镶白旗	4		2	2	7
742	片区外国贫县	吉林	白山市	靖宇县	8		7	1	15
743	片区外国贫县	吉林	延边朝鲜族自治州	龙井市	9	2	5	2	18
744	片区外国贫县	吉林	延边朝鲜族自治州	和龙市	11	3	8		20
745	片区外国贫县	吉林	延边朝鲜族自治州	汪清县	9		8	1	24
746	片区外国贫县	吉林	延边朝鲜族自治州	安图县	9		7	2	22
747	片区外国贫县	黑龙江	哈尔滨市	延寿县	9		5	4	27
748	片区外国贫县	黑龙江	鹤岗市	绥滨县	9		3	6	19
749	片区外国贫县	黑龙江	双鸭山市	饶河县	9		4	5	15
750	片区外国贫县	黑龙江	佳木斯市	桦南县	10		6	4	47
751	片区外国贫县	黑龙江	佳木斯市	桦川县	9		4	5	22
752	片区外国贫县	黑龙江	佳木斯市	汤原县	10		4	6	27

续表

序号	集中连片地区名称	所属省份	所属地市	县名	合计	街道	镇	乡	人口（万人）
753	片区外国贫县	黑龙江	佳木斯市	抚远县	9		4	5	10
754	片区外国贫县	黑龙江	佳木斯市	同江市	10		4	6	18
755	片区外国贫县	黑龙江	绥化市	海伦市	23		7	16	85
756	片区外国贫县	安徽	阜阳市	颍东区	12	3	8	1	64
757	片区外国贫县	安徽	阜阳市	砀山县	13		13		99
758	片区外国贫县	安徽	阜阳市	萧县	23		18	5	143
759	片区外国贫县	安徽	阜阳市	灵璧县	19		13	6	123
760	片区外国贫县	安徽	阜阳市	泗县	15		12	3	92
761	片区外国贫县	安徽	六安市	裕安区	22	3	12	7	100
762	片区外国贫县	安徽	六安市	舒城县	21		15	6	99
763	片区外国贫县	安徽	池州市	石台县	8		6	2	11
764	片区外国贫县	江西	九江市	修水县	36		19	17	82
765	片区外国贫县	江西	吉安市	吉安县	20	1	12	7	47
766	片区外国贫县	江西	抚州市	广昌县	11		5	6	24
767	片区外国贫县	江西	上饶市	上饶县	24	3	11	10	78

续表

序号	集中连片 地区名称	所属省份	所属地市	县名	合计	街道	镇	乡	人口 （万人）
768	片区外国贫县	江西	上饶市	横峰县	9	1	2	6	22
769	片区外国贫县	江西	上饶市	余干县	20		8	12	100
770	片区外国贫县	江西	上饶市	鄱阳县	29		14	15	157
771	片区外国贫县	河南	洛阳市	宜阳县	17		10	7	71
772	片区外国贫县	河南	安阳市	滑县	22		10	12	141
773	片区外国贫县	河南	新乡市	封丘县	19		8	11	78
774	片区外国贫县	河南	濮阳市	范县	12		4	8	58
775	片区外国贫县	河南	濮阳市	台前县	9		4	5	40
776	片区外国贫县	河南	南阳市	社旗县	15		12	3	73
777	片区外国贫县	河南	南阳市	桐柏县	16		11	5	49
778	片区外国贫县	河南	商丘市	睢县	20		8	12	88
779	片区外国贫县	河南	商丘市	虞城县	26		10	16	120
780	片区外国贫县	河南	驻马店市	上蔡县	26	4	8	14	151
781	片区外国贫县	河南	驻马店市	平舆县	19	3	11	5	98
782	片区外国贫县	河南	驻马店市	确山县	12		10	2	53

续表

序号	集中连片地区名称	所属省份	所属地市	县名	合计	街道	镇	乡	人口（万人）
783	片区外国贫县	湖北	黄石市	阳新县	16		16		102
784	片区外国贫县	湖北	省直辖县行政单位	神农架林区	8		5	3	8
785	片区外国贫县	湖南	岳阳市	平江县	27		16	11	107
786	片区外国贫县	湖南	永州市	新田县	19		7	12	42
787	片区外国贫县	湖南	永州市	江华瑶族民族自治县	22		11	11	50
788	片区外国贫县	广西	百色市	田东县	10		9	1	43
789	片区外国贫县	广西	贺州市	昭平县	12		7	5	44
790	片区外国贫县	广西	贺州市	富川瑶族自治县	12		9	3	32
791	片区外国贫县	广西	来宾市	金秀瑶族自治县	10		3	7	15
792	片区外国贫县	海南	海南省	五指山市	7		4	3	11
793	片区外国贫县	海南	海南省	临高县	11		11		49
794	片区外国贫县	海南	海南省	白沙黎族自治县	11		4	7	20
795	片区外国贫县	海南	海南省	保亭黎族苗族自治县	9		6	3	17
796	片区外国贫县	海南	海南省	琼中黎族苗族自治县	10		7	3	23
797	片区外国贫县	重庆	重庆市	万州区	52	11	29	12	173

续表

序号	集中连片地区名称	所属省份	所属地市	县名	合计	街道	镇	乡	人口（万人）
798	片区外国贫县	重庆	重庆市	开县	40	7	26	7	163
799	片区外国贫县	四川	南充市	嘉陵区	45	4	19	22	69
800	片区外国贫县	四川	南充市	南部县	73	2	31	40	131
801	片区外国贫县	四川	南充市	阆中市	50	4	21	25	87
802	片区外国贫县	四川	广安市	广安区	49	6	21	22	125
803	片区外国贫县	四川	凉山彝族自治州	盐源县	34		8	26	38
804	片区外国贫县	四川	凉山彝族自治州	甘洛县	28		7	21	21
805	片区外国贫县	贵州	六盘水市	盘县	37		20	17	118
806	片区外国贫县	云南	昆明市	东川区	8	1	6	1	31
807	片区外国贫县	云南	曲靖市	富源县	11		10	1	78
808	片区外国贫县	云南	文山壮族苗族自治州	文山市	15		8	7	48
809	片区外国贫县	陕西	铜川市	印台区	10	3	7		23
810	片区外国贫县	陕西	铜川市	耀州区	15	5	8	2	32
811	片区外国贫县	陕西	铜川市	宜君县	9		6	3	9
812	片区外国贫县	陕西	咸阳市	旬邑县	11		11		28

续表

序号	集中连片地区名称	所属省份	所属地市	县名	合计	街道	镇	乡	人口（万人）
813	片区外国贫县	陕西	渭南市	合阳县	12		12		45
814	片区外国贫县	陕西	渭南市	澄城县	10		8	2	40
815	片区外国贫县	陕西	渭南市	蒲城县	17		17		78
816	片区外国贫县	陕西	渭南市	白水县	10		7	3	29
817	片区外国贫县	陕西	渭南市	富平县	17		17		79
818	片区外国贫县	陕西	延安市	延长县	9		7	2	16
819	片区外国贫县	陕西	延安市	延川县	10		8	2	19
820	片区外国贫县	陕西	延安市	宜川县	9		6	3	12
821	片区外国贫县	陕西	榆林市	定边县	20		15	5	33
822	片区外国贫县	青海	西宁市	大通回族土族自治县	20		9	11	45
823	片区外国贫县	青海	海东地区	平安县	8		3	5	12
824	片区外国贫县	宁夏	吴忠市	盐池县	8		4	4	17
825	片区外国贫县	新疆	哈密地区	巴里坤哈萨克自治县	12		4	8	10
826	片区外国贫县	新疆	阿克苏地区	乌什县	9		1	8	21
827	片区外国贫县	新疆	阿克苏地区	柯坪县	5		1	4	5

续表

序号	集中连片地区名称	所属省份	所属地市	县名	合计	街道	镇	乡	人口（万人）
828	片区外国贫县	新疆	伊犁哈萨克自治州	察布查尔锡伯自治县	13		2	11	19
829	片区外国贫县	新疆	伊犁哈萨克自治州	尼勒克县	11		1	10	16
830	片区外国贫县	新疆	塔城地区	托里县	7		3	4	10
831	片区外国贫县	新疆	阿勒泰地区	青河县	7		2	5	6
832	片区外国贫县	新疆	阿勒泰地区	吉木乃县	7		2	5	4
合计					12 901	261	5527	7093	31 062.7

说明：

（1）国家扶贫开发工作重点县和连片特困地区县的县名来自于国家扶贫开发领导小组办公室。数据来源：国家扶贫开发工作重点县和连片特困地区县的认定[EB/OL].[2015-02-19]. http://www.cpad.gov.cn/publicfiles/business/htmlfiles/FPB/gggs/201303/193790.html.

（2）"[ ]"内的县名是县或市名，为现用名称。如："潞西市[芒市]"意指国家扶贫办公布的名称为"潞西市"，现已更名为"芒市"。

（3）表中主要数据取自《中华人民共和国乡镇行政区划简册 2012》，反映的是 2011 年年底的情况。数据来源：中华人民共和国民政部. 中华人民共和国乡镇行政区划简册[M]. 北京：中国统计出版社，2012.

（4）其中，青海省海西蒙古族藏族自治州派出机构冷湖行委、大柴旦行委、茫崖行委的有关数据取自《中国 2010 年人口普查分乡、镇、街道资料》。数据来源：国务院人口普查办公室，国家统计局人口和就业统计司. 中国 2010 年人口普查分乡、镇、街道资料[M]. 北京：中国统计出版社，2012:901.

（5）西藏那曲地区双湖办事处现改名为双湖县，是目前世界上海拔最高的县级行政区（平均海拔 5000 米）。新成立的双湖县将尼玛县的措折羌玛镇，协德乡、雅曲乡、嘎措乡、多玛乡、措折强玛乡、巴岭乡划归双湖县管辖，以上述 7 个乡、镇的行政区域为双湖县的行政区域。由于当年数据已计入尼玛县，故此处未单独列出。

参考文献

[1] Australian Library and Information Association standards and guidelines for Australian public libraries(2nd) [EB/OL]. [2015 - 02 - 20]. http://alia. org. au/sites/default/files/documents/advocacy/PLSG_ALIA_2012. pdf.

[2] Better communities in Scotland: Closing the gap[EB/OL]. [2015 - 03 - 25]. http://spoxy5. insipio. com/generator/sc/www. scotland. gov. uk/Publications/2002/06/14990/8018.

[3] Bookstart 1992: Piloting Bookstart and early research findings[EB/OL]. [2015 - 02 - 20]. http://www. bookstart. org. uk/about-us/history/.

[4] BOYCE J I, BOYCE B R. Library outreach programs in rural areas[J]. Library Trends, 1995, 44(1):112 - 128.

[5] Bunda rural library project[EB/OL]. [2015 - 03 - 25]. http://www. intl-bookproject. org/thank-you-bunda-rural-library-project/.

[6] Bundesgesetz über die Kulturförderung (Kulturförderungsgesetz, FG)(瑞士文化促进法)[EB/OL]. [2014 - 12 - 30]. http://www. admin. ch/ch/d/as/2011/6127. pdf.

[7] BUTTERWORTH M. The entrepreneurial public Library: The policy and practice of free-based services[C]. ALIA 2000. Capitalising on knowledge: The information profession in the 21st Century. Canberra, Australia, 2000:23 - 26.

[8] Canadian Multiculturalism Act[EB/OL]. [2015 - 04 - 14]. http://laws-lois. justice. gc. ca/PDF/C-18. 7. pdf.

[9] Cart M. America's front porch-The public library[J]. Public Library Quarterly, 2002, 21(1):3 - 21.

[10] CHRISTENSON J. Role of the public library trustee[J]. Library Trends, 1995, 44(1):63 - 76.

[11] CLARKE C, et al. How far can we go in ensuring equality of access to public library services? The re-visitation of a core professional value in the context of regional and urban-rural inequalities in China[J]. Libri, 2011, 61(1):23 - 36.

[12] Culture Promotion Act 35 OF 1983 [EB/OL]. [2015 - 04 - 14]. http://

www. gov. za/sites/www. gov. za/files/Act%2035%20of%201983. pdf.

[13] DEGRUYTER,L. The history and development of rural public libraries[J]. Library Trends,1980,28(4):513 - 523.

[14] DENT V F. Rural library services: historical development and modern-day examples from West Africa[J]. New Library World, 2008, 109(11/12):512 - 532.

[15] Department for Culture, Media and Sport. Public library service standards [EB/OL]. [2015 - 02 - 20]. http://webarchive. nationalarchives. gov. uk/ + /http:/ www. culture. gov. uk/images/publications/PulbicLibraryServicesApril08. pdf.

[16] IFLA. 图书馆和信息服务机构及信息自由的格拉斯哥宣言[EB/OL]. [2014 - 01 - 30]. http://archive. ifla. org/faife/policy/iflastat/gldeclar-cn. pdf.

[17] IFLA. 图书馆及其可持续发展的声明[EB/OL]. [2014 - 01 - 30]. http://www. ifla. org/files/assets/faife/publications/ifla-statement-sustainable-development-zh. pdf.

[18] ISLAM M S, AHMED S M. Rural library services: A qualitative assessment of information provision in selected rural communities in northern districts of Bangladesh[J]. New Library World,2012, 113(3/4):118 - 138.

[19] ISON J. Rural public libraries in multitype library cooperatives[J]. Library Trends, 1995,44(1):129 - 151.

[20] COLE J Y. One Book Projects grow in popularity[EB/OL]. [2015 - 02 - 20]. http://www. loc. gov/loc/lcib/0601/cfb. html.

[21] KALA D,BETAGERI S S,CHANDRAPPA. Reading habit amongst people in rural and urban areas of Bangalore District-A comprartive analysis[J]. Journal of Information Management, 2013, 50(2):239 - 248.

[22] KALAY T Y. New Heritage: New Media and Cultural Heritage[M]. New York:Routledge,2008.

[23] KOONTZ C, GUBBIN B. IFLA public library service guidelines (2nd) [M]. Berlin/New York: Walter de Gruyter GmbH & Co. ,2010.

[24] KUNHAMBE K, MUDHOL M V. Role of rural libraries in rural areas[J]. Journal of Information Management. 2012, 49(6):631 - 647.

[25] LAURAJANE S, NATSUKO A. Intangible heritage[M]. New York:Routledge,2009.

[26] Library summer reading programs[EB/OL]. [2015 - 03 - 25]. http://

www. ala. org/tools/libfactsheets/alalibraryfactsheet17.

［27］Local Government in Scotland Act 2003［EB/OL］.［2015 – 03 – 25］. http://www. legislation. gov. uk/asp/2003/1/pdfs/asp_20030001_en. pdf.

［28］Lov om offentlege styresmakters ansvar for kulturverksemd（kulturlova）（挪威文化法）［EB/OL］.［2015 – 04 – 14］. http://www. noku. no/sfiles/69/4/file/kulturlovbrosjyre_nett. pdf.

［29］National Foundation on the Arts and the Humanities Act of 1965（Public Law 89-209-SEPT. 29, 1965 ）［EB/OL］.［2014 – 09 – 28］. http://www. gpo. gov/fdsys/pkg/STATUTE-79/pdf/STATUTE-79-Pg845. pdf.

［30］One Book Projects［EB/OL］.［2015 – 02 – 21］. http://www. read. gov/resources/.

［31］Rural library foundation［EB/OL］.［2015 – 03 – 25］. http://www. rlfindia. org/website/index. php.

［32］Rural Library Initiative［EB/OL］.［2015 – 03 – 25］. http://rurallibraries. org/.

［33］State Library of Queensland. Mobile libraries standard［EB/OL］.［2015 – 02 – 20］. http://plconnect. slq. qld. gov. au/__data/assets/pdf_file/0003/146262/146262_Mobile_libraries_standard_June_2009. pdf

［34］STRANGER-JOHANNESSEN E. Promoting a reading culture through a rural community library in Uganda［J］. IFLA Journal. 2014,40(2):92 – 101.

［35］SWAN D W , Grimes J, Owens T. The state of small and rural libraries in the United States［J］. Research Brief series,2013(5):1 – 13.

［36］The Florida Library Association. Standards for Florida public libraries［EB/OL］.［2015 – 02 – 20］. http://www. flalib. org/publications_tab_files/FLPubLibStds_Apr_2010. pdf.

［37］The International Organisation of La Francophonie［EB/OL］.［2015 – 03 – 25］. http://www. francophonie. org/.

［38］The role of public library in Thailand as the learning center for rural communities［EB/OL］.［2015 – 03 – 25］. http://www. kc. tsukuba. ac. jp/assets/files/030219a. pdf.

［39］TIAN R. Farmers′Reading Rooms and information and communications technology in rural areas of Beijing［J］. Library Trends, 2013,62(1):95 – 104.

［40］VAVREK B. Rural information needs and the role of the public library［J］. Library Trends,1995,44(1):21 - 48.

［41］WEI Z,et al. A tale of two counties:How school libraries of two rural counties in western China serve local needs［J］. Library Trends,2013,62(1):205 - 233.

［42］WIGG R. Library service to young people in rural libraries［J］. Library Trends,1995,44(1):88 - 111.

［43］Wisconsin public library standards (5th) ［EB/OL］.［2015 - 02 - 20］. http://pld. dpi. wi. gov/sites/default/files/imce/pld/pdf/standards. pdf.

［44］Министерства культуры Российской Федерации (俄罗斯联邦文化部). Основы законодательства Российской Федерации о культуре (《俄罗斯联邦文化基本法》)［EB/OL］.［2014 - 09 - 28］. http://www. mkrf. ru/dokumenty/581/detail. php? ID = 61217.

［45］安徽省文化厅. 我省启动农村公共图书服务一体化建设试点工作［EB/OL］.［2013 - 09 - 01］. http://www. ahwh. gov. cn/xwzx/whyw/22992. SHTML.

［46］白如琼. 调动公共图书馆职能　推动农家书屋进程［J］. 河南图书馆学刊,2010(6):49 - 50.

［47］白雪华. 以点带面,发挥示范效应　推动我国公共文化服务体系建设科学发展——国家公共文化服务体系示范区(项目)创建工作概述［J］. 国家图书馆学刊,2012(3):32 - 40.

［48］北国网—半岛晨报. 大连少儿图书馆建 65 所分馆方便全市孩子阅读［EB/OL］.［2013 - 09 - 20］. http://ln. sina. com. cn/edu/news/2013-04-09/10576055. html.

［49］北京市朝阳区第一批国家公共文化示范区集中评议汇报材料［EB/OL］.［2015 - 03 - 25］. http://www. cpcss. org/_d276324043. htm.

［50］财政部教科文司副司长王家新在全国美术馆、公共图书馆、文化馆站免费开放工作新闻发布会上的发言［EB/OL］.(2011 - 02 - 18)［2013 - 04 - 25］. http://www. ccnt. gov. cn/hdjlnew2011/wszb_2869/.

［51］曹缅. 加拿大多元文化法研究［D］. 北京:中央民族大学,2011.

［52］陈宝丽. 对贫困地区农家书屋建设的调查与思考——以辽宁朝阳地区为例［J］. 农业图书情报学刊,2011(10):117 - 120.

［53］陈碧红,等. 西部地区公共图书馆免费开放制度创新的路径选择——以宝鸡市公共图书馆免费开放制度创新探索为例［J］. 图书与情报,2013(3):

31 – 35.

［54］陈彬斌.吴江联动长三角［N］.中国文化报,2009 – 03 – 22(1).

［55］陈承明,施镇平.中国特色城乡一体化探索［M］.长春:吉林大学出版社,2010.

［56］陈传夫,姚维保.我国信息资源公共获取的差距、障碍与政府策略建议［J］.图书馆论坛,2004(6):54 – 57.

［57］陈传夫.解决网络与数字图书馆问题应坚持什么立场［J］.图书情报工作,2002(12):15 – 19.

［58］陈传夫.社会信息化过程中若干利益冲突研究［J］.中国图书馆学报,2002(2):19 – 23.

［59］陈传夫.数字时代信息资源知识产权制度的现状与展望［J］.大学图书馆学报,2003(2):9 – 14.

［60］陈光军."文化民生"如何惠泽万民［N］.人民日报,2009 – 01 – 06(4).

［61］陈世海.文化馆总分馆服务的张家港样板［N］.中国文化报,2015 – 03 – 28(8).

［62］陈永娴.英国"阅读起跑线"(Bookstart)计划及意义［J］.深图通讯,2006(4):65 – 70.

［63］成都市文化局关于在全市范围深入开展公共图书流转工作的通知［EB/OL］.［2015 – 02 – 25］.http://www. chengdu. gov. cn/GovInfoOpens2/detail_ruleOfLaw. jsp? id = Nz374Wi4MpgJggVb8tnB.

［64］程焕文,潘燕桃,张靖.图书馆权利研究［M］.北京:学习出版社,2011.

［65］程焕文.百年沧桑,世纪华章——20 世纪中国图书馆事业回顾与展望［J］.图书馆建设,2004(6):1 – 8.

［66］程焕文.百年沧桑,世纪华章——20 世纪中国图书馆事业回顾与展望(续)［J］.图书馆建设,2005(1):15 – 21.

［67］程焕文.普遍均等,惠及全民——关于公共服务普遍均等原则的阐释［J］.图书与情报,2007(5):4 – 7.

［68］达古拉.数字文化走进蒙古包　为农牧民打开新世界［N］.内蒙古日报,2014 – 05 – 09(12).

［69］董丽娟.新世纪我国图书馆学基础理论研究若干热点问题述评［J］.现代情报,2008(7):17 – 19.

［70］杜洁芳."加油站"让牧民的生活变得多彩［N］.中国文化报,2013 –

10 - 09(7).

[71] 杜洁芳.内蒙古图书馆与新华书店联手:读者选新书,图书馆买单[N].中国文化报,2014 - 05 - 16(8).

[72] 范并思,胡小菁.图书馆2.0:构建新的图书馆服务[J].大学图书馆学报,2006(1):2 - 7.

[73] 范并思,吕梅,胡海荣.公共图书馆未成年人服务[M].北京:北京师范大学出版社,2012.

[74] 范并思.现代图书馆理念的艰难重建——写在《图书馆服务宣言》发布之际[J].中国图书馆学报,2008(6):6 - 11.

[75] 范并思.公共图书馆精神的时代辩护[J].中国图书馆学报,2004(2):5 - 11.

[76] 范并思.建设一个信息公平与信息保障的制度——纪念中国近代图书馆百年[J].图书馆,2004(2):1 - 3,15.

[77] 范并思.图书馆服务中儿童权利原则研究[J].中国图书馆学报,2012(6):38 - 46.

[78] 范并思.图书馆精神学习札记[J].图书与情报,2006(6):1 - 3,10.

[79] 范并思.图书馆资源公平利用[M].北京:国家图书馆出版社,2011.

[80] 范并思.维护公共图书馆的基础体制与核心能力——纪念曼彻斯特公共图书馆创建150周年[J].图书馆杂志,2002(11):3 - 8.

[81] 范并思.新世纪10年我国图书馆学基础理论的光荣与梦想[J].高校图书馆工作,2010(4):13 - 16.

[82] 范并思.阅读推广的理论自觉[J].国家图书馆学刊,2014(6):3 - 8.

[83] 范并思.阅读推广为什么?[J].公共图书馆,2013(3):4.

[84] 菲利普吉尔领导的工作小组代表公共图书馆专业委员会.国际图联/联合国教科文组织公共图书馆服务发展指南[M].林祖藻,译.上海:上海科学技术文献出版社,2002.

[85] 冯成,王惠明."文化走亲"比"高下"[N].嘉兴日报,2005 - 12 - 01(10).

[86] 冯佳,李彦篁.美国文化管理体制研究[J].山东图书馆学刊,2012(6):28 - 33.

[87] 高誉.因地制宜谋发展、开拓创新抓服务,让文化共享工程光芒闪耀在多彩的贵州[J].贵图学刊,2008(4):1 - 4.

［88］葛慧君.打造弘扬核心价值观新阵地——关于浙江省农村文化礼堂建设的实践与思考［J］.今日浙江,2014(15):8-10.

［89］葛明珍.《经济、社会及文化权利国际公约》及其实施［M］.北京:中国社会科学出版社,2003:189-190.

［90］公共图书馆研究院.中国公共图书馆发展蓝皮书(2010)［M］.深圳:海天出版社,2010.

［91］龚主杰.湖北省农家书屋可持续发展策略研究［J］.图书馆学研究,2013(8):89-92.

［92］顾金孚,王显成,刘靖.嘉兴市文化馆总分馆服务体系研究［J］.上海文化,2014(8):46-51.

［93］关于加强美术馆公共图书馆文化馆(站)免费开放经费保障工作的通知［EB/OL］.［2015-02-20］.http://www.gov.cn/zwgk/2011-03/22/content_1829189.htm.

［94］关于印发《"农家书屋"工程实施意见》的通知［EB/OL］.［2015-02-20］.http://www.gapp.gov.cn/contents/801/77066.html.

［95］关于印发《南安市提升"大馆带小屋"经验做法工作方案》的通知［EB/OL］.［2013-09-01］.http://www.nanan.gov.cn/open/zwdetail/category_id/264/news_id/4757528.html.

［96］贵州省数字农家书屋工程建设取得实质性进展［EB/OL］.［2013-09-01］.http://www.zgnjsw.gov.cn/booksnetworks/contents/406/8023.html.

［97］郭星.广西少数民族贫困地区新农村文化建设的现状及对策——以金秀瑶族自治县六巷乡门头村为例［J］.柳州职业技术学院学报,2014(3):1-4.

［98］国家八七扶贫攻坚计划［EB/OL］.［2015-02-20］.http://www.cpad.gov.cn/publicfiles/business/htmlfiles/FPB/lszlcx/201103/164444.html.

［99］国家扶贫办.关于公布全国连片特困地区分县名单的说明［EB/OL］.［2015-02-19］.Http://www.cpad.gov.cn/publicfiles/business/htmlfiles/FPB/gggs/201206/180747.html.

［100］国家扶贫开发工作重点县和连片特困地区县的认定［EB/OL］.［2015-02-19］.http://www.cpad.gov.cn/publicfiles/business/htmlfiles/FPB/gggs/201303/193790.html.

［101］国家统计局.2012年全国农民工监测调查报告［EB/OL］.［2013-07-10］.http://www.stats.gov.cn/tjsj/zxfb/201305/t20130527_12978.html.

［102］国务院办公厅关于印发国家贫困地区儿童发展规划(2014—2020 年)的通知［EB/OL］.［2015 – 02 – 20］. http://www. gov. cn/zhengce/content/2015-01/15/content_9398. htm.

［103］国务院人口普查办公室,国家统计局人口和就业统计司.中国 2010 年人口普查分乡、镇、街道资料［M］.北京:中国统计出版社,2012.

［104］海南省澄迈县第一批国家公共文化示范区集中评议汇报材料［EB/OL］.［2015 – 03 – 20］. http://www. cpcss. org/_d276333282. htm.

［105］郝振省,陈威.中国阅读:全民阅读蓝皮书(第一卷)［M］.北京:中国书籍出版社,2009.

［106］郝振省,陈威.中国阅读:全民阅读蓝皮书(第 2 卷)［M］.北京:中国书籍出版社,2011.

［107］侯文斌,崔月婷.重庆开通公共图书馆统一服务热线［N］.中国文化报,2015 – 02 – 18(2).

［108］胡春晓,王璐.贫困地区公共文化服务体系建设的调查与对策建议——以江西省永新县为调查点［J］.老区建设,2014(22):24 – 27.

［109］胡娟娟.关于河南省贫困地区公共文化建设的调查与研究［J］.安阳师范学院学报,2015(1):142 – 144.

［110］胡敏.美国"大阅读计划"及对我国图书馆开展阅读推广的启示［J］.图书馆,2013(4):80 – 82.

［102］胡伟.制度变迁中的县级政府行为［M］.北京:中国社会科学出版社,2007.

［103］湖南省新闻出版局.湖南与阅读［M］.北京:人民出版社,2013.

［104］花培娟.论实体书店的发展与未来［J］.神州民俗,2012(1):86 – 90.

［105］宦咏梅,杨玉麟.西部地区农家书屋建设问题的思考——以陕西省安康市为例［J］.图书馆,2011(2):62 – 64,77.

［106］黄海峰.关于少数民族偏远贫困地区社会主义新农村文化建设的思考——以融水苗族自治县香粉乡雨卜村为例［J］.辽宁行政学院学报,2014(12):163 – 165.

［107］黄诗南."大馆带小屋"让农家书屋"活"起来——南安市农家书屋建设的实践与思考［J］.国家图书馆学刊,2013(1):47 – 51.

［108］黄体杨,甘友庆,杨勇.1978—2007 年我国农村图书馆研究状况述评［J］.中国图书馆学报,2009(2):72 – 79.

［109］尖措. 寻找一把打开心灵的钥匙——少数民族贫困山区小学阅读推广的实践与思考［J］. 新世纪图书馆,2014(10):53-55.

［110］骞芳芳. 西部贫困县农村公共文化服务供给失效问题研究［D］. 西安:西北大学,2013.

［111］江苏省苏州市第一批国家公共文化示范区集中评议汇报材料［EB/OL］.［2015-02-25］. http://www. cpcss. org/_d276324041. htm.

［112］蒋永福,李京. 信息公平与公共图书馆制度［J］. 国家图书馆学刊,2006(2):50-54.

［113］教科文组织. 公共图书馆宣言(1994)［EB/OL］.［2014-01-30］. http://archive. ifla. org/VII/s8/unesco/chine. pdf.

［114］金燕,范并思. 城市化进程中的郊区新农村图书馆建设——嘉定区基层公共图书馆调查与建议［J］. 图书馆杂志,2007(3):26-28,42.

［115］经济、社会、文化权利国际公约［EB/OL］.［2015-02-19］. http://www. un. org/chinese/hr/issue/esc. htm.

［116］康丽雯. 欠发达地区农民公共文化服务问题研究——以甘南藏族自治州夏河县农家书屋建设与实践为例［J］. 东南传播,2010(10):119-122.

［117］李超平. "百县馆长论坛"的历史意义［J］. 中国图书馆学报,2013(2):27-35.

［118］李超平. 公共图书馆宣传推广与阅读促进［M］. 北京:北京师范大学,2013.

［119］李超平. 嘉兴模式的延伸与深化:从总分馆体系到图书馆服务体系［J］. 中国图书馆学报,2012(3):12-19.

［120］李国新,等. 国外公共图书馆法研究［M］. 北京:国家图书馆出版社,2013.

［121］李国新. "总分馆"建设的最大障碍是体制障碍——《覆盖全社会的公共图书馆服务体系:模式、技术支撑与方案》读后［J］. 图书馆建设,2008(9):1-3.

［122］李国新. 对"图书馆自由"的理论思考［J］. 图书馆,2002(1):16-21.

［123］李国新. 公共图书馆"免费开放"的内容、范围与边界［J］. 图书馆,2011(6):59-61.

［124］李国新. 公共图书馆"用地"与"建设"标准的性质、作用和特点［J］. 中国图书馆学报,2009(1):4-10.

［125］李国新.立足新变化 突破新问题 推动县级公共图书馆持续发展——第三届百县馆长论坛主旨发言［J］.图书与情报,2010(4):1-3.

［126］李国新.确立现代公共文化服务体系建设的基本遵循［N］.中国文化报,2015-01-21(8).

［127］李国新.日本"图书馆自由"案例研究［J］.图书馆,2001(4):15-19.

［128］李国新.日本的"图书馆自由"述论［J］.图书馆,2000(4):12-16,20.

［129］李国新.日本图书馆法律体系研究［M］.北京:北京图书馆出版社,2000.

［130］李国新.实现县级公共图书馆的全面协调可持续发展［J］.图书与情报,2008(1):1-4.

［131］李国新.示范区(项目)创建与公共图书馆发展［J］.中国图书馆学报,2012(3):4-11.

［132］李国新.我国公共图书馆事业进一步发展的突破口——县级图书馆的振兴与乡镇图书馆的模式［J］.图书馆,2005(6):1-5.

［133］李国新.中国图书馆年鉴2006［M］.北京:现代出版社,2007.

［134］李国新在2010年志愿者行动——内蒙古自治区公共图书馆培训班闭幕仪式上的讲话［EB/OL］.［2014-02-10］.http://www.lsc.org.cn/c/cn/news/2010-08/19/news_4948.html.

［135］李君如."文化自觉"与"城乡文化统筹"［J］.小康,2012(1):79.

［136］李雪.北京朝阳尝试社会力量运营图书馆［N］.中国文化报,2014-01-27(2).

［137］李跃波.农民文化乐园探索公共文化服务标准化新路径［N］.安徽日报,2014-04-23(1).

［138］联合国大会第六十届会议大会决议"联合国第二个消除贫穷十年"［EB/OL］.［2015-02-21］.http://www.un.org/zh/documents/view_doc.asp?symbol=A/RES/63/230.

［139］联合国大会第四十七届会议大会决议"纪念消灭贫困国际日"［EB/OL］.［2015-02-21］.http://www.un.org/zh/documents/view_doc.asp?symbol=A/RES/47/196.

［140］联合国大会第五十届会议大会决议"为国际消灭贫穷举办活动和宣布第一个联合国消灭贫穷十年"［EB/OL］.［2015-02-21］.http://daccess-dds-ny.un.org/doc/UNDOC/GEN/N96/762/66/IMG/N9676266.pdf?OpenElement.

[141] 联合国大会第五十四届会议大会决议"联合国千年宣言"[EB/OL].
[2015 – 02 – 21]. http://daccess-dds-ny. un. org/doc/UNDOC/GEN/N00/559/50/
PDF/N0055950. pdf？OpenElement.

[142] 联合国大会人权理会第二十一届会议"关于人权与极端贫困问题指导原则"[EB/OL].[2015 – 02 – 21]. http://www. un. org/zh/documents/view_doc.
asp？symbol = A/HRC/21/39.

[143] 联合国教科文组织. 国际图书馆员协会和图书馆联合会因特网宣言
[EB/OL].[2014 – 01 – 30]. http://unesdoc. unesco. org/images/0012/001295/
129562c. pdf.

[144] 梁灿兴. 平复图书馆骚动的灵魂——新世纪十年图书馆学理论的进展
[J].高校图书馆工作,2010(6):7 – 11.

[145] 梁亮,冯继强. 城乡统筹的中心馆—总分馆模式研究——以杭州图书馆服务体系建设为例[J].图书馆理论与实践,2013(9):12 – 14.

[146] 辽宁省积极探索构建农家书屋长效机制[EB/OL].[2013 – 09 – 01].
http://www. zgnjsw. gov. cn/booksnetworks/contents/406/8051. html.

[147] 林金华,彭海霞. "总分馆制"开图书馆建设模式之先河——深圳市福田区图书馆"总分馆制"建设纪实[N].中国文化报,2012 – 11 – 27(12).

[148] 林蓝. 城市区级图书馆发展的创新之路——福田区图书馆总分馆建设的实践[J].深图通讯,2004(2):32 – 34.

[149] 林蓝. 公共图书馆服务体制机制创新——以深圳市福田区为例[J].人民论坛,2011(20):250 – 251.

[150] 林理. "四位一体"与"末端创新"——江苏吴江公共信息服务中心建设引人关注[N].中国文化报,2013 – 05 – 24(8).

[151] 凌耀初. 县域经济发展战略[M].上海:学林出版社,2005.

[152] 刘春. 数字文化走进蒙古包 3 万农牧民受益[N].内蒙古日报,2013 –
07 – 01(2).

[153] 刘海丽. 从种族隔离到社会融合:南非《文化促进法案》变迁钩沉[J].
山东图书馆学刊,2014(4):45 – 48.

[154] 刘明慧. 城乡二元结构的财政视角研究[M].北京:中国财政经济出版社,2008.

[155] 刘喜才. 偏远山区数字图书馆建设的思考[J].晋图学刊,2006(5):
71 – 72,79.

［156］刘新良. 新世纪以来图书馆学基础理论研究内容和特点综述(2000—2007 年)［J］. 产业与科技论坛,2008(7):157 – 160.

［157］刘盈盈. 阅读一书,共享思想——美国"一城一书"活动及其启示［J］. 图书馆杂志,2007(6):57 – 60,80.

［158］刘忠平. 中国图书馆学会首届"百县馆长论坛"综述［J］. 图书馆,2006(1):53 – 54.

［159］刘兹恒,高丹. 新闻媒体中的图书馆形象——对《人民日报》近60 年来关于图书馆报导的统计分析［J］. 图书馆论坛,2009(4):1 – 5.

［160］刘兹恒,张久珍. 构建面向图书馆职业的理论体系——第五次全国图书馆学基础理论研讨会论文集［M］. 北京:北京图书馆出版社,2007.

［161］刘兹恒,朱荀. 我国农村图书馆持续发展的可行措施——图书馆基金会［J］. 图书馆论坛,2009(6):37 – 41.

［162］柳斌杰. 开创农家书屋工程建设新局面［N］. 中国新闻出版报,2012 – 09 – 28(2).

［163］芦山首个卫星数字农家书屋投入使用［EB/OL］.［2013 – 09 – 01］. http://www. zgnjsw. gov. cn/booksnetworks/contents/399/154696. html.

［164］陆晓曦. 新世纪10 年我国图书馆学基础理论研究高被引论文述要［J］. 图书情报工作,2011(17):47 – 51.

［165］莫少强. 艰难而成功的抉择——广东省流动图书馆自动化系统的选择与应用［J］. 图书馆建设,2007(3):1 – 2,7.

［166］南京、马鞍山市图书馆将实现一体化合作［EB/OL］.［2015 – 02 – 20］. http://mas. wenming. cn/whzc/whjs/201105/t20110516_177444. htm.

［167］南山图书馆,湖南大学信息研究所,本刊编辑部. 以人为本,弘扬公共图书馆精神:本刊与南山图书馆、湖南大学信息研究所共倡"21 世纪新图书馆运动"［J］. 图书馆,2005(1):1.

［168］内蒙古自治区鄂尔多斯市第一批国家公共文化示范区集中评议汇报材料［EB/OL］.［2015 – 02 – 25］. http://www. cpcss. org/_d276333503. htm.

［169］倪晓建. 面向普遍均等服务的公共图书馆管理体制探析——以北京市公共图书馆为例［J］. 图书情报工作,2011(1):47 – 50.

［170］农家书屋工程建设管理暂行办法［EB/OL］.［2015 – 02 – 20］. http://www. gapp. gov. cn/news/1838/113853. shtml.

［171］农家书屋工程提前三年完成建设任务［EB/OL］.［2013 – 09 – 01］. http://www.zgnjsw.gov.cn/booksnetworks/contents/406/135590.html.

[172] 潘锦亚.公共图书馆参与农家书屋的基层调研——以湖州市图书馆为例[J].图书馆研究与工作,2012(2):11-13.

[173] 潘丽敏.吴江市整合农村信息服务资源的探索与展望[J].图书与情报,2011(3):91-93.

[174] 潘燕桃.近60年来中国公共图书馆思想研究 1949—2009[M].广州:中山大学出版社,2011.

[175] 潘燕桃.近60年来中国公共图书馆思想研究综述(之二)[J].公共图书馆,2010(4):3-14.

[176] 彭微,张柯,金武刚.当代瑞士文化法制建设新进展——《文化促进联邦法》述略[J].山东图书馆学刊,2012(6):34-36,41.

[177] 彭泽明,等.重庆市大渡口区文化馆总分馆制探索[J].上海文化,2013(2):24-32.

[178] 彭泽明.中国文化馆(站)发展之路[M].重庆:重庆出版社,2012.

[179] 凭"一卡通"长沙市公共图书馆有望通借通还[EB/OL].[2013-09-25].http://www.changsha.gov.cn/xxgk/szfgbmxxgkml/szfgzbmxxgkml/swgxj/gzdt/201303/t20130318_439039.html.

[180] 邱冠华,于良芝,许晓霞.覆盖全社会的公共图书馆服务体系:模式、技术支撑与方案[M].北京:北京图书馆出版社,2008.

[181] 邱冠华.四位一体,构建农村公共信息服务体系的建议[J].图书与情报,2010(5):93-96.

[182] 邱冠华.苏州总分馆制度设计的背景、思路与成效[J].图书馆,2014(2):27-30.

[183] 屈义华.公共图书馆服务创新——佛山市禅城区"联合图书馆"的实践与思考[J].图书馆论坛,2005(12):305-307.

[184] 衢州图书馆馆外流通点办理须知(附申请表)[EB/OL].[2015-02-20].http://www.qzldwh.gov.cn/NewsDetail.aspx?kid=910.

[185] 曲岩红.大连市少儿图书馆总分馆服务体系建设研究[J].图书馆,2014(2):34-38.

[186] 山东省青岛市第一批国家公共文化示范区集中评议汇报材料[EB/OL].[2015-02-25].http://www.cpcss.org/_d276324053.htm.

[187] 深圳市公共图书馆总分馆体系建设指导意见[EB/OL].[2015-03-

20]. http://www. sz. gov. cn/czj/qt/tzgg/201209/t20120929_2024673_11965. htm.

[188] 施晓平. 苏州图书馆迈进英国"阅读起跑线"[N]. 苏州日报,2014 - 01 - 22(2).

[189] 宋佳烜. 韩国加快文化法制化进程[N]. 中国文化报,2014 - 01 - 09 (10).

[190] 孙道进. 重庆大渡口实施文化馆总分馆制[N]. 中国文化报,2013 - 04 - 24(7).

[191] 孙建忠,严小娟. 江苏张家港探索实施文化馆总分馆制——网格化整合城乡公共文化资源[N]. 中国文化报,2014 - 10 - 1(2).

[192] 孙军. "永不关闭"的无锡新区图书馆[N]. 中国文化报,2014 - 12 - 05 (7).

[193] 孙军. 无锡新区公共文化服务社会化实践分析[J]. 文化艺术研究, 2014(4):10 - 15.

[194] 田向阳,等. 西北贫困地区数字图书馆建设与文献信息保障系统的建立[J]. 喀什师范学院学报,2005(5):97 - 99.

[195] 王春燕. 市少儿图书馆建成 65 个分馆,其中农村 47 个[N/OL]. 大连晚报. 2013 - 04 - 09. http://dalian. runsky. com/2013-04/09/content_4633108. htm.

[196] 王丽霞. 统筹城乡背景下的区域公共图书馆事业协调发展——以海宁市城乡公共图书馆发展情况为例[J]. 图书馆杂志,2010(12):37 - 39.

[197] 王琳. 婴幼儿阅读推广策略研究——基于英国"阅读起跑线计划"案例[J]. 图书馆建设,2013(3):39 - 42,48.

[198] 王潜. 县域生态市治理与建设中的政府行为研究[M]. 沈阳:东北大学出版社,2011.

[199] 王世伟. 城市中心图书馆向社区基层延伸的理论思考与实践探索[J]. 图书情报工作,2006(3):6 - 9.

[200] 王世伟. 关于《公共图书馆服务规范》编制的若干问题[J]. 中国图书馆学报,2011(3):25 - 36.

[201] 王世伟. 上海市中心图书馆的十年发展与未来愿景[J]. 图书馆杂志, 2011(1):47 - 52.

[202] 王学思. 嘉兴着力构建文化馆总分馆服务体系[N]. 中国文化报, 2014 - 12 - 12(8).

[203] 王学思. 江苏江阴探索社会力量参与阅读建设——当咖啡馆遇见图书

馆[N].中国文化报,2014 – 11 – 12(3).

[204] 王玉梅.辽宁鞍山农家书屋发展添"长劲"[N].中国新闻出版报,2010 – 08 – 13(2).

[205] 王芸.成都市青羊区实施"文化信使服务"的案例研究[D].成都:电子科技大学,2011.

[206] 王子舟,肖雪.弱势群体知识援助的图书馆新制度建设[M].北京:国家图书馆出版社,2010.

[207] 王子舟,尹培丽,吴汉华.中国民间图书馆的多样化特征、信息化水平与其公共空间效用[J].中国图书馆学报,2013(3):77 – 78.

[208] 王子舟.建国六十年来中国的图书馆学研究[J].图书情报知识,2011(1):4 – 12,35.

[209] 王子舟.图书馆的公共性质与公共目标[J].图书馆论坛,2004(6):31 – 35,269.

[210] 王自洋.以示范区创建为契机,推进图书馆总分馆建设——长沙图书馆总分馆制的实践与思考[J].图书馆,2014(1):16 – 19.

[211] 文化部蔡武部长在全国地市级公共文化服务体系建设现场经验交流会的讲话[EB/OL].[2014 – 04 – 02].http://www.ndcnc.gov.cn/yuelanshi/dong-tai/201302/t20130221_567171.htm.

[212] 文化部公共文化司.2013 中国公共文化发展报告——国家公共文化服务体系制度设计研究[M].北京:北京师范大学出版社,2013.

[213] 文化芸術振興基本法(日本)[EB/OL].[2015 – 04 – 14].http://www.bunka.go.jp/bunkashingikai/seisaku/08_13/pdf/sanko_3.pdf.

[214] 文化滋润嘉定,服务惠泽百姓[EB/OL].[2015 – 02 – 20].http://www.jiading.gov.cn/Item/67207.aspx.

[215] 我国图书馆总分馆模式的实践与思考——来自"构建公共图书馆服务体系嘉兴论坛"的声音[N].中国文化报,2008 – 05 – 10(2).

[216] 我省启动农村公共图书服务一体化建设试点工作[EB/OL].[2013 – 09 – 01].http://www.ahwh.gov.cn/xwzx/whyw/22992.SHTML.

[217] 邬卫华,王龙,金美丽,等.内蒙古村民知识能力与图书馆需求调查报告——内蒙古银号乡和十二连城乡[J].图书与情报,2008(6):52 – 63.

[218] 巫志南.文化馆"完善体系,提高效能"在嘉兴破题[N].中国文化报,2014 – 12 – 12(8).

［219］巫志南.杭州江干区基本公共文化服务标准研究［J］.上海文化,2014
(8):4－19.

［220］巫志南.社区公共文化服务［M］.北京:北京师范大学出版社,2012.

［221］巫志南.以科技创新推动现代公共文化服务体系建设［N］.中国文化
报,2015－02－06(8).

［222］吴建中.21世纪图书馆新论［M］.上海:上海科学技术出版社,1998.

［223］吴蜀红."一城一书"阅读推广活动的考察分析［J］.大学图书馆学报,
2012(4):18－23.

［224］吴文.解读江苏吴江区域文化联动［N］.中国文化报,2009－12－04
(2).

［225］吴文明,单敏康.嘉定形成"百姓系列"群众文化繁荣发展的新格局
［N］.东方城乡报,2012－06－14(A08).

［226］吴晞.图书馆与人文关怀［J］.图书馆,1999(1):46－47.

［227］吴一仙.黔西南民族贫困地区农村图书室建设［J］.贵州教育学院学
报,2008(12):79－82.

［228］肖燕.网络环境下的著作权与数字图书馆［M］.北京:北京图书馆出版
社,2002.

［229］新闻出版总署关于印发《2012年农家书屋重点出版物推荐目录》的通
知［EB/OL］.［2013－09－01］.http://www.zgnjsw.gov.cn/booksnetworks/contents/
402/7868.html.

［230］徐双敏,苏忠林,田进.贫困地区农村公共文化设施建设研究——基于
对国家级、省级贫困县的调查［J］.武汉科技大学学报(社会科学版),2013(3):
240－243.

［231］许晓霞."十一五"时期公共图书馆服务发展回顾? 公共图书馆服务
体系建设的实践与理论探索［J］.中国图书馆学报,2011(4):75－79.

［232］闫恩虎.县域经济论纲［M］.广州:暨南大学出版社,2005.

［233］闫瑛,王元.欠发达地区村级图书室现状调查与"农家书屋"的可持续
发展——以辽宁省朝阳地区为例［J］.农业图书情报学刊,2011(2):31－35.

［234］杨芳,陈世海.小网格,大服务［J］.群众,2012(9):46－47.

［235］杨芳,李国新.张家港市"书香城市"建设指标体系(试行)解析》［M］.
南京:凤凰出版社,2013.

［236］杨阳."四位一体"格局下农村公共文化资源整合初探［J］.上海文化,

2013(6):39-44.

［237］杨阳.媒体参与公共阅读推广策略研究［J］.上海文化,2014(6):18-22.

［238］杨荫凯.中国县域经济发展论——县域经济发展的思路与出路［M］.北京:中国财政经济出版社,2005.

［239］杨志今.加强公共文化服务体系建设,努力满足人民群众的精神文化需求［N］.中国文化报,2012-12-26(1).

［240］杨祖逵.回归最本色的阅读［J］.图书馆杂志,2007(1):17-18.

［241］叶辉,俞海萍.文化走亲,走出文化大繁荣［N］.光明日报,2014-04-08(11).

［242］于良芝,等.从信息政治经济学视角看公共图书馆发展的社会环境［J］.中国图书馆学报,2002(4):40-44.

［243］于良芝,等.公共图书馆建设主体研究——全覆盖目标下的选择［M］.北京:国家图书馆出版社,2011.

［244］于良芝,等.走进普遍均等服务时代:近年来我国公共图书馆服务体系构建研究［J］.中国图书馆学报,2008(3):31-40.

［245］于良芝,邱冠华,许晓霞.走进普遍均等服务时代:近年来我国公共图书馆服务体系构建研究［J］.中国图书馆学报,2008(3):31-40.

［246］于良芝,许晓霞,张广钦.公共图书馆基本原理［M］.北京:北京师范大学出版社,2012.

［247］于良芝.2007年国内图书馆学研究综述?公共图书馆服务体系研究［J］.中国图书馆学报,2008(2):79-80.

［248］于良芝.公共图书馆存在的理由:来自图书馆使命的注解［J］.图书与情报,2007(1):1-8.

［249］于良芝.公共图书馆总分馆建设的法律保障:法定建设主体及相关问题［J］.图书情报工作,2008(7):6-11,31.

［250］于良芝.建立覆盖全社会的公共图书馆服务体系［J］.图书与情报,2007(5):23-24.

［251］于良芝.图书馆学导论［M］.北京:科学出版社,2003.

［252］于良芝.未完成的现代性:谈信息时代的图书馆职业精神［J］.图书馆杂志,2005(4):3-7,20.

［253］于良芝.我国基层图书馆的专业化改造——从全覆盖到可持续的战略

转向[J].图书馆建设,2011(10):7-11.

[254] 于群,李国新.中国公共文化服务发展报告(2012)[M].北京:社会科学文献出版社,2012.

[255] 余厚洪.新世纪以来中国图书馆学基础理论研究综述[J].丽水学院学报,2008(3):112-116.

[256] 张广钦.公共图书馆作为社会教育中心——公共图书馆服务与社会教育国际研讨会(ITIE2012)论文集[M].上海:上海人民出版社,2012

[257] 张广钦.国外公共图书馆建设标准与规范概览[M].北京:国家图书馆出版社,2009.

[258] 张海江,薛群菁.吴江乡镇图书馆发展历程简述[J].新世纪图书馆,2011(12):90-92.

[259] 张贺,徐歆芷.第十次全国国民阅读调查结果显示 超半数国民自认读书少[N].人民日报,2013-04-19(12).

[260] 张贺.公共文化服务:打通"最后一公里"[N].人民日报,2013-08-22(19).

[261] 张慧."私人定制"社区图书馆诞生[N].中国文化报,2014-07-29(4).

[262] 张进.论地方高校图书馆对贫困农民的阅读服务[J].图书情报工作,2011(19):106-109.

[263] 张娟,倪晓建.我国公共图书馆总分馆体系建设模式分析[J].图书与情报,2011(6):17-20.

[264] 张彦博,刘惠平,刘刚.文化共享工程建设与服务[M].北京:北京师范大学出版社,2013.

[265] 张占斌.中国省直管县改革研究[M].北京:国家行政学院出版社,2011.

[266] 赵敬.21世纪初日本书化政策的重点及启示[J].日语学习与研究,2013(2):84-90.

[267] 甄瑞辰,孟莉霞,肖梅林.《俄罗斯联邦文化基本法》框架与内容述略[J].山东图书馆学刊,2014(5):30-33.

[268] 镇江推广"一馆一站一室"数字阅读新模式[EB/OL].[2013-11-20].http://www.jscnt.gov.cn/whzx/jdxw/201309/t20130902_18771.html.

[269] 郑欣.治理困境下的乡村文化建设研究:以农家书屋为例[J].中国地

质大学学报(社会科学版),2012(2):131 – 137.

［270］中办国办印发国家"十二五"文化改革发展规划纲要［EB/OL］.［2013 – 09 – 25］. http://www. gov. cn/jrzg/2012-02/15/content_2067781. htm.

［271］中共湖南省委办公厅湖南省人民政府办公厅关于加强农家书屋管理的意见［EB/OL］.［2013 – 09 – 01］. http://www. hunan. gov. cn/zwgk/zjzf/hnzb/2013/201307_41217/swbgtszfbgtwj/201306/t20130618_865292. html.

［272］中共中央办公厅、国务院办公厅印发《关于加快构建现代公共文化服务体系的意见》［EB/OL］.［2015 – 02 – 20］. http://www. gov. cn/xinwen/2015-01/14/content_2804250. htm.

［273］中国儿童发展纲要(2011—2020)［EB/OL］.［2015 – 02 – 20］. http://www. gov. cn/gongbao/content/2011/content_1927200. htm.

［274］中国农村扶贫开发纲要(2001—2010 年)［EB/OL］.［2015 – 02 – 20］. http://www. cpad. gov. cn/publicfiles/business/htmlfiles/FPB/lszlcx/201103/164445. html.

［275］中国社会科学院人口与劳动经济研究所. 中国人口年鉴 2011［M］. 北京:《中国人口年鉴》杂志社,2011.

［276］中国图书馆学会,国家图书馆. 中国图书馆年鉴 2007［M］. 北京:国家图书馆出版社,2009.

［277］中国图书馆学会,国家图书馆. 中国图书馆年鉴 2008［M］. 北京:国家图书馆出版社,2009.

［278］中国图书馆学会,国家图书馆. 中国图书馆年鉴 2012［M］. 北京:国家图书馆出版社,2013.

［279］中国图书馆学会. 县级图书馆生存发展启示录［M］. 北京:北京图书馆出版社,2006.

［280］中国政府网. 中共中央关于深化文化体制改革推动社会主义文化大发展大繁荣若干重大问题的决定［EB/OL］.［2013 – 09 – 25］. http://www. gov. cn/jrzg/2011-10/25/content_1978202. htm.

［281］中华人民共和国民政部. 中华人民共和国乡镇行政区划简册 2012［M］. 北京:中国统计出版社,2012.

［282］中华人民共和国文化部. 中国文化文物统计年鉴 2014［M］. 北京:国家图书馆出版社,2014.

［283］中央财政 2014 年安排资金 208 亿元支持构建现代公共文化服务体系

［EB/OL］.［2015 - 02 - 20］. http：//www. mof. gov. cn/pub/jiaokewensi/zhengwux-inxi/tourudongtai/201502/t20150210_1191020. html.

［284］钟静.贫困山区儿童课外阅读情况调查［D］.合肥：安徽大学,2013.

［285］重庆市渝中区创建国家公共文化服务体系示范区制度设计课题组.西部都市型公共文化服务探索与实践［M］.重庆：重庆出版社,2013.

［286］周和平.中国图书馆事业发展报告2012［M］.北京：国家图书馆出版社,2013.

［287］周静.数字图书打造贵州全新阅读生活［N/OL］.贵州日报,2012 - 02 - 17［2013 - 09 - 01］. http：//gzrb. gog. com. cn/system/2012/02/17/011345629. shtml.

［288］朱光磊.当代中国政府过程(第三版)［M］.天津：天津人民出版社,2008.

［289］卓连营.用进废退：县级图书馆公共性的历史抉择——"湖南省衡阳市公共图书馆回访调研"引发的思考［J］.图书馆,2010(4)：1 - 3.

［290］(授权发布)中国农村扶贫开发纲要(2011—2020)［EB/OL］.［2015 - 02 - 20］. http：//www. cpad. gov. cn/publicfiles/business/htmlfiles/FPB/lszlcx/201202/174841. html.

［291］《图书馆之城建设指标体系研究》课题组.图书馆之城建设指标体系研究［M］.北京：国家图书馆出版社,2010.

［292］《中国的农村扶贫开发》白皮书［EB/OL］.［2015 - 02 - 20］. http：//www. cpad. gov. cn/publicfiles/business/htmlfiles/FPB/fplc/201103/164446. html.

［293］《中国农村扶贫开发的新进展》白皮书［EB/OL］.［2015 - 02 - 20］. http：//www. cpad. gov. cn/publicfiles/business/htmlfiles/FPB/fplc/201202/174842. html.

国家图书馆出版社简介

国家图书馆出版社 1979 年成立,原名书目文献出版社,1996 年更名为北京图书馆出版社,2008 年改为现名。

本社是文化部主管、国家图书馆主办的中央级出版社。2009 年 8 月新闻出版总署首次经营性图书出版单位等级评估定为一级出版社,并授予"全国百佳图书出版单位"称号。2014 年被全国哲学社会科学规划办公室评定为"国家社科基金后期资助项目推荐申报出版机构"。

建社三十余年来,形成了两大专业出版特色:一是整理影印各种稀见历史文献;二是编辑出版图书馆学和信息管理科学著译作,出版各种书目索引等中文工具书。此外还编辑出版各种文史著作和传统文化普及读物。